KB119026

더 기프트

일러두기

• '옮긴이' 표시가 없는 괄호는 모두 저자 주입니다.
• 고딕 표기는 원서에서 저자가 이탤릭으로 강조한 부분을 그대로 따랐습니다.

삶을 선물로 바꾸는 12번의 치유 수업

— 12 Lessons to Save Your Life —

The · Gift

더 기프트

에디트 에바 에거 지음

안진희 옮김

위즈덤하우스

✦

나의 내담자들에게.

여러분은 나의 선생님들입니다.

여러분은 제게 아우슈비츠로 돌아갈 용기와

용서와 자유를 향한 여정을 시작할 힘을 주었습니다.

또한 여러분의 솔직함은 제게 끊임없이 영감을 줍니다.

들어가며

나는 죽음의 수용소에서
살아가는 법을 배웠다

1944년의 봄, 나는 열여섯 살이었고 부모님과 두 언니와 함께 헝가리의 커셔에 살고 있었다. 전쟁과 편견의 징후들이 우리 주변을 온통 둘러싸고 있었다. 우리는 강제로 코트에 노란색 별 표식을 달아야만 했다. 헝가리 나치, 널러시Nyilas가 우리가 원래 살던 아파트를 점유했다. 신문에는 독일이 유럽 전역을 점령해나가고 있다는 기사가 나왔다. 부모님은 식탁에서 걱정스러운 눈빛을 주고받았다. 어느 끔찍한 날, 나는 유대인이라는 이유로 올림픽 체조팀에서 쫓겨났다.

하지만 다행스럽게도 나는 여느 10대들이 관심을 두는 일들에 사로잡혀 있었다. 첫 남자친구인 에릭과 사랑에 빠져 있었다. 에릭은 북클럽에서 만난 키가 크고 지적인 남자아이였다. 우리의 첫 키스를 계속 다시 떠올려보고 아버지가 나를 위해 디자인해준 파란색 새 실크 드레스를 감탄하며 바라봤다. 나는 발레 교습실에서 실력이 나날이 좋아지고 있었고 아름다운 마그다 언니와, 부다페스트에 있는 음악원에서 바이올린을 전공하는 클라라 언니와 농담을 주고받았다.

그러고는 모든 것이 바뀌었다. 4월의 어느 추운 새벽에, 커셔에 사는 유대인들은 한데에 집합된 후 도시의 외곽에 있는 오래된 벽돌 공장에 가둬졌다. 몇 주일 후 마그다 언니와 부모님과 나는 아우슈비츠로 향하는 가축 수송 기차 차량에 실린다. 그리고 부모님은 우리가 아우슈비츠에 도착한 날 가스실에서 살해되었다.

아우슈비츠에서의 첫날 밤, 나는 '죽음의 천사'라는 별명을 가진 나치 친위대 간부 요제프 멩겔레를 위해 강제로 춤을 춰야 했다. 우리가 그날 선발 지점을 통과할 때 신입 수감자들을 면밀히 살폈던 그 남성이다. 그는 어머니를 죽음으로 내몰았다. "나를 위해 춤을 춰봐!" 그가 명령했지만 나는 공포에 얼어붙은 채 막사의 차가운 콘크리트 바닥에 꿈쩍도 하지 못하고 서 있었다. 막사 바깥에서 수용소의 오케스트라가 〈아름답고 푸른 도나우강〉 왈츠를 연주하기 시작했다. '네가 마음에 새긴 것은 아무도 네게서 뺏을 수 없단다.' 나는 어머니의 조언을 되새기며 두 눈을 감고 내면의 세계로 후퇴했다. 마음속에서 나는 더 이상 죽음의 수용소에 갇혀 있지 않았다. 춥지도 배고프지도 상실에 갈기갈기 찢기지도 않았다. 나는 부다페스트 오페라하우스의 무대에 서서 차이콥스키의 발레 작품 〈로미오와 줄리엣〉의 줄

리엣 역할을 맡아 춤을 췄다. 이 내면의 은신처로부터 의지력을 발휘해 팔을 들어 올리고 빙그르르 회전했다. 나는 살아남기 위해 온 힘을 끌어모아 춤을 췄다.

아우슈비츠에서의 모든 순간은 생지옥이었다. 또한 최고의 교실이기도 했다. 상실, 고문, 굶주림, 끊임없는 죽음의 위협에 시달리면서 나는 생존과 자유를 위한 수단들을 발견했다. 내 자신의 삶에서뿐만 아니라 임상심리 치료 과정에서도 매일 계속해서 사용하게 될 수단들이었다.

나는 현재 96세이다. 1978년에 임상심리학 박사학위를 취득했고 40년이 넘는 세월 동안 심리치료실에서 내담자들을 치료했다. 나는 퇴역 군인, 성폭행 생존자, 학생, 시민 지도자, CEO, 중독과 싸우는 사람들, 불안장애와 우울장애와 씨름하는 사람들과 함께 일했다. 또한 분노를 해결하려고 노력하는 커플들 그리고 친밀함을 되찾기를 갈망하는 커플들과 함께 일했다. 함께 사는 방법을 배워야 하는 부모와 자녀들, 그리고 떨어져 사는 법을 발견해야 하는 부모와 자녀들을 만났다. 심리학자로서, 어머니로서, 할머니로서, 증조할머니로서, 내 자신의 행동과 사람들의 행동에 대한 관찰자로서, 그리고 아우슈비츠 생존자로서, 나는 이 자리에서 여러분에게 말하고 싶다.

'최악의 감옥은 나치가 나를 가두었던 감옥이 아니다. 최악의 감옥은 내가 스스로 만들었던 감옥이다.'

우리의 삶은 아마 서로 매우 다르겠지만 여러분은 내가 무슨 말을 하려는지 알 것이다. 우리는 자신의 마음속에 갇힌 듯한 느낌을 자주 경험한다. 우리의 생각과 신념은 우리의 감정과 행동 그리고 우리의 가능성을 결정하고 제한할 때가 많다. 심리치료를 해오면서 나는 우리의 마음을 가두는 신념들이 각자의 고유한 방식으로 나타나고 사라지는 한편, 고난에 일조하는 공통적인 마음 감옥들이 존재한다는 사실을 발견했다. 이 책은 우리가 자신의 마음 감옥들을 찾아내고 자유로워지기 위해 필요한 수단들을 마련하도록 도와주는 실용적인 안내서이다.

자유의 토대는 '선택하는 힘'이다. 전쟁의 마지막 몇 개월 동안 내게는 선택지가 거의 없었고 탈출할 방법도 아예 없었다. 헝가리 유대인들은 유럽에서 거의 마지막으로 죽음의 수용소에 강제 추방되었다. 그리고 아우슈비츠에서 8개월을 보낸 후, 러시아 군대가 독일을 패배시키기 바로 직전에, 마그다 언니와 나는 백여 명의 다른 수감자들과 함께 아우슈비츠에서 선발되어 폴란드를 출발해 독일을 거쳐 오스트리아까지 행군했다. 그 과정에서 우리는 여러 공장에서 강제 노동을 해야만 했고, 독일의 탄약을 수송하는 기차의 지붕에 탄 채 이동해야 했다. 우리의 몸은 영국의 폭격으로부터 화물을 보호하는 인간 방패로 사용되었다(영국은 아랑곳하지 않고 기차를 폭격했다).

마그다 언니와 나는 군슈키르헨(오스트리아에 있는 강제수용소)에서 1945년 5월에 해방되었다. 우리가 죽음의 수용소에 수감된 지는 1년이 약간 넘는 시간밖에 지나지 않았지만 부모님 그리고 내가 아는 사람들 거의 모두가 이미 세상을 떠난 후였다. 지속적인 신체 학대 때문에 나의 등뼈는 골절되었다. 나는 온몸이 상처로 뒤덮인 채 굶어 죽어가고 있었고 시체 더미에 갇혀 움직일 수가 없었다. 나처럼 아프고 굶주린 사람들의 몸이 시체로 변해 있었다. 나는 내게 행해진 일들을 원상태로 돌릴 수 없었다. 나치가 얼마나 많은 사람을 가축 운반차나 화장터에 밀어 넣었는지 통제할 수 없었다. 전쟁이 끝나기 전에 최대한 많은 유대인과 '부적합 인물들undesirables'을 몰살시키기 위해 애쓰는 것도 통제할 수 없었다. 나는 죽음의 수용소에서 죽은 600만 명 이상의 무고한 사람들에 대한 체계적인 비인간화나 살육을 바꿀 수 없었다. 내가 할 수 있는 일이라고는 오직 공포와 절망에 어떻게 대응할지 결정하는 것뿐이었다. 희망을 선택하는 법을 나의 내면에서 찾았다.

하지만 아우슈비츠에서 살아남은 일은 자유를 향한 나의 여정의 첫 번째 구간에 불과했다. 수십 년 동안, 나는 과거의 감옥에 갇힌 수감자로 살았다. 겉에서 보면 나는 모든 일을 잘 해내고 있었다. 나의 트라우마를 모두 뒤로한 채 앞으로 나아가고 있었다. 나는 프레쇼프(슬로바키아 동부의 도시-옮긴이)의 저명한 가문 출신인 벨러와 결혼했다. 그는 전쟁 동안 게릴라로 활동했고 슬로바키아의 산악림에서 나치에 대항해 싸웠다. 나는 엄마가 되었고, 유럽의 공산주의자들로부터 도망쳤고, 미국으로 이주했고, 푼돈으로 생계를 이었고, 마침내 빈곤에서 벗어났고, 40대에 대학에 입학했다. 나는 고등학교 교사로 일했고 그런 다음 다시 학교로 돌아가 교육심리학 석사학위와 임상심리학 박사학위를 취득했다. 그리고 뒤늦게 임상 인턴 훈련을 받으며 다른 사람들이 치유되도록 돕는 일에 전념했고 여러 병원을 돌며 매우 어려운 사례들을 떠맡아 해결하기도 했다. 하지만 이러한 과정에서조차도 나는 여전히 숨어 있었다. 과거로부터 도망치고, 다른 사람들을 기쁘게 하고 모든 일을 완벽하게 해내려고 애쓰며, 내 안의 만성적인 분노와 실망을 남편인 벨러의 탓으로 돌렸다. 또한 성취만을 좇았다. 마치 성취가 내가 상실한 모든 것을 보상해줄 수 있다는 듯이 말이다.

어느 날 텍사스주 포트 블리스(미국 뉴멕시코주와 텍사스주에 설치된 미군기지 – 옮긴이)에 있는 '윌리엄버몬트육군의료센터'에 출근했을 때 이런 일이 있었다. 이곳은 내가 치열한 경쟁을 뚫고 임상 인턴 과정을 이수하던 곳이다. 나는 병원에 도착해서 흰 가운을 입고 'Dr. 에거. 정신의학과'라고 적힌 명찰을 달았다. 하지만 아주 잠시 글자가 흐려지더니 이렇게 적힌 것처럼 보였다. 'Dr. 에거. 사기꾼.' 바로 그 순간 나는 내가 내 자신을 치유하지 못한다면 다른 사람들의 치유 과정을 도울 수 없다는 사실을 깨달았다.

나의 심리치료 접근법은 절충적이며 직관적이다. 통찰지향 정신요법과 인지지향정신요법의 이론과 임상이 혼합되어 있다. 나는 이를 '선택 요법choice therapy'이라고 부른다. 자유는 근본적으로 '선택choice'에 관한 문제이기 때문이다. 고난은 모두가 피할 수 없고 누구나 겪을 수밖에 없지만, 항상 우리는 어떻게 대응할지 선택할 수 있다. 그래서 나는 내담자가 가진 '자신이 선택할 수 있는 힘'을 강조하고 이를 이용하려 애쓴다. 내담자의 삶에 긍정적인 변화를 가져오기 위해서다.

나의 심리치료요법은 네 가지의 핵심 심리학 원칙들에 뿌리를 두고 있다.

첫 번째 핵심 심리학 원칙은 마틴 셀리그만과 긍정심리학에서 나온 '학습된 무기력learned helplessness'이라는 개념이다. 이 개념은 자신의 삶에 어떠한 효능도 발휘할 수 없다고 믿고, 자신이 하는 어떠한 일도 더 나은 결과를 가져올 수 없다고 믿을 때 가장 고통스럽다는 개념이다. 우리는 '학습된 낙관주의learned optimism', 즉 자기 삶의 의미와 방향을 자신이 창조하는 능력, 힘, 회복탄력성 등을 동력원으로 이용할 때 잘 살아갈 수 있다.

두 번째 핵심 심리학 원칙은 인지행동치료에 나오는 개념으로 우리의 생각이 우리의 감정과 행동을 생성한다는 개념이다.

해롭거나 역기능적이거나 자기파괴적 행동들을 변화시키기 위해서는 자신의 생각을 바꾸어야만 한다. 다시 말해, 부정적인 신념들을 자신의 성장을 도와주고 지지하는 신념들로 대체해야 한다.

세 번째 핵심 심리학 원칙은 내게 매우 크게 영향을 미친 멘토 중 한 명인 칼 로저스가 제시한 개념으로 긍정적이고 조건 없는 자기 존중self-regard의 중요성에 관한 개념이다. 우리가 겪는 고통의 많은 부분은 우리가 다른 사람들에게 사랑받는 동시에 자기 자신의 고유성을 유지할 수는 없다는 오해에서 비롯될 때가 많다. 다시 말해, 우리가 다른 사람들에게 수용되고 인정받으려면 자신의 진짜 자아를 부정하거나 숨겨야 한다는 오해이다. 심리치료를 할 때 나는 내담자들에게 조건 없는 사랑을 베풀려고 분투한다. 그리고 가면을 쓰는 것과 다른 사람들이 우리에게 할당한 역할과 기대를 충족하려 애쓰는 것을 그만둘 때야만 비로소 자유로워질 수 있다는 사실을 발견하도록 안내한다. 이렇게 해야 우리는 자기 자신을 조건 없이 사랑하기 시작할 수 있다.

마지막 핵심 심리학 원칙은 사랑하는 멘토이자 친구 그리고 아우슈비츠 동료 생존자인 빅터 프랭클과 공유하는 개념이다. 바로 최악의 경험이 오히려 우리에게 가장 좋은 선생님이 되어줄 수 있고, 뜻밖의 발견을 촉진하고 새로운 가능성과 관점을 만날 수 있게 해준다는 개념이다. 치유, 성취, 자유는 삶이 우리에게 가져오는 것들에 대해 어떻게 대응할지 선택하는 능력에 달려 있다. 또한 우리가 경험하는 모든 일(특히 우리가 겪는 고난)에서 의미를 찾고 목적을 끌어내는 능력에 달려 있다.

자유는 일생에 걸쳐 훈련해야 하는 대상이다. 자유는 우리가 하루하루 다시 또다시 내려야만 하는 선택이다. 궁극적으로, 자유는 희망을 필요로 한다. 나는 희망을 두 가지 방식으로 규정한다. 첫 번째는, 얼마나 끔찍하든 모든 고난은 일시적이라는 사실을 자각하는 것이다. 두 번째는, 다음에 무슨 일이 일어날지 알고자 하는 호기심이다. 희망은 우리가 과거 대신 현재에 뿌리내리도록 살게 해주고 우리 마음 감옥의 문을 열어준다.

죽음의 수용소에서 해방된 후 79년이 지났지만, 나는 여전히 악몽을 꾼다. 그리고 플래시백에 시달린다. 죽는 날까지 나는 부모님을 상실한 것을 비통해할 것이다. 부모님은 자신들의 죽음의 잿더미에서 무려 네 세대가 다시 살아난 것을 결코 볼 수 없었다. 공포는 여전히 나와 함께 있다. 과거에 일어난 일을 축소하거나 잊어버리려고 애쓸 때에는 자유를 얻을 수 없다.

그렇지만 과거를 기억하고 기리는 일은 과거에 대한 죄책감, 수치심, 분노, 억울함, 공포에 계속 속박되어 있는 것과는 매우 다르다. 나는 과거에 벌어진 일의 현실을 직면할 수 있다. 또한 내가 많은 것을 상실했음에도 불구하고 결코 사랑과 희망을 선택하기를 멈추지 않았다는 사실을 기억할 수 있다. 나에게 있어, 선택할 수 있는 능력이란 아우슈비츠에서 내가 보낸 시간에서 얻은 진정한 선물이다. 심지어 그토록 참혹한 고난과 무력함의 한복판에서조차 말이다.

죽음의 수용소에서 얻은 무언가를 '선물'이라고 부르는 일이 부당하게 느껴질지도 모른다. 지옥으로부터 어떻게 좋은 어떤 것이 생겨날 수 있겠는가? 선택의 줄이나 막사에서 언제라도 끌려 나와서 가스실에 던져질 수 있다는 공포가 끊이지 않았고, 굴뚝에서 피어오르는 시커먼 연기는 내가 잃고 상실한 모든 것을 계속해서 상기시켰다. 나는 무분별하고 무자비한 환경에 대해 어떠한 통제권도 가지고 있지 못했다. 하지만 나는 마음속에 품고 있는 것에 집중할 수 있었다. 나는 자동반사적으로 반응하지 않고 의식적으로 대응할 수 있었다. 아우슈비츠는 내게 내면의 용기와 선택의 힘을 발견할 수 있는 기회를 제공해주었다. 나는 내 자신의 일부 부분들에 의지하는 법을 배웠다. 그렇지 않았다면 그곳에 그러한 것들이 존재하는지 절대 알 수 없었을 거다.

우리 모두에게는 이러한 선택할 수 있는 능력이 있다. 도움이 되거나 자양이 되는 어떠한 것도 외부로부터 들어오지 않을 때, 정확히 바로 그때가 자신이 진정으로 어떠한 사람인지 발견할 수 있는 기회가 생기는 순간이다. 가장 중요한 것은 우리에게 무슨 일이 벌어지는지가 아니다. 가장 중요한 것은 우리가 우리의 경험을 가지고 무엇을 하느냐다.

마음 감옥에서 탈출할 때, 우리는 자신을 얽매고 있던 것으로부터 자유로워질뿐만 아니라 자신만의 고유한 자유의지를 발휘할 수 있게 된다. 나는 부정적 자유와 긍정적 자유의 차이를 1945년 5월에 군슈키르헨에서 해방된 날 배웠다. 내 나이 열일곱 살이었을 때다. 나는 진흙투성이 바닥에서 죽은 사람들과 죽어가는 사람들의 더미에 끼인 채 있었다. 바로 그때 71보병대가 수용소를 해방시키기 위해 도착했다. 군인들은 썩어가는 살에서 나는 악취를 막기 위해 코부터 얼굴 전체에 두건을 꽉 매고 있었다. 충격에 가득 찬 그들의 눈빛이 아직도 기억난다. 자유로워진 첫 몇 시간 동안 나는 함께 갇혀 있던 동료 수감자들을 보았다. 아직 걸을 수 있는 사람들은 수용소의 철문을 통과해 걸어 나갔다. 하지만 잠시 후 그들은 다시 돌아와서 축축한 풀밭이나 막사의 더러운 바닥에 무기력하게 앉았다. 그러고는 앞쪽으로 나아가지 못했다.

빅터 프랭클은 소련군이 아우슈비츠를 해방시켰을 때 이와 비슷한 현상을 목격했다고 했다. 우리는 더 이상 수용소에 갇혀 있지 않았지만, 많은 사람은 그럼에도 불구하고 우리의 자유를 아직 인식하지 못했다. 신체적으로나 정신적으로나. 우리

는 질병, 굶주림, 트라우마에 완전히 침식되어 있었고 우리에게
는 자신의 삶을 책임질 능력이 없었다. 우리는 자기 자신으로
존재하는 법을 거의 기억하지 못했다.

우리는 마침내 나치로부터 해방되었다. 하지만 우리는 아직
자유롭지 않았다. 이제 나는 가장 해로운 감옥은 우리의 마음
속에 있으며 그 감옥을 여는 열쇠는 우리의 주머니 속에 있다
는 사실을 알고 있다. 우리가 얼마나 압도적인 고난을 겪었든
혹은 얼마나 감옥의 창살이 견고하든, 우리는 우리를 옭아매며
가두는 것으로부터 탈출할 수 있다. 쉽지 않은 일이다. 하지만
그만한 가치가 있는 일이다.

전작인《마음 감옥에서 탈출했습니다》에서 나는 죽음의 수
용소에 수감됐을 때부터 해방됐을 때까지의 나의 여정을 들려
주었다. 그런 다음 진정한 자유에 관해 말했다. 나는 이 책이 전
세계로부터 받은 환대에 깜짝 놀랐고 한편으로 겸허해졌다. 많
은 독자들은 자신이 어떻게 과거와 정면으로 맞섰는지 그리고
자신의 고통을 치유하기 위해 얼마나 노력했는지에 대해 저마
다의 이야기를 들려주었다. 우리는 서로 연결될 수 있었다. 때
로는 직접 대면해서, 때로는 이메일이나 소셜 미디어나 영상통
화를 이용해서 연결됐다. 내가 들은 많은 이야기들이 이 책에
담겨 있다. (프라이버시를 보호하기 위해 이름, 신원을 알 수 있는 세부

사항들은 변경했다.)

《마음 감옥에서 탈출했습니다》에서 말했다시피 나는 사람들이 내 이야기를 읽고 이렇게 생각하지 않기를 바란다. '내 고통은 그녀의 고통에 비하면 아무것도 아니야.' 그 대신 나는 사람들이 내 이야기를 듣고 이렇게 생각하기를 바란다. '그녀가 그렇게 할 수 있다면, 나도 할 수 있을 거야!' 많은 사람들이 내가 삶 속에서 겪은 치유 과정과 나의 내담자들과 임상 경험에서 함께한 치유 과정에 대해 심층적인 안내를 해달라고 요청했다. 《더 기프트》는 바로 그러한 요청에 대한 답을 담은 책이다.

각 챕터에서 나는 보편적인 마음 감옥을 탐색했다. 그리고 내 삶과 임상 경험에서 얻은 이야기들을 들려주며 그 감옥이 가진 영향과 문제를 설명했다. 또 그러한 마음 감옥에서 탈출하기 위해 필요한 핵심 열쇠들을 제시하며 각 챕터를 마무리했다. 핵심 열쇠들 중 일부는 질문이다. 이 질문들은 일기를 쓸 때 자신에게 던지는 질문으로 사용할 수 있다. 혹은 신뢰하는 친구나 심리치료사와 대화를 나눌 때 사용할 수도 있다. 또한 핵심 열쇠들 중 일부는 실천 가능한 단계들이다. 지금 당장 자신의 삶과 인간관계를 개선하기 위해 취할 수 있는 단계들이다. 치유 과정은 일련의 여러 단계가 직선으로 되어 있는 과정이 아니다. 하지만 나는 챕터들을 의도적 순서에 따라 구성했다. 자유를 향한 내 여정의 궤적을 반영하기 위해서였다. 그렇지만,

18

각각의 챕터는 완전하게 독립적으로 존재할 수 있고 어떤 순서로 읽어도 괜찮다. 여러분은 자신만의 여정을 지휘하는 사람이다. 그러므로 어떤 방식이든 여러분에게 가장 도움이 되는 방식으로 이 책을 잘 활용하기 바란다.

그리고 나는 자유를 향한 길을 걸으려는 여러분에게 세 가지 이정표를 알려주고 싶다.

우리는 준비가 되어야 비로소 변화할 수 있다. 이따금 힘든 상황(가령 이혼, 사고, 질환 혹은 죽음)들이 현재 도움이 되지 않는 것들을 대면하고 다른 방법들을 시도하라고 강요할 수 있다. 때때로 내면의 고통이나 이루지 못한 소망이 매우 소리가 커지고 계속 자리를 떠나지 않아서 더는 그것을 무시할 수 없을 때도 있다. 하지만 준비는 외부로부터 오지 않는다. 또한 재촉될 수도 강요될 수도 없다. 진짜로 준비가 됐을 때는 내면에서 무언가가 움직이고 다음과 같이 결심할 때다. '지금까지 나는 이렇게 했어. 이제 나는 다른 어떤 방법을 실행할 거야.'

변화는 더는 우리에게 도움이 되지 않는 습관과 패턴을 중단하는 것이다. 만약 자신의 삶을 진정으로 바꾸고 싶다면 단지 역기능적인 습관이나 신념을 버리는 것에 그쳐서는 안 된다. 그것들을 건강한 습관이나 신념으로 대체해야 한다. 자신이 무엇을 향해 나아가고 있는지 선택해야 한다. 자신만의 화살을 찾아내고 그것을 뒤따라야 한다. 치유의 여정을 시작할 때는, 무엇으로부터 자유로워지고 싶은지뿐만 아니라 자유로이 무엇을 하거나 어떤 사람이 되고 싶은지 또한 심사숙고하는 것이 중요하다.

　마지막으로, 여러분이 자신의 삶을 변화시킨다는 건 새로운 자신이 되는 것이 아니다. 진짜 자신이 되는 것이다. 세상에 다시는 존재하지 않을 것이고 결코 그 무엇과도 대체될 수 없는 고유한 다이아몬드가 되는 것이다. 여러분에게 일어난 모든 일, 다시 말해 여러분이 지금까지 내린 모든 선택들, 여러분이 사용하려고 애썼던 모든 방식들. 이 모두는 중요하다. 그리고 이 모두는 유용하다. 여러분은 모든 것을 내다 버리고서 맨땅에서 다시 시작할 필요가 없다. 여러분이 어떤 일을 했든 간에, 그 일은 여러분을 이만큼 멀리, 바로 이 순간으로 데리고 왔다.

　자유의 궁극적인 열쇠는 진정한 자기 자신의 모습으로 존재하기 위해 끊임없이 노력하는 것이다.

차례

첫 번째 수업

✦

당신의 과거는
당신의 현재가 아니다

희생자 의식에서 빠져나와야 하는
중요한 이유는 그래야만 우리가 나머지 삶을
살아가기 시작할 수 있기 때문이다.

내 경험상 희생자들은 이렇게 묻는다. "왜 하필 나지?" 하지만 생존자들은 이렇게 묻는다. "이제 뭘 해야 하지?"

고통은 보편적이다. 그렇지만 희생자 의식victimhood은 선택적이다. 다른 사람들이나 상황들에 의해 상처를 입거나 압박을 받는 것을 피할 방법은 없다. 장담할 수 있는 유일한 한 가지는 우리가 얼마나 친절하든 우리가 얼마나 열심히 노력하든 상관없이 우리가 언제든 고통을 겪게 될 것이라는 사실이다. 우리는 거의 혹은 전혀 통제할 수 없는, 환경적 요소들과 유전적 요소들에 영향을 받을 것이다. 하지만 우리들 각자는 희생자로 남기로 선택할 수도, 희생자로 남지 않기로 선택할 수도 있다. 우리는 우리에게 어떤 일들이 벌어질지 선택할 수는 없지만, 우리의 경험에 어떻게 대응할지 선택할 수는 있다.

많은 사람들이 희생자 의식의 감옥에 머무르는 이유는 무의식적으로 그곳이 더 안전하다고 느껴지기 때문이다. 우리는 "왜?"라고 반복해서 묻는다. 우리가 이유를 알아낼 수 있기만 하면 고통이 완화되리라고 믿으면서 말이다. 왜 내가 암에 걸렸지? 왜 내가 해고됐지? 왜 내 파트너가 바람을 피웠지? 우리는 대답을 찾아, 이해할 수 있는 방법을 찾아 헤맨다. 마치 그러한 일들이 왜 벌어졌는지 설명해주는 논리적인 근거라도 있는 것처럼. 하지만 이유를 물을 때, 우리는 우리 자신을 포함해서 책망할 어떤 사람이나 어떤 것을 찾는 일에 갇히게 된다.

왜 이 일이 내게 벌어졌지?

음, 왜 당신이 아니어야 하는가?

내가 아우슈비츠에 가서 살아남은 이유는 지금 당신에게 이렇게 말할 수 있기 위해서인지도 모른다. 그리고 희생자가 되는 대신 생존자가 되는 법을 몸소 보여줄 수 있기 때문인지도 모른다. 내가 "왜 하필 나지?"라고 묻는 대신 "이제 뭘 해야 하지?"라고 물을 때, 나는 이런 나쁜 일이 왜 일어났는지 혹은 일어나고 있는지에 집중하는 걸 멈추고서 나 자신의 경험을 가지고 무엇을 할 수 있는지에 관심을 기울이기 시작한다. 나는 구세주를 찾고 있지도 희생양을 찾고 있지도 않다. 그 대신, 여러 선택과 여러 가능성을 모색하기 시작한다.

나의 부모님은 그들의 생이 마감했던 방식에 대해 선택권이 없었다. 하지만 나는 많은 선택권을 가지고 있다. 나는 나의 어머니와 아버지를 포함하여 그렇게 많은 수백만 명의 사람들이 죽었을 때 나만 살아남았다는 사실에 죄책감을 느끼기로 선택할 수 있다. 혹은 과거에 지배당하기를 거부하는 방식으로 살고 일하고 치유하기로 선택할 수도 있다. 나는 나의 힘과 자유를 받아들일 수 있다.

희생자 의식은 마음의 사후경직이라 할 수 있다. 그것은 과거에 갇혀 있고, 고통 속에 갇혀 있고, 상실과 결핍 – 내가 할 수 없는 것과 내가 가지고 있지 않은 것 – 에 갇혀 있는 것이다.

'무슨 일이 일어나든 부드럽게 수용하라.' 이것이 희생자 의식에서 벗어나기 위한 첫 번째 방법이다. 우리가 현재 벌어지고 있는 일을 좋아해야만 한다는 의미는 아니다. 하지만 우리가 싸우고 저항하기를 멈출 때, 우리에게는 더 많은 에너지와 상상력이 생기고 '이제 뭘 해야 할지' 알아낼 준비를 갖추게 된다. 꼼짝도 하지 않는 대신 앞으로 나아갈 준비를 하게 된다. 또한 지금 이 순간에 자신이 무엇을 원하고 필요로 하는지, 그리고 여기로부터 어디로 가고 싶은지 알아낼 준비를 하게 된다.

모든 행동은 어떤 욕구를 충족시킨다. 많은 사람이 희생자로 머물기를 선택하는 이유는 그 상태가 우리에게 자기 자신을 위해 아무것도 하지 않아도 되는 면허권을 주기 때문이다. 자유에는 대가가 따른다. 우리는 우리 자신의 행동에 대해 책임을 지라고 추궁당한다. 게다가 우리가 일으키거나 선택하지 않은 상황에서조차 책임질 것을 추궁당한다.

삶은 놀라움으로 가득 차 있다.

크리스마스 몇 주 전, 에밀리(45세, 두 아이의 엄마, 11년 동안 행복하게 결혼 생활 중)는 아이들이 잠자리에 든 후 남편과 함께 앉아 있었다. 에밀리가 영화를 한 편 보는 게 어떠냐고 막 물으려는 참에 에밀리의 남편이 그녀를 쳐다보더니 그녀의 삶을 완전히 뒤엎는 말을 조용히 뱉었다.

"어떤 여자를 만났어. 우리는 사랑에 빠졌어. 당신과 결혼 생활을 끝내야만 할 것 같아." 그가 말했다.

에밀리는 어안이 벙벙해졌다. 그녀는 앞으로 어떻게 해야 할지 알 수 없었다. 그러고 나서 또 다른 놀라움이 찾아왔다. 에밀리는 유방암에 걸렸다. 종양이 커서 즉시 공격적 화학요법을 써야만 했다. 치료를 받는 처음 몇 주 동안, 에밀리는 온몸이 마비된 듯한 느낌을 받았다. 에밀리의 남편은 그녀가 화학요법 치료를 받는 몇 달 동안 그녀를 돌보기 위해 그들의 결혼 상태에 대한 논의를 잠시 뒤로 미뤘다. 하지만 에밀리는 여전히 어리둥절한 상태였다.

"저는 제 인생 전체가 완전히 끝장났다고 생각했어요. 제가 죽어가고 있는 여자라고 생각했죠." 에밀리가 말했다.

그렇지만 에밀리가 암 진단을 받은 지 8개월 후에 나와 첫 상담을 나눴을 때, 에밀리는 막 수술을 받은 참이었고 예기치 못한 소식을 하나 더 받았다. 유방암이 완치된 것이다.

"의사들도 전혀 예측하지 못했어요. 정말 기적이었어요."

에밀리의 암은 사라졌다. 하지만 에밀리의 남편 또한 마찬가지였다. 에밀리의 화학요법 치료가 끝난 후, 에밀리의 남편은 자신이 결정을 내렸다고 말했다. 그는 아파트를 임차했고 이혼을 원했다.

"너무 당혹스러워서 죽을 뻔했어요. 이제 저는 사는 법을 다시 배워야만 해요." 에밀리가 내게 말했다.

에밀리는 아이들에 대한 걱정, 배신이 남긴 상처, 재정에 관한 불안, 외로움 때문에 기진맥진한 상태가 되었다. 모든 게 너무 벅차서 마치 절벽 끝에서 떨어지는 듯한 느낌이었다.

"여전히 제 삶을 긍정하기가 너무 어려워요."

이혼은 에밀리를 그녀의 최악의 공포 속으로 던져버렸다. 에밀리가 네 살 때 어머니가 우울증 진단을 받은 이후로 항상 마음속에 품어온, '버림받는 것'에 대한 뿌리 깊은 공포였다. 이제는 그 공포가 현실이 되어버렸다. 에밀리의 아버지는 아내의 질환에 대해 침묵으로 일관하며 직장으로 탈출했고 에밀리가 혼자 힘으로 알아서 크도록 방치했다. 나중에 에밀리의 어머니가 자살했을 때, 에밀리는 알고 있었지만 회피하려고 애썼던 사실을 정말로 확신하게 되었다. '내가 사랑하는 사람들은 모두 사라져.'

"저는 항상 남자친구가 있었어요. 열다섯 살 이후로 항상요. 저는 혼자서, 저 자신과 함께 행복해지는 법을 한 번도 배우지

못했어요. 저 자신을 사랑하는 법도요." 저 자신을 사랑하는 법이
라는 말을 할 때 에밀리의 목소리가 갈라졌다.

나는 우리가 우리의 아이들에게 뿌리를 제공해주어야 한다
고 자주 말한다. 그리고 그들에게 날개를 제공해주어야 한다고
도 말한다. 우리는 이와 똑같은 일을 우리 자신에게 해줘야 할
필요가 있다. 우리가 소유한 유일한 사람은 우리 자신뿐이다.
우리는 홀로 태어났다. 우리는 홀로 죽는다. 그러므로 아침에
일어나서 거울 앞으로 가는 일부터 시작해보라. 자기 자신의
눈을 들여다보며 이렇게 말하라. "나는 너를 사랑해." 또한 이
렇게 말하라. "나는 절대 너를 떠나지 않을 거야." 자기 자신을
안아주어라. 자기 자신에게 입 맞춰주어라. 한번 시도해보라!
그리고 나서는 계속 자기 자신을 위해 종일, 그리고 매일 모습
을 드러내라.

"하지만 제 남편과는 어떻게 해야 하죠?" 에밀리가 물었다.
"저와 만날 때마다 그는 완벽하게 차분하고 편안해 보여요. 그
는 자신의 결정에 행복한 것 같아요. 하지만 제 모든 감정은 일
제히 터져 나와요. 저는 울기 시작하죠. 그를 만날 때면 저 자신
을 통제할 수가 없어요."

내가 그녀에게 말했다. "당신이 그러길 원한다면 그래도 돼
요. 하지만 당신이 원해야만 해요. 저는 당신이 그렇게 하기를
원하게 만들 수 없어요. 제겐 그러한 힘이 없어요. 오직 당신에

게만 있죠. 결정을 내리세요. 당신은 소리를 지르고 울부짖고 싶을지도 몰라요. 하지만 그 행동이 당신 최고의 이익에 반한다면 그렇게 하지 말아요."

때때로 '희생자 의식'에서 빠져나오는 길을 찾는 데에는 오직 한 문장만이 필요하다. '이것이 나에게 좋은 일인가?'

유부남과 섹스하는 것이 나에게 좋은 일인가? 초콜릿 케이크 한 조각을 먹는 것이 나에게 좋은 일인가? 바람을 피운 남편의 가슴을 주먹으로 때리는 것이 나에게 좋은 일인가? 춤추러 가는 것이 나에게 좋은 일인가? 친구를 돕는 것은? 이 일은 나를 고갈시키는가 아니면 내게 힘을 주는가?

희생자 의식에서 벗어나는 또 다른 방법은 외로움에 대처하는 법을 배우는 것이다. 아마 외로움은 우리 대부분이 다른 그 어떤 것보다 두려워하는 것일 거다. 하지만 우리가 우리 자신을 사랑할 때, '홀로 있음alone'은 '외로움lonely'을 의미하지 않는다.

"당신 자신을 사랑하는 일은 당신의 아이들에게도 좋아요." 내가 에밀리에게 말했다. "당신이 아이들에게 당신이 결코 당신 자신을 잃지 않을 것이라는 사실을 보여주는 건 당신은 아이들에게 그들이 당신을 잃지 않을 것이라는 사실을 보여주는 것이기도 해요. 당신이 지금 여기에 있다는 사실을 보여주는 것이죠. 그제야 아이들은 아이들 자신의 삶을 살 수 있어요. 당신이 아이들에 대해 걱정하거나 아이들이 당신에 대해 걱정하거나 모든 사람이 걱정 대마왕이 되지 않고 말이죠. 아이들에게 그리고 당신 자신에게 이렇게 말하세요. '나는 여기에 있어. 나는 너(희)를 위해 이렇게 짜잔 하고 나타나 있어.' 당신은 아이들에게 그리고 당신 자신에게 당신이 한 번도 가지지 못했던 것을 줄 수 있을 거예요. 바로 건강한 엄마 말이지요."

우리가 우리 자신을 사랑하기 시작할 때, 우리는 우리의 가슴에 나 있는 구멍들을 메꾸기 시작한다. 입을 쩍 벌린 그 구멍들은 어떻게 해도 절대로 메꿔지지 않을 것만 같다. 그리고 우리는 새로운 발견을 하기 시작한다. "아하! 예전엔 이런 식으로 생각해보지 못했어"라고 말하게 된다. 나는 에밀리에게 혼란스러웠던 지난 8개월 동안 무엇을 발견했느냐고 물었다. 에밀리가 눈을 반짝였다.

"저는 얼마나 훌륭한 사람들이 제 주위에 많은지 발견했어요. 가족, 친구들, 예전엔 몰랐지만 심리치료를 받으면서 친구가 된 사람들. 의사가 제게 암이 있다고 말했을 때, 제 삶이 완전히 끝장났다고 생각했어요. 이제 저는 제가 싸울 수 있고 제게 큰 힘이 있다는 사실을 알았어요. 비록 이걸 아는 데에 45년이 걸렸지만, 지금이라도 알아서 정말 다행이죠. 제 새로운 삶은 이미 시작됐어요."

우리 모두는 힘과 자유를 발견할 수 있다. 심지어 매우 끔찍한 상황에서조차 말이다. '허니, 당신이 책임자야. 그러니 책임을 져. 신데렐라처럼 굴지 말고. 부엌에 앉아서 발 페티시가 있는 남자만 기다리고 있을 거야?' 세상에는 왕자도 공주도 존재하지 않는다. 우리에게 필요한 사랑과 힘은 모두 우리의 내면에 있다. 그러므로 당신이 성취하고 싶은 것들, 당신이 살고 싶은 종류의 삶, 당신이 가지고 싶은 종류의 파트너를 적어보라. 밖에 나갈 때면 매우 소중한 아기를 다루듯 자신을 다뤄라. 비슷한 고통을 겪고 있는 사람들의 그룹에 합류하라. 그곳에서 서로를 돌볼 수 있을 것이고 자기 자신보다 더 큰 무언가에 헌신할 수 있을 것이다. 그런 다음 호기심을 품기 바란다. 다음엔 뭐지? 앞으로 어떻게 될까?

우리의 마음은 우리를 보호하기 위해 온갖 종류의 멋진 방법들을 찾아낸다. 희생자 의식이 유혹적인 방패인 이유는 우리가 자신을 아무 죄가 없게 만들면 우리의 슬픔이 덜 고통스러울 것 같은 느낌이 들기 때문이다. 에밀리가 자신을 희생자로여기는 한 그녀는 모든 비난과 자신의 행복에 대한 책임을 자신의 전남편에게 떠넘길 수 있다. 희생자 의식은 성장을 미루고 또 미룸으로써 가짜 유예를 제공한다. 그곳에 더 오래 머무를수록 떠나기는 더 힘들어진다.

"당신은 희생자가 아니에요." 나는 에밀리에게 말했다. "희생자는 당신의 정체성이 아니에요. 희생이 당신에게 가해진 것이죠."

우리는 부상을 입은 동시에 책임을 질 수 있다. 책임을 지는 동시에 결백할 수 있다. 우리는 희생자 의식이 주는 부차적인 이득을 포기하고, 성장과 치유와 전진이라는 일차적 이득을 얻을 수 있다.

희생자 의식에서 빠져나와야 하는 중요한 이유는 그래야만 우리가 나머지 삶을 살아가기 시작할 수 있기 때문이다. 바버라는 어머니가 세상을 떠나고 1년이 지난 후에 내게 상담을 받으러 왔고 삶의 중심축을 찾으려고 애쓰는 중이었다. 바버라는 피부가 매끈하고 긴 금발 머리를 부분 염색해 64세의 나이에 비해 상당히 젊어 보였다. 하지만 바버라는 가슴에 무거운 짐을 지고 있는 것처럼 보였고 그녀의 커다란 푸른 눈은 슬픔에 가득 차 있었다.

바버라와 어머니와의 관계는 복잡했었고 그러므로 바버라가 느끼는 슬픔 또한 복잡했다. 쉽게 만족하지 않고 다른 사람을 지나치게 통제하려는 성격인, 바버라의 어머니는 때때로 노골적으로 바버라에게 희생자 의식을 강화하게 만들었다. 가령 나쁜 성적과 이성 친구와의 헤어짐 같은 바버라의 문제들에 고착했다. 또한 자신에게 결함이 있고 자신이 무력하고 결코 대단한 사람이 되지 못할 것이라는 바버라의 믿음을 더욱 부추겼다. 어떤 면에서, 어머니의 왜곡되고 비판적인 관점에서 이제 자유로워진 것은 다행스러운 일이었다. 그렇지만 바버라는 한편으로 안절부절못했고 불안함을 느꼈다. 최근에 허리를 다쳐서 좋아하는 동네 카페에서 일할 수 없게 된 데다 밤이면 잠드는 데 어려움을 겪었다. 바버라의 머릿속에서는 여러 가지 질문들이 부글댔다. '나의 시간도 거의 끝난 것일까?' '나는 무엇에 실패했지?' '내가 한 일 중에 기억될 만한 일이 있나?' '내 삶의 성과는 무엇일까?'

"저는 슬프고 초조하고 불안해요. 조금도 평온해질 수가 없어요." 바버라가 말했다.

나는 어머니를 잃은 중년의 여성들에게 이러한 현상이 일어나는 것을 자주 목격한다. 관계에서의 끝나지 않은 정서적 과업이 계속 이어지는 것이다. 그리고 죽음은 이 과업이 끝나는 것이 불가능하게 느껴지도록 만든다.

"당신은 어머니를 과거로부터 놓아주었나요?" 내가 물었다.

바버라가 머리를 저었다. 바버라의 두 눈에 눈물이 가득 차올랐다.

눈물은 좋은 것이다. 눈물은 우리가 중요한 정서적 진실에 의해 관통되고 있다는 사실을 의미한다. 만약 내가 어떤 질문을 던졌는데 내담자가 울기 시작한다면, 그것은 금의 광맥을 찾아낸 것과 마찬가지다. 우리는 본질적인 무언가를 때려서 맞춘 것이다. 하지만 해방의 순간은 중대한 만큼 내담자를 취약하게 만들기도 한다. 나는 몸을 앞으로 기울이고 온 신경을 쏟은 채 천천히 기다렸다.

바버라는 얼굴을 닦은 후 떨리는 숨을 길게 내쉬었다. "선생님에게 물어볼 게 있어요." 바버라가 말했다. "저는 어린 시절의 어떤 기억을 머릿속에서 쉼 없이 재생하고 있어요."

나는 그녀에게 두 눈을 감은 후 그 사건을 묘사해달라고 요청했다. 단 지금 일어나고 있는 일인 것처럼 현재형 시제로 말해달라고 했다.

"저는 세 살이에요." 바버라가 말을 시작했다. "우리는 모두 주방에 있어요. 아빠는 아침이 차려진 식탁에 앉아 있어요. 엄마는 저와 제 오빠를 내려다보며 서 있어요. 엄마는 화가 나 있어요. 엄마가 우리를 나란히 줄 세운 후 물어요. '너희는 누구를 제일 좋아하니, 나니 네 아빠니?' 아빠는 무슨 일인지 보고 있다가 울음을 터뜨려요. 아빠가 말해요. '그러지 말아요. 아이들에게 그러지 말아요.' 나는 아빠를 제일 사랑한다고 말하고 싶어요. 그리고 아빠에게 걸어가서 아빠의 무릎에 앉아 아빠를 안아주고 싶어요. 하지만 나는 그렇게 할 수가 없어요. 나는 아빠를 사랑한다고 말할 수 없어요. 그렇게 하면 엄마를 미치게 만들 테니까요. 나는 곤란에 처해 있어요. 그래서 나는 엄마를 제일 좋아한다고 말해요. 그리고 이제…." 바버라의 목소리가 갈라졌고 눈물이 그녀의 뺨으로 흘러내렸다. "이제 전 그 일을 되돌릴 수 있었으면 좋겠어요."

"당신은 훌륭한 생존자였군요." 내가 그녀에게 말했다. "영리한 아이였어요. 당신은 살아남기 위해 반드시 해야만 하는 일을 했어요."

"그렇다면 왜 이렇게 마음이 아픈 거죠? 왜 그저 떠나보내지 못하는 거죠?" 바버라가 물었다.

"왜냐하면 그 어린 소녀는 자신이 이제 안전하다는 사실을 모르기 때문이에요. 저를 주방에 있는 그 아이에게로 데려가 주세요. 뭐가 보이는지 말해주세요." 내가 말했다.

바버라는 뒷마당 쪽으로 나 있는 창문과 캐비닛 문의 손잡이에 꽂혀 있는 노란 꽃들과 자신의 눈높이가 오븐 다이얼과 정확히 같은 높이에 있다고 묘사했다.

"그 어린 소녀에게 말을 걸어봐요. 그 아이는 지금 어떤 기분이죠?"

"나는 아빠를 사랑해요. 하지만 나는 그렇게 말할 수 없어요."

"당신은 힘이 없어요."

눈물이 쏟아져 바버라의 뺨을 타고 턱까지 내려갔다. 바버라는 눈물을 훔쳤다. 그러고선 양손으로 얼굴을 감싸 안았다.

"당신은 그 당시에 어린아이였어요." 내가 말했다. "당신은 이제 어른이에요. 그 소중하고 특별한 어린 소녀에게 다가가세요. 이제 그 아이의 엄마가 되어주세요. 그 아이의 손을 잡고 말해주세요. '내가 너를 여기서 데리고 나가줄게'라고요."

'희생자 의식의 감옥'은 어린 시절에 세워질 때가 많다. 그리고 심지어 우리가 어른이 되고 난 뒤에도 이 감옥은 우리가 어렸을 때 그랬던 것처럼 우리를 계속 무력하게 만들 수 있다. 우리는 그 '내면 아이'가 안전하다고 느끼도록 돕고, 그 아이가 어른의 자율성을 가지고 세상을 경험하게 허용함으로써, 희생자 의식으로부터 우리 자신을 해방해줄 수 있다.

나는 바버라에게 그 상처 입은 어린 소녀의 손을 계속 잡고 있으라고 안내했다. 그리고 그 아이를 데리고 산책을 하고 공원에 핀 꽃들을 보여주라고 했다. 그 아이의 응석을 받아주고 그 아이를 맘껏 사랑해주라고 했다. 그 아이에게 아이스크림콘이나 손에 꽉 쥘 수 있는 부드러운 테디베어 인형 – 그 아이가 안전하다고 느끼기 위해 가장 원하는 것은 무엇이든 – 을 주라고 했다. 내가 말했다. "그런 다음 그 아이를 해변에 데려가세요. 그 아이에게 발로 모래를 차는 법을 보여주세요. 그 아이에게 말하세요. '내가 여기 있어. 그리고 우리는 함께 화를 낼 거야.' 그 아이와 함께 모래를 발로 차세요. 그런 다음 그 아이를 집으로 데려가세요. 아까의 그 주방이 아닌 당신이 현재 사는 곳으로요. 당신이 항상 나타나서 그 아이를 돌봐줄 수 있는 곳 말이지요."

바버라는 여전히 두 눈을 감고 있었지만, 그녀의 입과 뺨은 더 이완된 것처럼 보였다. 하지만 긴장으로 인해 깊은 주름이 여전히 두 눈 사이에 잡혀 있었다.

"그 어린 소녀는 주방에 갇혀 있었어요. 그리고 그 아이에게는 자신을 밖으로 꺼내줄 당신이 필요했죠. 당신은 그 아이를 구조했어요." 내가 말했다.

바버라가 천천히 고개를 끄덕였다. 하지만 아직 그녀의 얼굴에 긴장이 남아 있었다. 주방에서 그녀가 해야 할 일이 아직 다 끝나지 않았다. 구조해야 할 다른 사람들이 더 있었다.

"당신의 어머니 역시 당신을 필요로 하네요." 내가 말했다. "어머니는 여전히 그 주방에 서 있어요. 어머니를 위해 주방 문을 열어주세요. 그리고 어머니에게 당신과 어머니 두 사람 모두 자유로워질 때가 됐다고 말하세요."

바버라는 먼저 자신이 아버지에게로 걸어가는 모습을 상상했다. 바버라의 아버지는 눈물로 뺨이 얼룩진 채 아무 말 없이 아침 식탁에 여전히 앉아 있었다. 바버라는 아버지의 이마에 입을 맞춘 후 자신이 어린아이였을 적에 숨겨야만 했던 사랑에 대해 말했다. 그런 다음 바버라는 어머니에게 걸어갔다. 바버라는 어머니의 어깨에 손을 얹고서 어머니의 불안해하는 눈을 들여다본 후 열린 문을 향해 고갯짓했다. 그들이 서 있는 곳에서 푸르른 잔디밭이 보였다. 이윽고 바버라가 눈을 떴을 때, 그녀의 얼굴과 어깨는 무언가가 편안해진 것처럼 보였다.

"고맙습니다." 바버라가 말했다.

우리 자신을 희생자 의식으로부터 놓아주는 건 다른 사람들을 우리가 그들에게 부여한 역할들로부터 놓아주는 것을 의미하기도 한다.

몇 달 전 내게 이 방법을 직접 사용할 기회가 생겼다. 나는 유럽에서 강연 여행을 할 예정이었고 함께 가자고 나의 딸인 오드리를 초대했다. 오드리는 중학교와 고등학교 때 주니어 올림픽 수영선수로 훈련했고 항상 연습을 위해 새벽 다섯 시에 일어났다. 오드리의 머리카락은 수영장 물의 염소 성분에 계속 노출되어서 늘 초록색이었고 대개 내 남편 벨러가 텍사스주와 남서부 지역의 수영 대회에 참가하는 오드리를 따라다녔다. 이것이 벨러와 내가 우리의 커리어를 유지하면서 세 아이를 키운 비결이었다. 우리는 책임을 나누고 파트너로서 각자의 역할을 했다. 하지만 이는 우리 각자가 여러 가지 것들을 놓쳤다는 뜻이기도 했다. 오드리와 지금 함께 여행한다고 해도 오드리가 어렸을 때 우리가 잃어버렸던 시간을 대체할 수는 없을 것이다. 그렇지만 이번 기회는 우리의 관계를 공고히 할 수 있는 반가운 방식처럼 느껴졌다. 게다가 이번에 매니저가 필요한 사람은 바로 나였다!

우리는 네덜란드에 갔다가 스위스로 가서 전통 페이스트리를 한입에 먹었다. 내 아버지가 당구를 치러 외출했다 돌아오는 밤이면 몰래 사오곤 했던 페이스트리처럼 달콤하고 풍부한 맛이 났다. 나는 제2차 세계대전이 끝난 후 수없이 자주 유럽을 방문했지만, 이번엔 유럽에 머무르는 일이 놀라울 정도로 내게 깊은 치유감을 주었다. 나는 훌륭한 딸과 함께 나의 유년기와 트라우마에 가까이 있으면서 침묵과 대화를 공유하고, 애도와 리더십 코치로서 두 번째 커리어를 시작하겠다는 딸의 계획을 들을 수 있었다. 어느 날 밤, 로잔에 있는 경영대학원에서 강의실을 가득 채운 세계적 중역들에게 강연하고 난 후 누군가가 내게 이런 질문을 던져 나를 놀라게 했다. "따님과 함께 여행하는 건 어떤 기분이신가요?"

나는 이 시간이 내게 얼마나 특별한지 적절하게 전달할 수 있는 말을 찾으려 애썼다. 나는 형제 중에 가운데 아이들이 가족 안에서 소홀히 대접받는 경우가 많다고 언급하면서 오드리가 자신의 언니인 마리안느에게 돌봄을 많이 받았다고 말했다. 그러는 동안 나는 막내아들인 조니를 데리고 엘파소의 전역과 심지어 볼티모어처럼 먼 곳까지 다니며 조니의 발달 지연 문제를 치료할 방법을 찾아 헤맸다. 다행히 현재 조니는 텍사스대학교를 우수한 성적으로 졸업하고 장애가 있는 사람들을 위한 시민활동가이자 변호사로 훌륭하게 일하고 있다. 나는 조니가 시기를 놓치지 않고 개입과 지지를 받을 수 있었다는 사실에 매우 감사하다. 하지만 나는 특별한 돌봄이 필요한 조니에게 온통 관심을 쏟은 것과 오드리의 유년기에 제대로 함께 있지 못한 것, 마리안느와 오드리의 6년이라는 나이 차, 나 자신의 트라우마가 아이들에게 지워준 부담감 등에 항상 죄책감을 느꼈다. 공개적으로 이런 이야기를 즉흥적으로 하니 일종의 카타르시스가 느껴졌다. 잘못을 인정하고 사과하는 것이 기분 좋게 느껴졌다.

하지만 그다음 날 아침, 공항에서 오드리가 내게 맞섰다.

"엄마, 우리는 내가 어떤 사람인지에 대한 이야기를 바꿔야만 해요. 저는 저 자신을 희생자로 보지 않아요. 엄마도 저를 그런 식으로 그만 봤으면 좋겠어요." 오드리가 말했다.

불편함이 느껴졌고 나를 방어하고자 하는 조급한 마음으로 가슴이 조여왔다. 나는 그동안 내가 오드리를 희생자가 아닌 생존자로 보고 있다고 생각했다. 하지만 오드리의 말이 절대적으로 옳았다. 나 자신의 죄책감을 해소하기 위해서, 나는 오드리에게 '방치된 아이'의 역할을 맡기고 있었다. 나는 우리 가족 모두에게 역할을 부여했다. 나는 가해자였고, 오드리는 희생자였고, 마리안느는 구조자였다(혹은 똑같은 이야기의 다른 버전에서 나는 조니를 희생자로, 나 자신을 구조자로, 그리고 오랜 세월 동안 나를 화나게 했던 남편 벨러를 가해자로 캐스팅했다). 인간관계와 가족 안에서 희생자의 역할은 이리저리 왔다 갔다 할 때가 많다. 그렇지만 가해자 없이는 희생자도 있을 수 없다. 우리가 희생자로 머무를 때, 혹은 다른 누군가를 희생자의 역할에 놓을 때, 우리는 손상을 강화하고 영구화한다. 오드리가 자라면서 누리지 못했던 것들에 집중함으로써, 나는 오드리가 가진 생존자의 힘 ─ 어떤 경험이라도 성장을 위한 기회로 여길 수 있는 오드리의 능력 ─ 을 폄훼하고 있었다. 또한 그러면서 나 자신을 죄책감의 감옥에 가둬놓고 있었다.

내가 희생자에서 생존자로 관점을 이동하는 일의 영향력을 처음으로 목격한 것은 1970년대 중반 '윌리엄버몬트육군의료센터'에서 임상 인턴 과정을 이수할 때였다. 어느 날 나는 두 명의 새로운 환자를 할당받았다. 두 명 모두 베트남전 참전 군인으로 척수 아랫부분을 다쳐 하반신이 마비되었다. 두 사람 모두 다시 걸을 가능성이 희박했다. 이들은 진단이 같고 예후 또한 같았다. 첫 번째 환자는 태아 자세로 웅크린 채 침대에 누워서 분노에 가득 찬 채 신과 조국을 저주하고 있었다. 두 번째 환자는 침대 밖으로 나와 휠체어에 허리를 펴고 앉아 있는 것을 더 좋아했다.

그가 내게 말했다. "이제 저는 모든 것을 다르게 봅니다. 아이들이 어제 제게 면회 왔어요. 이 휠체어에 앉아 있으니 아이들과 눈높이가 훨씬 더 맞더군요."

그는 신체의 자유를 잃어서 즐거운 게 아니었다. 성기능에 장애를 입어서, 다시 딸과 함께 달리기를 할 수 있거나 아들의 결혼식에서 춤을 출 수 있게 될지 알 수 없어서 기쁜 게 아니었다. 하지만 그는 자신의 부상이 자신에게 새로운 관점을 가지게 해주었다는 사실을 알 수 있었다. 그리고 그는 자신의 부상이 자신을 제한하고 무능하게 만든다고 여길지 아니면 성장의 새로운 원천을 제공한다고 여길지 '선택'할 수 있었다.

40년 이상이 지난 이후 2018년 봄에, 나는 내 첫째 딸 마리안느가 이와 비슷한 선택을 내리는 것을 목격했다. 마리안느는 남편인 롭과 함께 이탈리아 여행을 하다가 긴 석조 계단에서 발을 헛디뎠고 아래로 곤두박질해서 심한 두뇌 손상을 입었다. 그 후 2주 동안, 우리는 마리안느가 살아남을 수 있을지 없을지 알 수 없었다. 설령 살아남는다고 해도 마리안느가 어떤 상태가 될지 알 수 없었다. 말을 할 수 있을까? 자신의 아이들, 세 명의 아름다운 손자들, 남편 롭, 형제들 그리고 나를 기억할까? 마리안느가 생과 사를 오가는 이 견디기 힘든 시간 동안, 나는 마리안느가 태어났을 때 남편 벨러가 내게 선물해준 팔찌에 자꾸 손을 뻗어 세 가지 종류의 금이 엮인 두꺼운 바깥 면을 만지작거렸다. 우리가 1949년에 체코슬로바키아에서 탈출할 때 나는 이 팔찌를 마리안느의 기저귀 속에 숨겼었다. 그 후로 나는 이 팔찌를 하루도 빠짐없이 매일 찼다. 파괴와 죽음을 뚫고서 생겨난 삶과 사랑을 상징하는 부적이자, 온갖 역경을 이겨낸 생존이 세상에 존재한다는 증표였다.

무력감과 뒤섞인 공포심을 느끼는 게 내게는 무엇보다 가장 힘들었다. 나는 마리안느를 잃을지 모른다는 사실에 겁에 질린 채 마리안느의 고통을 지켜보며 속이 시커멓게 다 타버렸다. 무엇보다 이 일과 관련해 내가 '할 수 있는' 구체적인 일이 하나도 없었다. 마리안느를 치유하기 위해, 최악의 상황이 일어나는 것을 막기 위해 할 수 있는 일은 단 하나도 없었다. 공포심이 치솟을 때면 나는 마리안느의 헝가리어 별명을 되뇌곤 했다. "마추커, 마추커." 일종의 기도인 음절이었다. 나는 이 행동이 내가 아우슈비츠에서 요제프 멩겔레를 위해 춤을 춰야 했을 때 했던 행동이라는 사실을 깨달았다. 내면으로 들어가는 것. 나 자신 안에 피난처를 만드는 것. 위험과 불확실함의 소용돌이 속에서 내 영혼을 안전하게 지킬 수 있는 곳을 마련하는 것 말이다.

기적적으로 마리안느는 살아남았다. 마리안느는 추락 사고 이후 첫 몇 주일을 지금도 기억하지 못한다. 아마 마리안느 역시 내면으로 들어갔을지도 모른다. 훌륭한 의료진, 남편과 가족의 변함없는 지지와 존재, 자기 내면의 자원들을 통해 마리안느는 조금씩 신체적 기능과 인지적 기능을 되찾았고 아이들의 이름을 기억해낼 수 있었다. 처음에 마리안느는 음식물을 삼키기 어려웠고 미각이 손상된 상태였다. 나는 마리안느가 좋아했던 음식들을 모조리 만들겠다고 굳게 결심하고서 쉬지 않고 요리를 했다. 어느 날, 마리안느가 내게 '트레팡카'를 만들어달라고 부탁했다. 트레팡카는 감자 요리로 독일식 김치인 '사우어크라우트'와 체코 시골의 치즈 '브린자'를 곁들인다. 트레팡카는 내가 마리안느를 임신했을 때 가장 먹고 싶었던 음식이었다! 마리안느가 트레팡카를 한 입 베어 물고 나서 미소 짓는 모습을 보고 나는 마리안느가 괜찮아질 것이라고 뼛속 깊이 느꼈다.

불과 1년 6개월 만에 마리안느는 깜짝 놀랄 만큼 많이 회복했고, 현재 다치기 전과 마찬가지로 강인하고, 훌륭하고, 창의적이고, 열정적인 모습으로 삶을 꾸려나가고 일하고 있다.

회복의 많은 측면은 마리안느가 통제할 수 없는 부분이었다. 쉽게 설명할 수는 없지만 순전히 운이 작용한 점도 없지 않아 있었다. 하지만 마리안느 또한 자신의 치유에 도움이 되는 선택들을 내렸다. 우리가 제한된 에너지와 함께 취약한 상태에 놓여 있을 때는 시간을 어떻게 쓸 것인지를 선택하는 일이 특히 중요하다. 마리안느는 생존자처럼 사고하기로 선택했고 계속 더 나아지기 위해 해야만 하는 일들에 집중했다. 자신의 몸에 귀를 기울여 휴식을 취해야 할 때를 알아냈고, 회복을 지지해주는 모든 사람과 자신의 건강에 감사함을 느끼고 말로 표현했다. 아침에 일어나면 마리안느는 자기 자신에게 묻는다. '오늘은 뭘 할 예정이지? 언제부터 심리치료 상담을 하지? 나는 어떤 프로젝트에 착수하고 싶지? 나를 돌보기 위해 내가 해야 하는 일들은 무엇이지?' 하고.

태도가 전부라는 말도 있지만, 사실 태도가 전부인 것은 아니다. 우리는 난관을 없앨 수도 없고 자신의 관점만 가지고는 잘 살아갈 수도 없다. 하지만 우리가 자신의 시간과 정신 에너지를 어떻게 쓰는지는 우리의 건강에 직접적인 영향을 미친다. 만약 우리가 자신이 경험하고 있는 상황에 저항하고 저주를 퍼붓는다면, 성장과 치유로부터 멀어질 수밖에 없다. 그 대신 우리는 끔찍한 일이 일어났다는 사실을 인정한 후 그것과 함께 살아갈 가장 좋은 방법을 찾을 수 있다.

이는 치유 과정에서 좌절이나 문제에 맞닥뜨릴 때 특히 중요하다. 두뇌 손상을 입었다는 건 일반적으로 환자들이 예전에 손쉽게 혹은 숙련되게 하곤 했던 많은 일을 예전만큼 잘할 수 없다는 뜻이다. 마리안느는 추락 사고에 의해 손상된 신경 네트워크들을 재건하려 여전히 열심히 노력하고 있다. 마리안느는 너무 오래 서 있거나 걸으면 쉽게 피로해진다. 또한 적절한 말을 찾아내려 안간힘을 써야 한다. 회복하기 시작한 첫 몇 주를 제외하고 마리안느의 기억은 온전하지만 때때로 어떠한 것을 가리키는 단어들을 생각해낼 수가 없다.

가령 자신이 방문했던 어떤 나라의 이름이라든지 자신이 농

산물 직매장에서 사고 싶은 채소의 이름 같은 것들이다. 마리안느는 예전이라면 눈 감고도 할 수 있었던 일들을 다시 하기 위해 새로운 방식들을 배워야만 했다. 연설을 준비할 때면 세 가지 핵심 요점들만 적어놓고 자신의 두뇌가 알아서 그것들 사이의 연관 관계들을 기억해내고 공백을 메워주리라 믿을 수 없게 됐다. 다치기 전에 했던 것처럼 말이다. 이제 마리안느는 단어 하나하나, 접속사 하나하나까지 연설할 전체 내용을 모두 미리 적어놓아야 한다.

그렇지만 흥미롭게도, 마리안느가 더 유연하게 더 혁신적으로 하게 된 다른 일들도 있다. 마리안느는 항상 유능한 홈 셰프였고 〈샌디에이고San Diego〉 신문에 요리 칼럼을 게재한 적도 있었다. 추락 사고 이후 마리안느는 자기 자신에게 요리하는 법을 다시 가르쳐야만 했다. 그 과정에서 새로운 레시피를 발명하고 옛 요리 과정을 새로운 방식으로 바꾸기 시작했다. 마리안느와 롭은 현재 맨해튼에 살고 있지만, 이들은 여름의 최대한 많은 시간을 내가 사는 라호이아(캘리포니아 샌디에이고 북서쪽에 있는 주택 지역 – 옮긴이)에서 보낸다. 이번 여름에 마리안느는 내게 차가운 체리 수프를 만들어주고 싶어 했다. 뉴욕에서 열렸던 디너파티를 위해 준비했던 요리였다. 그 당시 마리안느는 시큼한 체리 한 다발을 사고 두 권의 오래된 헝가리 요리책을 다시 읽다가 요리책을 던져버리고서 자신만의 방식으로 요리에 뛰어들었다. 마리안느는 수프를 끓였다가 식히는 대신 처음부터 수프를 차갑게 준비했고 세 가지 종류의 다른 과일들을 추가했다. 다친 이후로 항상 끊임없이 뭔가를 조정해야 할 필요가 없었더라면, 마리안느는 아마도 예전과 똑같은 방식으로 수프를 만들었을 것이다. 그 대신, 마리안느는 다친 후 자신에게 요구된 '재창조의 실행법practice of reinvention'을 수용했고, 그것이 자신을 새로운 어떤 것으로 안내하도록 기꺼이 허용했다. 그리고 그건 정말 맛있었다!

나는 때때로 마리안느의 눈에서 한때 당연시했던 일들을 그렇게 힘들게 해야 하는 것이 얼마나 피곤하고 좌절감을 주는지 읽을 수 있다. 하지만 마리안느는 또한 새로운 가능성들에 잘 적응하고 있다.

"재밌어요. 예전과 다른 방식으로 지적으로 활기가 넘치는 것 같아요." 마리안느가 내게 말했다. 마리안느의 얼굴이 어릴 적 처음 글자 읽는 법을 배웠을 때 그랬던 것처럼 환하게 빛났다. "솔직히 말하면요, 재밌는 데다 짜릿하기까지 해요."

이는 마리안느와 비슷한 부상을 이겨낸 사람들에게 드문 경험이 아니다. 마리안느의 신경과전문의는 한 번도 숙련된 예술가였던 적이 없는 환자들이 중대한 두뇌 손상을 입은 후 자신이 그림을 그릴 수 있다는 사실, 그것도 놀랍도록 잘 그릴 수 있다는 사실을 갑자기 발견하는 경우가 많다고 말했다. 망가진 후 다시 형성된 신경 연결 통로들에 관련된 무언가가 많은 생존자에게 한 번도 가지지 못했던, 혹은 예전에는 미처 알지 못했던 재능을 자신이 소유하고 있다는 사실을 발견하게 해주는 것이다.

우리의 삶을 중단시켰던 것들이, 트랙에서 우리를 멈춰 세웠던 것들이 새로운 자아가 출현하도록 돕는 촉매가 될 수 있고, 우리에게 살아가는 새로운 방식을 알려주는 도구가 되어 새로운 시각을 부여할 수도 있다는 사실이 정말 놀랍고도 아름답지 않은가.

이러한 이유로 나는 모든 위기에는 '전환'이 존재한다고 말한다. 끔찍한 일들은 항상 벌어진다. 그리고 그 일들은 우리에게 지옥과도 같은 고통을 안긴다. 하지만 또한 이러한 파괴적인 경험들은 우리가 자신의 삶에 대해 무엇을 원하는지 재정비하고 새로운 결정을 할 수 있는 기회를 제공하기도 한다. 이미 벌어진 일들에 대해 계속 앞으로 나아가고, 그 일들에 대한 자신의 자유를 발견하기로 선택할 때, 우리는 희생자 의식의 감옥으로부터 우리 자신을 해방시킬 수 있다.

과거에서 벗어나기 위한
핵심 열쇠

○ **그건 그때고, 이건 지금이다.** 유년기나 청소년기에 다른 사람의 행동(크든 작든)에 상처받았던 때를 떠올려보라. 그 관계 혹은 그 시기에 대한 개략적인 인상 말고 구체적인 순간을 떠올리려고 노력해보라. 마치 당신이 그 순간을 다시 살고 있는 것처럼 상상해보라. 감각적 세부 사항들 – 광경, 소리, 냄새, 맛, 신체 감각 – 에 주의를 기울여라. 그런 다음 현재 모습대로의 당신 자신을 상상해보라. 현재의 당신이 과거의 순간으로 들어가서 과거 자아의 손을 잡는 모습을 상상해보라. 당신이 상처받았던 곳으로부터, 과거로부터 당신 자신을 데리고 나오라. 당신 자신에게 이렇게 말하라. "여기 내가 있어. 내가 널 돌봐줄게."

○ **모든 위기에는 '전환'이 있다.** 최근이든 옛날이든, 당신에게 고통을 일으킨 사람 혹은 상황에게 편지를 써보라. 그 사람이 했던 행동이나 싫었던 그 상황에 대해 구체적으로 묘사하라. 그 편지를 테이블 위에 올려놓아라. 그 행동이나 말이나 사건이 당

신에게 어떤 영향을 미쳤는지 말하라. 그런 다음 같은 사람 혹은 상황에게 또 다른 편지를 써보라. 하지만 이번에는 감사 편지를 써보라. 그 사람이 당신에게 당신 자신에 대해 무엇을 가르쳐줬는지, 혹은 그 상황이 어떻게 당신이 성장하도록 자극했는지 표현하라. 감사 편지의 목적은 당신이 싫어하는 어떤 것을 좋아하는 척하려는 것도, 고통스러운 어떤 것에 대해 행복감을 느끼라고 당신 자신에게 강요하는 것도 아니다. 일어난 일이 옳지 않았고 그 일이 고통스러웠다는 사실을 인정하라. 그러면서 당신의 관점을 '무력한 희생자'에서 '진정한 당신, 즉 생존자, 강한 사람'으로 바꿀 때 생기는 치유의 힘을 알아차려보라.

○ **당신의 자유를 이용하라.** 비전 보드(당신이 삶 속에서 창조하고 싶은 것이나 수용하고 싶은 것들에 대해 시각적으로 나타낸 것)를 만들어보라. 잡지, 오래된 달력 등에서 사진이나 그림과 문장을 잘라내라. 규칙은 없다. 단지 무엇이 당신을 끌어당기는지 살펴보라. 그 이미지와 문장들을 하나의 벽보판이나 커다란 판지 조각에 붙여라. 어떠한 패턴들이 드러나는지 알아차려보라. (이 방법은 소중한 친구들과 함께 실행하면 좋다. 맛있는 많은 음식과도 함께!) 당신의 비전 보드를 바로 옆에 두고 그것을 매일 쳐다보라. 이 직관적인 창조가 화살이 되게 하여 그 뒤를 따르라.

두 번째 수업

✦

감정은 흐르게
두어야 한다

감정은 감정일 뿐이라는 사실을
잊지 말아야 한다.
감정은 우리의 정체성이 아니다.

첫딸 마리안느가 다섯 살이고 우리 가족이 볼티모어에 있는 작은 아파트에 살던 때였다. 어느 날 마리안느가 펑펑 울면서 유치원에서 집으로 돌아왔다. 마리안느는 어떤 친구의 생일 파티에 초대받지 못했고 그 때문에 가슴이 찢어진 상태였다. 감정이 북받쳐 올라 얼굴이 시뻘겋고 두 뺨은 온통 눈물범벅이었다. 하지만 나는 감정을 인정하고 그 감정에 관심을 온전히 쏟는 법을 전혀 알지 못했다. 마리안느가 자신만의 감정을 있는 그대로 느끼고 표출하도록 돕는 법을 알지 못했다.

그 시절에 나는 나의 과거를 완전히 부정하고 있었다. 아우슈비츠에 관해 단 한 번도 입 밖으로 꺼낸 적이 없었다. 마리안느가 중학교에 입학한 후 홀로코스트에 관한 어떤 책 한 권을 발견하기 전까지 세 아이 중 아무도 내가 아우슈비츠 생존자라는 사실을 몰랐다. 마리안느는 아빠에게 굶어 죽어가고 있는 해골 같은 사람들이 즐비한, 아우슈비츠의 사진들을 보여주며 무슨 끔찍한 재앙 때문에 이 사람들이 철조망 안에 갇혀 죽어갔느냐고 물었고 남편은 나도 거기에 수용되어 있었다고 담담히 말했다. 나는 그의 말을 듣자마자 가슴이 무너져 내렸다. 어떻게 딸아이의 눈을 봐야 할지 몰라 욕실로 도망쳐서 숨었다.

마리안느가 울면서 유치원에서 집으로 돌아왔을 때 마리안느의 슬픔은 나를 슬프고 불편하게 만들었다. 그래서 나는 마리안느의 손을 잡고 주방으로 가서 초콜릿 밀크셰이크를 만들어주었다. 거기에다 일곱 겹으로 된 헝가리식 초콜릿 케이크를 한 조각 큼지막이 썰어주었다. 그게 나의 치료법이었다. 달콤한 무언가를 먹는 것 말이다. 불편함을 음식으로 치유하라. 음식은 모든 문제에 대한 나의 답이었다.

그때 나는 알지 못했다. 아이들에게서 고통을 아예 없애려고 하면 아이들을 망가뜨리는 셈밖에 되지 않는다는 사실을 말이다. 우리는 아이들에게 어떤 감정들이 잘못됐거나 무섭다고 가르친다. 하지만 감정은 오직 감정일 뿐이다. 옳거나 그르거나의 문제가 아니다. 나의 감정과 상대의 감정이 있을 뿐이다. 다른 사람들을 그들의 감정에서 벗어나게 하려고 설득하려 애쓰거나 그들을 유쾌하게 하도록 애쓰는 것은 현명하지 않은 행동이다. 그들의 감정을 허용하고 옆에 있으면서 "더 말해봐요"라고 말하는 편이 더 낫다. 아이들이 놀림을 받았거나 따돌림을 당해서 속상해할 때 나는 "네가 어떻게 느끼는지 알아"라고 말하곤 했지만 이렇게 해서는 안 된다. 이는 새빨간 거짓말이다. 우리는 다른 사람이 어떻게 느끼는지 절대 알 수 없다. 그런 일은 일어나지 않는다. 공감하고 지지하고 싶다면 다른 사람의 내면 생활이 마치 자기 자신의 내면생활인 것처럼 받아들이지 말아야 한다. 이는 그들에게서 자신의 경험을 박탈하고 그들을 수렁에 빠지게 만드는 또 다른 방법에 불과하다.

나는 내담자들에게 우울depression의 반대는 표현expression이라는 사실을 자주 상기시킨다. 우리에게서 표출되는 것들은 우리를 아프게 만들지 않는다. 우리 안에 머무는 것들이 우리를 아프게 만든다.

최근 나는 캐나다 가정위탁 보호제도에서 아이들을 상담하는 일을 하는 한 훌륭한 남성과 대화를 나눴다. 그는 아이들이 가족의 상실, 안정의 상실, 안전의 상실을 충분히 슬퍼하도록 돕는다. 많은 아이가 애초부터 아예 가지지 못했던 것들이다. 나는 그에게 이 일을 하게 된 동기가 무엇이냐고 물었고 그는 자신의 아버지와 나눴던 대화를 내게 들려주었다. 그의 아버지는 암으로 죽어가고 있었다. "왜 암에 걸리신 것 같아요?" 그가 물었다. 그의 아버지가 대답했다. "우는 법을 한 번도 배우지 못했기 때문이란다."

물론 개개인이 건강하거나 질병에 걸릴 가능성에는 수많은 요소가 영향을 미친다. 자신이 질병에 걸리거나 다친 것이 자기 자신의 탓이라고 믿는다면 자신에게 큰 해가 될 뿐이다. 하지만 확실하게 말할 수 있는 것은 우리가 표현하거나 표출하도록 자신에게 허용하지 않은 감정들은 꽉 막힌 채 내면에 머무르게 된다는 사실이다. 또한 우리가 계속 꽉 잡고 있는 모든 것은 우리의 신체 화학반응에 영향을 미치고 우리의 세포와 신경회로에서 배출구를 찾는다. 헝가리에는 다음과 같은 속담이 있다. "분노를 가슴까지 들이마시지 말라." 특정한 감정들에 집착하고 그 감정들을 내면에 가둬두면 매우 건강에 해로울 수 있다.

다른 사람들 혹은 우리 자신을 우리의 감정들로부터 보호하려 애쓰는 것은 궁극에 가서는 그다지 효과가 없다. 하지만 우리는 어릴 때부터 우리의 내면 반응을 무시하도록, 다시 말해 우리의 진짜 자아를 포기하도록 훈련받는 경우가 많다. 어떤 아이가 "학교를 증오해요"라고 말한다면 아이의 부모는 "증오는 너무 지나친 단어야"라거나 "설마 그 정도로 나쁠까"라고 대답할 것이다. 어떤 아이가 넘어져서 무릎이 까진다면 옆에 있던 어른은 "괜찮아!"라고 말할 것이다. 아이가 상처나 어려움으로부터 마음을 가다듬거나 다시 회복하도록 도우려는 차원에서, 다정한 어른들은 아이가 겪고 있는 것을 축소하거나 혹은 어떤 감정들은 느껴도 되고 어떤 감정들은 느끼면 안 된다고 무심코 가르칠 수 있다. 때때로 감정을 바꾸거나 부정하라는 신호는 더 노골적이다. '진정해!' '이겨내.' '그렇게 울보처럼 징징대지 마.'

아이들은 우리가 하는 말보다는 우리가 하는 행동을 보고 배운다. 만약 어른들이 분노 표출이 허용되지 않거나 분노가 해로운 방식으로 터뜨려지는 가정 환경을 만든다면, 아이들은 강렬한 감정들은 허용되지 않거나 안전하지 않다고 배우게 된다.

많은 사람은 현재 상황에 적절하게 대응하는 대신 자동반사적으로 반응하는 습관이 있다. 우리는 자신의 감정들로부터 숨는 법을 배운다. 감정을 억압하거나 약물로 다스리거나 아니면 그냥 도망친다.

나의 한 내담자는 의사의 처방전이 필요한 약에 중독된 내과의사였다. 어느 날 아침 일찍 그가 내게 전화를 걸었다. 그가 말했다. "에거 박사님, 어젯밤에 문득 깨달았어요. 아우슈비츠에는 항우울제가 없었다는 걸요." 그가 무슨 말을 하고자 하는지 이해하는 데 잠깐의 시간이 걸렸다. 그가 하는 것처럼 불법적인 자가치료를 하는 것과 생명을 유지하기 위해 필요한 약물을 복용하는 것 사이에는 엄청난 차이가 있다. 하지만 그는 좋은 지적을 했다. 그는 자신의 감정들로부터 탈출하기 위해 자기 밖으로 손을 뻗기 시작했고 결국 필요치 않은 약물에 중독되었다.

아우슈비츠에 외부로부터 오는 것은 아무것도 없었다. 자신을 마비시키거나, 감정을 무디게 만들거나, 잠시 그곳을 떠나거나, 고문과 굶주림과 임박한 죽음의 현실을 잊기 위해 할 수 있는 방법은 단 하나도 없었다. 우리는 자기 자신과 우리가 처한 환경을 잘 관찰하는 법을 배워야 했다. 우리는 그냥 있는 그대로 존재하는 법을 배워야만 했다.

그렇지만 나는 수용소에서 울었던 기억이 없다. 나는 생존 문제에 완전히 점령되어 있었다. 감정들은 나중에 왔다. 오랜 세월 동안 감정들을 회피하려고, 계속 도망치려고 안간힘을 쓴 이후에 마침내 감정들이 나를 찾아왔다. 자신이 느끼지 못하는 것을 치유할 수는 없는 법이다.

전쟁 후 30년이 넘게 지난 이후 미국 육군에서 트라우마 전문가로 일하고 있었을 때 '전쟁포로자문위원회'에서 일해달라는 요청을 받았다. 이 위원회에 참석하기 위해 워싱턴 D.C.를 방문할 때마다 사람들은 내게 홀로코스트기념관에 가봤느냐고 물었다. 나는 이미 아우슈비츠에 돌아간 적이 있었다. 부모님과 강제로 떼어놓아졌던 땅에 다시 섰고 부모님의 육신이 연기가 되어 올라갔던 하늘 아래에 다시 섰었다. 그런데 왜 내가 아우슈비츠와 다른 수용소들에 관련된 박물관에 또 가야 한단 말인가? 위원회에서 일한 6년 동안 나는 박물관에 발을 들이지 않았다. 그러던 어느 날 아침, 나는 회의실에 있는 마호가니 테이블에 앉아 있었고 내 앞에는 내 이름이 새겨진 작은 명판이 놓여 있었다. 그리고 나는 생각했다. '그때는 그때고 지금은 지금이야. 나는 에거 박사야. 해낸 거라고.'

하지만 내가 박물관을 회피하는 한, 내가 과거를 이미 극복했고 더는 과거와 다시 마주할 필요가 없다고 스스로 설득시키는 한, 나의 일부는 여전히 그곳에 갇혀서 빠져나오지 못하고 있었다. 나의 일부는 자유롭지 않았다.

그래서 용기를 끌어모아 박물관을 방문했다. 내가 두려워했던 것과 한 치도 틀림없이 몹시 고통스러웠다. 1944년 5월에 찍힌 아우슈비츠의 열차 도착 플랫폼 사진들을 봤을 때 엄청난 감정이 물밀듯이 밀려들어와 거의 숨을 쉬지 못할 지경이었다. 그런 다음 나는 가축 운반차로 향했다. 가축을 수송하기 위해 만들어진 오래된 독일식 화물차를 본떠 만든 모형 차였다. 관람객들이 안으로 기어올라가 공간이 얼마나 컴컴하고 얼마나 작은지 몸소 느낄 수 있도록 꾸며져 있었다. 또한 한 공간에 사람들이 너무 빽빽이 들어차 있어 다른 사람들 위에 앉아야만 하는 게 어떤 느낌인지 느낄 수 있게 만들어졌다. 수백 명의 사람들과 물을 위한 양동이 하나, 배설물을 위한 양동이 하나를 공유해야 하는 것을 상상할 수 있게, 한 번도 멈추지 않고 밤낮없이 내달리는 기차에 타고 있는 걸 상상할 수 있게, 먹을 것이라곤 8~10명 정도의 다른 수용자들과 함께 나눠 먹어야 하는 곰팡내 나는 빵 한 덩어리뿐이라는 것을 상상할 수 있게 만들어져 있었다.

나는 완전히 마비된 채 가축 운반차 밖에 우두커니 서 있었다. 온몸이 얼어붙어버렸다. 내 뒤에 늘어서 있는 사람들은 조용히 점잖게 내가 안으로 걸어 들어가기를 기다렸다. 하지만 나는 한참 동안 몸을 움직일 수 없었다. 그러다가 끌어모을 수 있는 힘을 마지막 한 방울까지 끌어모아 간신히 한 걸음 그리고 다시 한 걸음을 좁은 출입문 사이로 떼었다.

안에 들어서자 공포의 파도가 나를 덮쳤고 나는 토할지도 모르겠다고 생각했다. 나는 아기처럼 몸을 잔뜩 웅크린 채 부모님이 살아계셨던 마지막 나날들을 다시 체험했다. 열차의 바퀴는 선로 위를 가차 없이 내달렸다. 열여섯 살 때 나는 우리가 아우슈비츠로 향하고 있는지 알지 못했다. 부모님이 곧 세상을 떠나리라는 사실도 알지 못했다. 나는 불편함과 불확실성을 견뎌내야만 했다. 하지만 그 당시가 그것을 다시 체험하는 지금보다 더 나았다. 이번에 나는 그것을 '느껴야만' 했다. 이번에 나는 통곡했다. 시간이 얼마나 됐는지 완전히 잊어버리고서 캄캄한 그곳에 주저앉아 고통을 느꼈다. 다른 관람객들이 들어오고 어둠을 공유하고 나가고 하는 것을 거의 알아차리지 못했다. 한 시간, 어쩌면 두 시간을 그곳에 주저앉아 있었다.

마침내 밖으로 나왔을 때 나는 이전과 다르게 느꼈다. 약간 더 가벼워진 느낌, 몽땅 밖으로 쏟아낸 느낌이었다. 물론 내 슬픔과 공포가 사라진 건 아니었다. 사진에서 나치당의 십자 표시를 볼 때마다, 경비를 서는 나치친위대 장교의 차디찬 눈을 볼 때마다 움찔했다. 하지만 나는 내 자신에게 과거를 다시 방문하고 그토록 오랫동안 도망쳐왔던 감정들과 마주하도록 허용했다.

우리가 감정들을 회피하는 데에는 그럴 만한 이유가 많이 있다. 불편하게 느껴지는 감정일 수도 있고 우리가 가져서는 안 되는 감정이라고 생각할 수도 있다. 혹은 다른 사람들에게 상처를 입힐까 봐 두려워하는 것일 수도 있고 그 감정이 무엇을 의미하는지 두려워하는 것일 수도 있다. 우리가 이미 내린 선택이나 앞으로 내릴 선택에 대해 무엇을 드러낼지 두려운 것이다.

하지만 자신의 감정들을 회피하는 한 현실을 부정할 수밖에 없다. 만약 어떤 것을 차단하고 "그것에 대해 생각하고 싶지 않아"라고 말한다면, 장담컨대 그것에 대한 생각에서 오히려 벗어날 수 없을 것이다. 그러므로 감정을 초대하고 옆에 앉은 후 시간을 함께 보내라. 우리는 연약한 작은 어린아이가 아니다. 모든 현실과 똑바로 마주 보는 것이 좋다. 더는 싸우거나 숨지 말아야 한다. 감정은 감정일 뿐이라는 사실을 잊지 말아야 한다. 감정은 우리의 정체성이 아니다.

16년 전 9월의 어느 아침, 캐럴라인이 막 빨래 한 더미를 세탁기에 돌리기 시작한 후 캐나다 시골에 있는 집에서 조용히 하루를 즐기려는 순간, 현관을 두드리는 소리가 났다. 앞 창문을 통해서 보니 남편의 사촌인 마이클이었다. 마이클은 40대 초반으로 그녀와 동갑이었다. 마이클은 인생의 대부분에서 절도, 경범죄, 마약 남용 등 여러 문제를 일으켰고 마침내 두 번째 기회를 가질 준비가 되어 있었다. 마이클은 최근에 자신의 여자친구와 함께 캐럴라인의 집에 들어왔다. 캐럴라인과 그녀의 남편은 마이클을 가족으로서 받아들이고 그가 삶의 방향을 바꿀 수 있도록 도왔다. 직장과 안정된 환경을 마련해주었다. 마이클은 그들의 삶에 들어와 정착했고 캐럴라인, 그녀의 남편, 그녀의 세 의붓아들과 자주 저녁 식사를 함께했다.

캐럴라인은 마이클을 좋아하고 그를 돕는 일에도 적극적이었지만, 집에 없는 척을 할까 잠시 고민했다. 캐럴라인의 남편은 출장을 떠났고 남자아이들은 여름방학이 끝나고 마침내 학교로 등교했다. 캐럴라인은 3개월 만에 혼자 보내는 첫 아침에 하고자 계획한 모든 일을 마이클의 방문 때문에 중단하고 싶지 않았다. 하지만 마이클이었다. 그녀가 사랑하고 그 보답으로 그녀를 사랑하는 가까운 친척이자 그녀의 가족에게 의지하고 있는 사람이었다. 캐럴라인은 현관문을 연 후 들어와서 커피를 마시지 않겠느냐고 권했다.

"남자애들은 이미 개학했어요." 캐럴라인은 찻잔과 크림을 테이블 위에 놓으며 가벼운 화제를 던졌다.

"알고 있어요."

"톰도 출장 갔어요. 며칠 동안요."

바로 그때 마이클이 권총을 꺼내 들었다. 마이클은 권총을 캐럴라인의 머리에 겨누면서 바닥에 엎드리라고 말했다. 캐럴라인은 냉장고 옆에 무릎을 꿇었다.

"뭐 하는 거예요?" 캐럴라인이 말했다. "마이클, 뭐 하는 거예요?"

마이클이 벨트를 풀고 청바지의 지퍼를 내리는 소리가 들렸다.

캐럴라인은 목이 바싹 탔고 심장이 튀어나올 듯 쿵쾅거렸다. 캐럴라인은 대학 때 자기방어 수업을 들은 적이 있었다. 누군가가 자신을 공격하면 말하라고 배운 말들이 자기도 모르게 입에서 나왔다. 가해자의 이름을 사용하고 가족에 관해 말하라고 했다. 캐럴라인은 말을 계속했고 단호하고 침착한 목소리로 마이클의 부모, 의붓아들들, 가족 휴가, 좋아하는 낚시터 등에 관해 이야기했다.

"알았어요. 강간하지 않을게요." 마이클이 마침내 말했다. 그의 목소리는 매우 평상적이고 태평스러워서 마치 "커피는 별로 생각 없네요"라고 말하는 것 같았다.

그렇지만 마이클은 캐럴라인의 머리에서 총구를 거두지 않았다. 캐럴라인은 그의 얼굴을 볼 수가 없었다. 마약에 취했나? 무엇을 원하는 걸까? 그녀가 집에 혼자 있으리라는 사실을 알고서 이 일을 계획한 것처럼 보였다. 강도질을 하려는 걸까?

캐럴라인이 말했다. "원하는 건 뭐든 가져가요. 어디에 뭐가 있는지 다 알잖아요. 그냥 가져가요. 전부 다요."

"그래요. 그렇게 할 거예요." 그가 말했다.

그가 움직이는 게 느껴졌다. 발걸음을 옮길 모양이었다. 그러다 갑자기 그는 다시 가만히 서서 그녀의 머리에 총을 단단히 댔다.

그가 말했다. "내가 왜 이러는지 나도 모르겠어요."

총소리가 방에 울려 퍼졌다. 캐럴라인의 머리는 욱신거렸고 고통으로 타올랐다. 그다음 기억나는 일은 자신이 의식을 찾고 있는 때였다. 캐럴라인은 얼마나 오랫동안 자신이 의식을 잃고 주방 바닥에 쓰러져 있었는지 알지 못했다. 아무것도 보이지 않았다. 몸을 일으키려 했지만, 온 사방이 피바다였기 때문에 그녀는 계속 미끄러져 바닥에 넘어졌다. 지하실 계단에서 발걸음 소리가 들렸다.

"마이클?" 그녀가 소리쳤다. "도와줘요!"

방금 자신을 총으로 쏜 사람에게 도움을 구한다는 게 말이 안 됐지만 반사적인 반응이었다. 그는 가족이었다. 게다가 거기엔 다른 아무도 있지 않았다.

"마이클?" 그녀가 다시 외쳤다.

총성이 한 번 더 울렸다. 두 번째 총알이 그녀의 뒤통수를 파고들었다.

이번에 그녀는 의식을 잃지 않았다. 그녀는 죽은 척했다. 바닥에 나동그라진 채 숨을 쉬지 않으려 애썼다. 마이클이 집 안 곳곳을 걸어 다니는 소리가 들렸다. 캐럴라인은 완벽하게 꼼짝도 하지 않으며 기다리고 또 기다렸다. 그런 다음 뒷문이 닫히는 소리가 났다. 여전히 캐럴라인은 바닥에 나동그라져 있었다. 아마 그는 그녀를 시험하고 있는 것이리라. 속임수를 쓰고서 그녀가 일어서기를 기다렸다가 다시 총을 갈길 작정이리라. 고통이나 공포보다 더 크게 느껴지는 것은 분노였다. 어떻게 이런 짓을 할 수가 있지? 어떻게 그녀가 죽도록 내버려둘 수 있지? 어떻게 아이들이 학교에서 집으로 돌아왔을 때 발견하도록 그녀를 내버려둘 수가 있지? 누가 이런 짓을 했는지 누군가에게 말하기 전에, 다른 누군가를 해칠 수 없게 마이클을 감방에 처넣기 전에 죽는다면 모든 게 허사였다.

마침내 집이 완전히 조용해졌다. 캐럴라인은 눈을 떴다. 하지만 아무것도 보이지 않았다. 총알이 두뇌 속 어떤 곳이나 시신경을 손상시킨 것 같았다. 캐럴라인은 간신히 바닥을 기어가 주방 조리대를 붙잡고 몸을 일으킨 후 손을 더듬거리며 전화기를 찾았다. 그녀는 수화기를 발견했지만 잡으려고 애쓸 때마다 자꾸 손에서 미끄러졌다. 가까스로 수화기를 움켜잡았을 때 자신이 다이얼을 볼 수 없다는 사실이 떠올랐다. 캐럴라인은 버튼을 무작위로 누르고 전화기를 떨어뜨렸다가 들어서 다시 시도했다. 하지만 아무 소용이 없었다.

캐럴라인은 포기하고서 자신이 어디로 가는지 무엇을 해야 할지 알지 못한 채 천천히 앞으로 기어갔다. 때때로 캄캄한 안개 사이로 빛이 잠깐 보였고 마침내 캐럴라인은 현관문에서 비치는 빛을 향해 기어가 집 밖으로 나가는 데 성공했다. 캐럴라인은 5에이커(약 20,234제곱미터 – 옮긴이)의 부지에 살고 있었고 그녀가 비명을 지른다고 해도 가장 가까운 이웃에게조차 너무 멀어서 들리지 않을 터였다. 캐럴라인은 도움을 청하기 위해 계속 기어가야 했다. 캐럴라인은 계속 비명을 지르면서 진입로 반대 방향으로 기어갔고 마침내 그녀 집의 구획과 맞닿아 있는 도로에 다다랐다. 한 여성이 마치 공포영화에 나오는 것처럼 소름 끼치게 울부짖는 소리가 들렸고 캐럴라인은 누군가가 마침내 자신을 발견했다는 사실을 알았다. 이내 사람들이 뛰어왔다. 누군가가 구급차를 부르라고 소리쳤다. 캐럴라인은 몇몇 이웃 사람들의 목소리를 알아들을 수 있었다. 하지만 그들은 그녀가 누구인지 알아보지 못하는 것 같았다. 캐럴라인은 자신의 얼굴이 너무 심하게 훼손되고 산산조각이 나서 그들이 자신을 알아보지 못한다는 사실을 깨달았다. 캐럴라인은 빠르게 말하며 세부사항들을 내뱉었다. 마이클의 이름, 그가 몰고 온 차의 색깔, 그가 집에 나타난 대략적인 시간 등 기억나는 건 모조리 말했다. 다시는 기회가 없을지도 몰랐다.

"제 시댁에 전화를 걸어주세요." 캐럴라인이 숨을 헐떡이며 말했다. "학교에 있는 아이들이 안전한지 확인해달라고 하세요. 톰과 아이들에게 제가 사랑한다고 전해주세요."

캐럴라인의 부모와 시부모와 의붓아들들이 그녀에게 작별 인사를 하기 위해 병원에 왔다. 캐럴라인의 시아버지는 천주교 신부에게 와달라고 부탁했고 캐럴라인의 어머니는 성공회교 목사를 데리고 왔다. 천주교 신부는 캐럴라인에게 종부성사를 행했다.

몇 주 후 천주교 신부가 캐럴라인이 회복을 취하고 있는 시댁에 방문해서 그녀에게 말했다. "돌아온 사람은 생전 처음 봤습니다."

"어디에서 돌아온 사람이요?" 캐럴라인이 물었다.

"신자님." 그가 말했다. "신자님은 차가워진 몸으로 누워 있었답니다."

캐럴라인이 살아남은 것은 정말 기적이었다.

하지만 트라우마를 온몸으로 겪어내고 반대편으로 탈출한 사람들은 이내 알게 된다. 생존은 오직 첫 번째 전투에 불과하다는 사실을 말이다. 폭력은 길고 끔찍한 흔적을 남긴다. 캐럴라인은 마이클이 가석방으로 풀려나기 몇 달 전에 나를 찾아왔다. 총격 사건이 벌어진 지 거의 16년이 지났지만 캐럴라인이 입은 심리적 상처는 여전히 아물지 않았다.

그녀가 말했다. "TV에서 여러 이야기를 봐요. 트라우마를 겪은 어떤 사람이 집으로 돌아오죠. 사람들은 '우리가 그들을 집으로 데려오고 안전하게 보호하면 그들의 삶은 다시 계속될 수 있을 거야'라고 말해요. 저는 남편을 쳐다보며 이렇게 말하죠. '하나만 알고 둘은 모르네요.' 그저 살아남았다고 해서, 그저 집으로 돌아왔다고 해서, 삶이 마법처럼 나아지지는 않는다는 사실을 그들은 몰라요. 트라우마를 겪은 모든 사람은 가야 할 길이 멀답니다."

캐럴라인에게, 그리고 나에게 트라우마는 신체 일부에 영향을 남겼다. 두뇌의 부기가 가라앉자 캐럴라인의 시력은 천천히 돌아왔다. 하지만 그녀는 여전히 상부, 하부, 주변부 시력이 상실된 상태다. 또한 그녀는 잘 듣지 못하고 손과 팔에 신경 손실을 입었다. 불안해질 때마다 그녀는 두뇌와 몸이 분리되어 있는 것처럼 느껴진다. 팔과 다리를 느끼고 움직이는 데에도 문제가 있다.

그 범죄는 캐럴라인의 가족과 공동체에도 큰 피해를 주었다. 모든 이는 사랑하는 사람, 이웃, 친구가 저지른 죄악을 직시해야만 했고 신뢰의 끔찍한 붕괴를 겪어야만 했다. 오랫동안 캐럴라인의 막내아들은 캐럴라인을 방에 혼자 두지 않으려 했다. 이 아이는 사건이 벌어졌을 때 여덟 살에 불과했다. 캐럴라인은 아이를 구슬려 형들이나 다른 가족들과 어울리게 했지만 아이는 이렇게 말했다. "싫어. 여기 엄마와 함께 있을래요. 엄마는 혼자 있는 거 싫어하잖아요." 캐럴라인이 걸음을 걷고 운전하고 어느 정도의 독립성을 되찾을 수 있게 되자 이젠 장남이 보호자가 되어서 그녀의 뒤를 졸졸 따라다니며 그녀가 다치지 않는지 확인했다. 또한 오랫동안 둘째 아들은 그녀를 안거나 만지는 것을 두려워했다. 자신이 그녀를 다치게 할까 두려워서였다.

캐럴라인은 친구들과 사랑하는 사람들이 그녀를 과잉보호하거나, 벌어졌던 일을 축소하는 방법으로 트라우마에 대처했다고 말했다.

"사람들은 어떤 일이 있었는지 알게 되면 불편해해요. 그 사건에 관해 이야기하기 꺼려하죠. 그들은 그 사건에 관해 이야기하지 않으면 그 사건이 사라진다고 생각하는 것 같아요. 또한 그 사건이 끝났고 다 해결됐고 그냥 앞으로 나아가기만 하면 된다고 생각해요. 때로 그들은 그 일을 '돌발적 사고'라고 부르죠. 전 돌발적 사고로 총에 맞은 게 아니에요! 하지만 사람들은 '범죄'나 '총격 사건' 같은 단어를 사용하기 싫어해요." 그녀가 말했다.

심지어 마이클의 삼촌인 그녀의 시아버지는 총격 사건의 후유증을 함께 겪고, 캐럴라인이 혼자서 움직이지 못할 때 그녀와 그녀의 가족을 집에 들여 3~4개월 정도 함께 살았음에도 불구하고 사람들에게 이렇게 말하곤 했다. "며느리는 정상으로 돌아왔어요. 100퍼센트로요."

"장난해요?" 캐럴라인이 유감스러운 듯한 미소를 지으며 말했다. "하지만 그렇게 말하는 게 시아버지의 기분을 나아지게 만들었어요."

이제, 많은 면에서, 안정을 되찾았다. 남자아이들은 성인이 되고 결혼을 하고 자녀를 두었다. 캐럴라인과 그녀의 남편은 마이클로부터 국경 너머 수천 마일 떨어진 미국에 살고 있다. 마이클이 그녀가 증언한 일에 대해 복수하기 위해 그들을 뒤쫓아 올 가능성은 매우 희박했고 거의 불가능에 가까웠다. 하지만 공포심이 사그라들지는 않았다.

캐럴라인이 말했다. "그는 가족이었어요. 그는 우리 집에서 살았어요. 우리는 그를 믿었어요. 그런데 그가 제게 한 마지막 말은 '내가 왜 이러는지 나도 모르겠어요'였어요. 어떤 사람이 날 죽이려 하는 이유를 모른다면, 게다가 그 사람이 가족이라면, 바깥세상에 있는 다른 사람들은 뭔가 명확한 이유가 있어서 저를 해치려 들겠어요?"

캐럴라인은 자신이 항상 겁에 질려 있다고 말했다. 누군가가 와서 마이클이 시작한 일을 완전히 끝마치리라는 생각이 든다고 했다. 캐럴라인은 좋아하던 외출을 하지도 정원에 나가지도 않았다. 누군가가 뒤에서 다가오는데 그 사람이 거기에 있다는 사실을 인지하지 못할까 두려워서였다. 심지어 실내에서도 그녀는 항상 경계 태세를 풀지 않았다. 누군가가 침입하면 누를 수 있는 알람 버튼을 몸에 지니지 않고서는 집 안 어디에도 가지 않았다. 만약 알람 버튼을 제자리에 두지 않으면 그걸 다시 찾을 때까지 그녀는 숨을 쉬지 못했다.

"그가 나를 쐈던 집에 돌아가 잠시 살았던 적이 있어요. 그가 내게서 집을 빼앗아 가게 내버려두지 않을 작정이었어요. 집을 되찾을 셈이었죠." 그녀가 말했다.

하지만 그곳에서 사는 일은 너무 무섭고 고통스러웠고 그녀는 거의 죽을 뻔했다. 그들은 멀리 이사 갔고 미국 남부의 안전하고 친화적인 공동체에 정착했다. 근처에 아름다운 호수가 있어 주말마다 그곳에서 보트를 타며 휴식을 취한다. 그렇기는 하지만, 그녀는 여전히 두려움에 휩싸인 채 살고 있었다.

"16년째 이렇게 사는 것은 사는 게 아니에요." 그녀가 말했다.

캐럴라인은 자신이 과거에 갇혀 있다고 느꼈고 자유로워지기를 간절히 원했다. 대화를 나누면서 나는 캐럴라인에게서 엄청난 사랑과 강인함과 투지를 발견했다. 또한 그녀가 하는 네 가지 행동들이 그녀가 두려움에 빠진 채 과거에 갇히도록 하고 있다는 사실을 알아차렸다.

첫 번째로, 그녀는 자신의 감정을 변화시키려 애쓰는 데 너무 많은 에너지를 쏟고 있었다. 실제로 느끼고 있는 방식과 다르게 느끼고 있다고 자신을 설득하려 애쓰고 있었다.

그녀가 말했다. "저는 복 받았어요. 저도 제가 복 받았다는 사실을 알아요! 전 살아 있어요. 저를 사랑하는 사람들도 많고요."

"그래요!" 내가 말했다. "맞아요. 하지만 슬픔이 느껴질 때 유쾌해지려 애쓰지 마세요. 도움이 되지 않을 거예요. 죄책감만 느껴질 거예요. 현재의 감정보다 더 나은 감정을 느껴야 한다고 생각하는 것 대신 이렇게 해보세요. 감정을 있는 그대로 인정해보세요. 비탄. 두려움. 슬픔. 그대로를 인정해보세요. 그런 다음 다른 사람들의 인정을 받고 싶은 욕구를 포기하세요. 그들은 당신의 삶을 대신 살아줄 수 없어요. 그들은 당신의 감정을 대신 느껴줄 수 없어요."

자신이 느끼는 매우 합당한 슬픔과 두려움에서 벗어나려고 자신을 설득하려 애쓰는 한편 캐럴라인은 다른 사람들을 그녀의 감정으로부터 보호하려 애쓰며 살고 있었다. 우리를 사랑하는 사람들은 우리에게 최고의 것을 주고 싶어 한다. 그들은 우리가 상처 입기를 원하지 않는다. 그래서 그들이 보고 싶어 하는 버전의 우리 모습만을 보여주고 싶은 유혹이 생기기 마련이다. 하지만 자신이 느끼는 감정을 부정하거나 축소하면 오히려 역효과가 생긴다.

캐럴라인은 총격 사건 이후로 항상 개를 길렀다고 말했다. 하지만 최근 그들의 개가 죽었고 남편은 개가 얼마나 그녀의 안전감을 높여주는지 정확히 알지 못한 채 시간을 조금 가지고

서 새로운 개를 입양해야겠다고 말했다.

"전 정말 화가 났어요. 하지만 그렇다고 말할 수가 없었어요. 논리적으로 사고한다면 이렇게 말해야 할 거예요. '개 없이 혼자 있는 건 너무 무서워요'라고요. 하지만 전 그렇게 말하지 않았어요. 말하면 그가 이해했으리라 생각해요. 하지만 제가 아직 그 정도로 심각한 공포를 느낀다는 사실을 알리고 싶지 않았어요. 이유는 모르겠지만요." 그녀가 말했다.

나는 그녀가 그를 걱정으로부터 보호하려 했다고 말해주었다. 죄책감으로부터도. 하지만 동시에 그녀는 그를 받아들이지 않은 채 그에게서 기회를 빼앗고 있었다. 그가 그녀를 보호하려 노력할 기회를 말이다.

캐럴라인은 자신이 의붓아들들에게도 똑같이 하고 있다고 말했다. "그 아이들은 제가 얼마나 과거에 갇혀 있는지 몰라요. 전 아이들이 모르게 하려고 노력해요."

"하지만 당신은 거짓말을 하고 있어요. 당신은 가족에게 온전한 자신으로 존재하지 않고 있어요. 당신은 자신에게서 자유를 박탈하고 있어요. 또한 그들에게서도 마찬가지예요. 힘겨운 감정에 대처하는 당신의 전략은 또 다른 문제가 되었어요."

다른 사람들을 자신의 감정으로부터 보호하려 애쓰면서, 캐럴라인은 자신의 감정에 대해 책임지는 것을 회피하고 있었다. 그리고 두려움에 소진된 채 지내면서 그녀는 마이클과 과거에 너무 많은 힘을 주고 있었다.

그녀가 말했다. "남편과 제가 결혼한 지 3년이 되었을 때였어요. 우리는 함께 뭉쳐서 새로운 가족을 만들었죠. 의붓아이들은 저를 엄마로 받아들였고 아름다운 삶이 막 시작된 참이었어요. 그런데 마이클이 그걸 다 앗아가버렸어요." 캐럴라인의 턱이 뻣뻣해졌다. 그녀는 두 주먹을 꽉 쥐었다.

"그가 앗아가버렸다고요?"

"그는 저를 목표로 삼았어요. 그는 총을 가지고 제 집에 왔어요. 그러고선 제 머리에 총알 두 방을 쑤셔 넣고선 제가 죽게 내버려두었죠."

"그래요, 그는 총을 가지고 있었어요. 그래요, 당신은 살아남기 위해 해야만 하는 일들을 했어요. 하지만 세상 그 누구도 당신에게서 내면의 삶이나 내면의 반응을 앗아갈 수는 없어요. 왜 그에게 더 많은 힘을 주는 거죠?"

캐럴라인은 지독하게 잔인하고 폭력적인 방식으로 희생되었다. 그녀는 그 사건에 관한 모든 감정을 느낄 권리가 있다. 분노, 슬픔, 공포, 비탄. 마이클은 그녀에게서 그녀의 삶을 거의 강탈했다. 하지만 그것은 16년 전의 일이다. 그가 가석방으로 풀려난다 해도 그는 먼 곳의 위협에 불과하다. 멀리 떨어져 있고, 여행의 자유가 허용되지 않으며, 그녀를 찾아낼 도리도 없다. 하지만 그녀는 자신의 힘을 그에게 넘겨주고 있었다. 그가 그녀의 몸속에서 계속 살도록 허용하며 말이다. 그녀는 그 사건에서 떨어져야만 했다. 분노가 더는 그녀 내면의 삶을 오염시키지 않도록 분노를 표현하고 분출해야 했다.

나는 그녀에게 마음속으로 마이클을 의자에 앉히라고 말했다. 그를 밧줄로 묶고 마구 때리라고 말했다. 그에게 소리를 지르라고 했다. "어떻게 이런 짓을 내게 할 수가 있어?" 그녀의 분노가 흐르게 하라고, 그것을 큰 소리로 내뱉으라고 했다.

캐럴라인은 너무 무서워서 그렇게 하지 못하겠다고 했다.

"공포는 학습된 거예요. 태어나는 순간 우리는 공포가 무엇인지 전혀 알지 못하죠. 공포가 당신의 삶을 장악하게 내버려두지 마세요. 사랑과 공포는 어우러질 수 없어요. 그만하면 충분해요. 당신은 공포 속에서 살아갈 시간이 없어요."

"만약 제가 그에게 화를 내면서 그를 때린다면, 의자에는 아무것도 남지 않을 거예요."

"그는 아픈 사람이었어요. 아픈 사람은 아픈 정신을 가지고 있죠. 당신은 얼마나 더 오래 아픈 사람의 선택이 당신이 원하는 삶을 살지 못하게 방해하도록 내버려둘지 선택해야 해요."

"저는 더는 겁에 질리기도 슬프기도 싫어요." 그녀가 말했다. "저는 외로워요. 전 새로운 친구들을 사귀거나 새로운 일들을 시도하는 걸 피해왔어요. 저를 감옥에 가두고 안에서 걸어 잠갔어요. 제 얼굴은 경직되고 수심에 차 보이죠. 전 항상 긴장하고 있고 입을 앙다물고 있죠. 저는 남편이 자신이 결혼했던 행복한 여성을 되찾고 싶으리라 생각해요. 저도 그가 결혼했던 행복한 여성을 되찾고 싶어요."

때로 우리가 회피하는 감정들은 불편하거나 고통스러운 감정들이 아니다. 때때로 우리는 좋은 감정들을 회피한다. 우리는 열정과 즐거움과 행복으로부터 우리 자신을 차단한다. 누군가에게 희생되었을 때 때로 우리 정신의 일부는 가해자와 자신을 동일시한다. 그러고선 자신을 향해 가혹한 가해자의 태도를 보이며 자신에게 기분이 좋아지도록 허용하지 않고 자신에게서 '기쁨'이라는 천부적 권리를 박탈한다. 어제의 희생자가 오늘의 가해자가 되기 쉽다고 말하는 이유이다.

어떤 무엇을 습관으로 하면 우리는 그것을 더 잘하게 된다. 가령 습관으로 긴장하면 더 많은 긴장을 겪게 된다. 습관으로 두려워하면 더 많은 두려움을 느끼게 된다. 습관으로 현실을 부정하면 점점 더 많은 진실을 부정하게 된다. 캐럴라인은 편집증이 습관이 되었다. '너무 빨리 운전하면 안 돼. 너무 빨리 보트를 몰면 안 돼. 거기에 가서는 안 돼. 그것을 해서는 안 돼.'

"'안 돼, 안 돼, 안 돼'는 이제 그만 사용하세요." "긍정의 언어를 더 많이 사용하세요. '내게는 선택권이 있어. 내게는 살아나갈 삶이 있어. 내게는 역할이 있어. 나는 현재에 살고 있어. 나는 내가 집중하는 것에 주의를 기울이고 있어. 그리고 그건 내가 선택한 목표와 들어맞아. 그것은 내게 즐거움을 주고 기쁨을 줘'라고 말하세요."

내가 캐럴라인에게 말했다. "감각들에 관심을 기울이고 관찰하는 연습을 하면 좋겠어요. 시각, 촉각, 후각, 미각 등이요. 이제 미소를 지어야 할 때가 됐어요. 크게 웃어야 할 때가 됐어요. 마음이 가벼워질 때가 됐어요."

캐럴라인이 말했다. "나는 살아 있어요. 살아 있어서 너무 행복해요."

"그래요! 이제 그 행복을 매일, 매 순간 연습하세요. 자신을 사랑하는 방식과 자신에게 말하는 방식에서요."

나는 그녀에게 '자유 훈련 방법freedom exercise'을 하나 더 알려주었다. 과거에 일어났던 일을 종이에 적은 다음 삽을 들고 뒷마당으로 가서 구덩이를 파라고 말했다. "구덩이 안은 뜨거워요. 당신은 땀을 뻘뻘 흘리고 있죠. 구덩이의 깊이가 1미터가 될 때까지 계속 파세요. 그런 다음 그 종잇조각을 거기에 묻으세요. 그 위에 흙을 덮은 다음 집 안으로 돌아가세요. 당신은 다시 태어나서 새로운 시작을 할 준비가 되었어요. 그 일을 영원히 잠재웠기 때문이죠." 내가 말했다.

상담을 나눈 지 한 달 후에 캐럴라인은 내게 이메일을 보냈다. 캐럴라인은 갓 태어난 손주를 보기 위해 캐나다에 방문했다고 말했다. 그리고 그녀와 그녀의 남편은 그녀가 충격을 당했던 옛집을 운전해서 지나갔다. 그들이 거기 살 적엔 가느다란 묘목에 불과했던 떡갈나무와 단풍나무가 커다란 나무가 되어 있었다. 새로운 집주인은 현관 앞에 데크를 설치했다. '왠지 모르지만 예전만큼 마음이 크게 아프지 않았어요.' 그녀는 이렇게 썼다. 그녀가 품었던 슬픔은 확실히 줄어들었다.

이것이 과거를 직시하고 과거를 놓아주는 것이다. 우리는 차를 몰고 지나쳐간다. 우리는 더는 거기에 살고 있지 않다.

상습적으로 우리의 감정들을 부정하면 우리가 어떤 감정을 느끼고 있는지 식별하기조차 힘들어질 수 있다. 하물며 감정을 직시하고, 표현하고, 표출하는 것은 더욱 힘들다. 우리가 꼼짝 못하게 되는 한 가지 이유는 생각과 감정을 혼돈하기 때문이다. 나는 사람들이 얼마나 자주 이렇게 말하는지 들을 때마다 놀라곤 한다. "오후에 시내에 가서 몇 가지 일을 좀 봐야 할 것 같아feel" 혹은 "아이섀도우를 사용하면 당신 눈이 훨씬 환해 보일 것 같아feel like". 이것들은 감정이 아니다! 이것들은 생각이다. 아이디어나 계획이다. 감정은 에너지이다. 감정에 관련해서는 감정이 나를 통과해 지나가는 것 이외에는 다른 방법이 없다. 우리는 감정과 함께 있어야만 한다. 이렇게 하는 데에는 매우 많은 용기가 필요하다. 어떤 것에 대해 어떤 것도 하지 않은 채 그저 단순히 원래 그대로 있는 것 말이다.

일전에 나는 아버지가 불치병과 싸우고 있는 한 남성에게서 전화를 받았다. 그는 내게 자신의 아버지와 그들 가족을 방문해줄 수 있는지 물었다. 살면서 많은 힘겨운 상황들을 목격했지만 이 가족의 고통을 보고 있자니 정말로 가슴이 아팠다. 아버지는 휠체어에 갇힌 채 말을 하지도 먹지도 자신의 몸을 움직이지도 못했다. 그리고 그의 아내와 아들은 잔뜩 겁에 질린 채 이리저리로 뛰어다니며 팔이나 다리나 담요의 위치를 바꿔주면서 아버지의 불편함을 줄일 수 있는 것은 무엇이든 했다. 하지만 그의 질병이 진행되는 것을 중단시킬 힘은 없었다.

나는 무엇이 그나 그의 가족들에게 도움이 될지 알지 못했다. 나는 조용히 있었다. 나는 그의 아내에게 그의 손을 잡고 그에게 키스하고 그냥 그대로 있으라고 요청했다. 나는 그의 다른 한 손을 잡았다. 우리의 눈이 마주쳤고 나는 그의 무력감과 절망감을 온전히 볼 수 있었다. 단순히 그 자리에 함께 있는 것만으로 우리는 그에게 그 모든 감정이 표면에 떠오르도록 허용했다. 어떠한 판단도 하지 않은 채 말이다. 함께 힘을 합쳐, 우리는 불편함에 편해지기 위해 최선을 다했다. 우리는 오랫동안 함께 앉아 있었다.

나흘이 지난 후 아들이 전화해 아버지가 돌아가셨다고 말했다. 나는 그들에게 크게 도움이 되지 못한 것 같아 미안하다고 말했다. 하지만 아들은 내가 그들에게 엄청나게 도움이 되었다고 주장했다. 아마 그들이 도움이 되었다고 느낀 것은 '함께 있음presence'을 실행했기 때문이다. 우리는 질병과 함께 그리고 인간의 유한성과 함께 서로서로 함께 앉아 있었다. 어느 부분을 고치거나 바꾸고 싶은 욕구에 굴복하지 않은 채 말이다.

이 가족에게 영감을 받아 나는 이전에 한 번도 해보지 못한 어떤 일을 시도해보기로 했다. 나는 어딘가에 갇히거나 옭아매져 있는 것을 몹시 싫어한다. 즉시 공황 상태에 빠지기 때문이다. MRI 같은 검사 과정 동안 나는 항상 진정제를 투여해달라고 요청했었다. 하지만 지난주 나는 다음 정기 MRI(척추 상태를 체크하기 위해 정기적으로 받아야 한다)를 어떠한 진정제도 투여하지 않고 받기로 결심했다.

MRI 기계 안은 컴컴하고 좁고 사방이 막혀 있다. 게다가 극도로 시끄럽다. 기계 안에 들어가자 소음이 시작됐다. 원통 안에 얇은 병원 가운만을 입은 채 차가운 플라스틱 패드에 구부린 척추를 대고 누워 있자니 공포가 몸을 쓱쓱 가르는 듯한 느낌이 들었다. 쿵쾅거리는 소리가 매우 커서 마치 폭격기가 폭탄을 떨어뜨리는 것처럼 들렸다. 건물 전체가 산산이 붕괴해서 거대한 돌 더미로 변해버릴 것만 같았다. 나는 소리를 지르고 발로 차서 빨리 여기서 꺼내져야겠다고 생각했다. 하지만 그 순간 나는 나 자신에게 말했다. "더 큰 소음을 들을수록 나는 더 편안해질 거야." 그리고 나는 그렇게 했다. 나는 그 기계 안에서 진정제 없이 40분 동안 버텼다. 불편함과 함께 가만히 그대로 있을 수 있는 능력은 하루아침에 얻어지지 않는다. 하지만 해가 지날 때마다 나는 계속 훈련한다.

　이것이 우리가 자기 자신을 회피의 감옥으로부터 해방할 수 있는 방법이다. 감정이 우리에게 오게 내버려두라. 감정이 우리를 통과해 지나가게 내버려두라. 그러고 난 다음 그것을 놓아주라.

감정 회피에서 벗어나기 위한
핵심 열쇠

○ **치유할 수 있도록 먼저 느껴라.** 매일 자신의 느낌들을 확인하는 훈련을 하라. 중립적인 시간을 선택하라. 가령 의자에 앉아 밥을 먹는다거나, 식료품점의 계산대 앞에서 기다린다거나, 양치질하는 시간이다. 몇 번 심호흡을 한 다음 자기 자신에게 물어보라. "나는 지금 어떻게 느끼고 있지?" 자신의 신체를 스캔하면서 긴장, 따끔거림, 만족감 혹은 통증과 같은 느낌들을 살펴라. 그 느낌을 식별할 수 있는지 살핀 후 그것에 이름을 붙여라. 판정을 내리거나 그것을 변화시키고자 애쓰지 않은 채 말이다.

○ **모든 것은 일시적이다.** 자신의 느낌들을 중립적인 시간에 관찰하는 것이 편안한 습관으로 자리 잡았다면, 그다음으로는 긍정적이든 부정적이든 강렬한 감정에 휩쓸릴 때에 자신이 느끼는 느낌들에 집중해보라. 가능하다면 기쁨, 슬픔, 분노 등의 감정을 일으키는 상황이나 상호작용에서 한 걸음 떨어져보라. 잠시 가만히 앉아 있으면서 호흡하라. 두 눈을 감거나 양손을 무릎이나

배 위에 가볍게 놓아도 좋다. 그런 다음 그 느낌들에 이름을 붙이기 시작해보라. 그 후 그 느낌이 신체의 어디에서 느껴지는지 살펴보라. 호기심을 가져보라. 뜨거운가 차가운가? 느슨한가 팽팽한가? 화끈거리거나 아프거나 욱신거리는가? 마지막으로 어떻게 그 느낌이 변화하거나 소멸하는지 유심히 관찰하라.

○ **우울의 반대는 표현이다.** 친구, 파트너, 동료, 가족 등과 최근에 대화를 나누면서 당신이 무엇을 느끼는지 말하기를 회피한 적은 없었는지 생각해보라. 당신의 감정에 책임을 지고 당신의 진실을 표현하기에 너무 늦은 때란 없다. 그 사람에게 당신이 그 대화에 대해 어떻게 생각해왔는지 말하고 대화를 이어나가고 싶다고 말하라. 편안한 시간을 조율해 대화를 나눠라. 그리고 이렇게 말하라. "나는 이걸 그 당시에는 어떻게 표현해야 할지 몰랐어. 하지만 ~했을 때에 내가 ~를 느끼고 있었다는 걸 이제야 깨달았어."

세 번째 수업

✦

나를 제외한
모든 관계는
언젠가 끝난다

내가 내담자들에게 묻는 첫 질문들 중 하나는
"당신의 유년기는 언제 끝났습니까?"이다.
언제 당신은 자기 자신으로 존재하기를 멈추고
역할을 떠맡기 시작했는가?

우리에게 가장 근원적인 두려움 중 하나는 버림받을지도 모른 다는 두려움이다. 그러므로 우리는 일찌감치 세 가지 A를 얻는 법을 습득한다. 바로 관심attention, 애정affection, 인정approval이다. 우리는 자신의 욕구를 충족시키기 위해 어떤 일을 해야 하고 어떤 사람이 되어야 하는지 알아낸다. 문제는 우리가 이러한 일들을 한다는 것 자체가 아니다. 문제는 우리가 끊임없이 이런 일들을 한다는 데 있다. 우리는 사랑받기 위해서 그렇게 해야만 한다고 생각한다.

자신의 삶 전체를 다른 사람의 손에 맡기는 것은 매우 위험한 일이다. '자기 자신'은 자신이 평생 함께 지낼 유일한 사람이다. 다른 모든 관계는 언젠가 끝이 난다. 그렇다면 어떻게 해야 자기 자신에게 가장 다정하고, 조건 없고, 합리적인 부양자가 될 수 있을까?

어린 시절 우리는 말로 되거나 말로 되지 않은, 온갖 종류의 메시지를 받는다. 이 메시지들은 우리가 얼마나 중요한 사람인지 그리고 우리가 어떤 가치가 있는지 신념을 형성하게 만든다. 그리고 우리는 이러한 메시지를 어른이 되어서까지 내면에 가지고 온다.

브라이언의 아버지는 브라이언이 열 살이었을 때 가족을 버렸다. 그 후 브라이언은 집안의 가장이 되어 자신의 어머니를 돌보고 어머니의 삶을 더 수월하게 만들고 어머니의 고통을 달래기 위해 있는 힘을 다해 할 수 있는 모든 일을 했다. 어머니가 자신을 버리지 않도록 하기 위해서이기도 했다. 브라이언은 이 부양자 정체성을 성인기까지 가지고 왔고 도움이 필요한 여성들과만 계속해서 인간관계를 맺었다. 그는 여성들이 항상 자신에게 희생을 요구한다고 분개했지만, 그는 타인과 건강한 경계를 설정하는 일을 어려워했다. 그는 사랑받기 위해서는 자신이 누군가에게 필요한 사람이 되어야 한다고 생각했다.

또 다른 내담자인 매슈는 그를 자의적으로 임신하지 않은 어머니에게서 태어났다. 그녀는 어머니 역할에 부담을 느꼈고 어떠한 기대감이나 열정도 없이 어머니가 됐다. 부모가 스트레스를 받거나, 실망하거나, 불만을 느낄 때 그들의 아이는 그 짐을 자신의 삶으로 지고 들어가 부모 대신 셈을 치른다. 성인이 된 매슈는 여전히 버림받음에 대한 끔찍한 공포를 안고 있다. 그리고 이는 격렬한 분노의 형태로 나타난다. 그는 여자친구들에게 잔인하게 굴고, 공공장소에서 고함을 지르고, 사람들에게 소리치고, 한번은 강아지를 주차장에 던져버리기도 했다. 그는 버림받는 것이 너무 두려운 나머지 그 공포를 자기실현적 예언으로 만들었다. 즉 사람들이 그에게서 멀어지는 것 이외에는 선택의 여지가 없게 하는 것이다. 그러고 나면 이렇게 말할 수 있다. "처음부터 이럴 줄 알았다니까." 그는 버림받는다는 두려움을 통제하기 위해 자신이 두려워했던 그런 사람이 되었다.

사랑받거나 관심받기 위해 투쟁할 수밖에 없게 만든 특별한 사건이나 트라우마를 겪지 않았다 하더라도, 대부분의 사람들은 다른 사람들의 인정을 받기 위해 그들을 보호하거나 그들을 위해 일했던 때가 있다. 우리는 자신의 성취나 가족 안에서의 역할 때문에, 혹은 자신이 다른 사람들을 돌보고 있기 때문에 다른 사람들에게 사랑받고 있다고 믿게 되었을지도 모른다.

안타깝게도 많은 가정은 아이들이 스스로 잘 행동하도록 동기를 부여하려는 의도에서 성취를 중시하는 문화를 만든다. 그러한 문화 안에서 아이의 '존재being'는 아이의 '행동doing'과 뒤엉키게 된다. 아이는 자신이 어떠한 사람이어서가 아니라 어떠한 행동을 하고 어떠한 성취를 하느냐에 따라 자신의 중요도가 결정된다고 배운다. 아이들은 좋은 성적을 받아야 하고, 기량이 뛰어난 운동선수나 음악가가 되거나 대학 입학시험에서 좋은 성적을 받아야 하며, 명문 대학에서 학위를 취득하고 나서 경쟁력 있는 분야에서 연봉이 높은 직업을 얻어야 한다는 엄청난 압박에 시달린다. 하지만 만약 좋은 성적표나 좋은 태도를 보여야 사랑을 얻을 수 있다면 그것은 전혀 사랑이 아니다. 그것은 '조종'이다. 그렇게 성취만을 지나치게 강조하다 보면 아이들은 조건 없는 사랑을 경험하지 못하게 된다. 조건 없는 사랑은 어떤 상황에서도 사랑받는 것이다. 또한 아이들이 자유롭게 자기 자신이 될 수 있게 하는 것이다. 실수를 저질러도 허용되는 것이다. 우리 모두는 무언가를 배우고 무언가가 되어가는 과정에 있기에, 배움은 흥미진진하고 즐거운 것이어야 한다.

내 손주 조던은 사진작가이고 최근에 로스엔젤레스에 있는 연기 스튜디오에서 프로필 사진을 찍는 일을 맡았다. 마침 며칠 전에 두 개의 오스카상을 수상한 어떤 영화감독이 그날 연기 수업을 참관하고 있었다. 누군가가 그에게 트로피들을 어디에 전시하기로 했느냐고 묻자 그는 서랍 속에 처박아두었다고 말하며 모두를 깜짝 놀라게 했다. "아이들이 매일 학교에서 집에 돌아와서 내 오스카상을 보고 이렇게 생각하길 원하지 않아요. '저것에 필적할 무언가를 할 수 있을까?'" 그가 말했다. 나는 조던에게서 이 이야기를 듣고 큰 소리로 웃었다. 조던 역시 특출나게 성공한 남성의 아들이기 때문이다. 조던의 아버지이자 마리안느의 남편인 롭은 노벨 경제학상을 수상했다. 게다가 롭 또한 상패를 서랍 속 와인 따개 옆에 처박아두었다!

우리의 성공을 우리의 아이들에게 숨겨야 할 필요는 없다.

하지만 이 영화감독과 내 사위 롭은 사랑스러운 방식으로 그들이 받은 상과 이룬 성취가 자신이 어떤 사람인지를 결정하지 않는다는 사실을 인정하고 있다. 그들은 자신이 누구인지와 자신이 무엇을 하는지를 혼동하지 않았다. 성취를 가치와 연결 지으면 좌절뿐만 아니라 성공 역시 우리 아이들에게 짐으로 작용할 수 있다.

마리안느가 우리가 후세에게 물려줄 수 있는 매우 특별한 유산을 떠올리게 해주는 유쾌한 이야기를 해줬다. 나의 가장 나이가 많은 증손자(마리안느의 손자인 사일러스)가 일주일 동안 마리안느와 롭과 지내기 위해 뉴욕을 방문했다. 사일러스가 말했다. "할머니, 할아버지가 크고 중요한 상을 받았다고 들었어요." 사일러스는 그것을 보여달라고 했다. 마리안느는 상패를 서랍에서 꺼냈고 사일러스는 오랫동안 그것을 뚫어져라 쳐다봤다. 그리고 금색 명판에 새겨진 할아버지의 이름을 손가락으로 훑었다. '로버트 프라이 엥글, ⅢRobert Fry Engle, Ⅲ이라고 새겨져 있었다. 마침내 사일러스가 말했다. "제 가운데 이름은 프라이Frye예요. 왜 여기에 프라이Fry라고 새겨져 있는 거죠?" 마리안느가 말했다. "글쎄, 누구의 이름을 따서 네 이름을 지었다고 생각하니?" 사일러스는 자기 이름 중 일부가 자신의 할아버지로부터 온 것이라는 사실을 알고 매우 기뻐했다. 나중에 다른 집 가족이 저녁 식사를 하러 방문했을 때 사일러스는 의기양양하게 물었다. "제 상패 보셨어요?" 사일러스는 서랍으로 달려가서 상패를 꺼내왔다. 사일러스가 말했다. "보이세요? 제 이름이 여기에 있어요. 할아버지와 제가 함께 상을 받았어요!"

항상 성공을 의식하고 살며 사랑을 받으려면 특정한 높이에 도달해야 한다고 부담을 느끼는 건 좋지 않다. 그렇지만 우리 조상들의 힘과 기술은 우리의 일부이기도 하다. 우리의 유산이자 우리의 상이다. 아이들을 존중하기 위해서는 자아 과장이나 자아 망각의 문화, 과잉성취나 저성취의 문화가 아닌 성취의 기쁨을 누리는 문화를 만들어야 한다. 열심히 노력하는 것의 기쁨을, 자신의 재능을 갈고닦는 것의 기쁨을 아는 문화를 만들어야 한다. 우리가 반드시 그래야만 하기 때문이 아니다. 우리에게 그렇게 할 자유가 있기 때문이다. 우리는 축복을 받아 삶이라는 선물을 가졌기 때문이다.

내 딸 오드리와 오드리의 아들 데이비드는 내게 기대를 충족시키는 것보다 재능을 갈고닦는 것이 얼마나 더 중요한지 가르쳐주었다. 데이비드는 놀라울 정도로 총명하고 창의적인 아이다. 글자를 읽을 수 있게 되자마자 데이비드는 스포츠 통계를 머릿속에 사진을 찍듯 상세히 기억했다. 데이비드가 두 살이었을 때 우리는 〈오즈의 마법사〉를 함께 봤고 데이비드는 폭풍우 속에서 자전거를 타고 있는 여자가 사악한 마녀라고 추론

했다. 그 순간을 영원히 잊지 못할 것이다. 그렇지만 고등학교에서 과외 활동들(축구하기, 작곡하기, 합창단 활동하기, 학교 최초의 코미디 클럽 만들기 등)에서 매우 뛰어났고 표준화 시험에서는 매우 높은 점수를 기록했지만, 학교 내신 성적이 문제였다. 오드리와 오드리의 남편인 데일은 상담교사의 사무실에 자주 불려 갔는데 데이비드가 낙제할 위험이 있어서였다. 고등학교 3학년 때 데이비드는 두 곳의 작은 사립대학에 합격했지만, 자신이 대학에 갈 준비가 되지 않은 것 같다고 조심스레 부모에게 말했다.

교육은 우리 가족 안에서 항상 매우 중요한 가치였다. 벨러와 나의 삶이 전쟁 때문에 중단됐을 때 교육을 받을 기회를 놓쳐서였다. 하지만 오드리는 데이비드에게 책임을 묻거나 강압적으로 말하지 않았다. 오드리는 데이비드의 말을 귀 기울여 들었다. 그리고 그들이 사는 곳인 오스틴에 새로운 음악 아카데미가 생긴다는 소식을 듣자 오드리는 데이비드에게 만약 입학할 수 있다면 1년 동안 '갭 이어'를 가지면서 음악에 집중하고 그런 다음 대학 계획에 대해 다시 생각해보면 어떠냐고 물었다. 데이비드는 이 기회에 달려들어 창작곡 데모 테이프를 녹음했고 마침내 음악 학교에 합격했다.

시간을 가지며 자신이 사랑하고 잘하는 무언가에 집중하고, 또한 부모의 지지를 느끼며 자신만의 속도와 방식으로 일하면서 데이비드는 집중력과 동기가 생겼고 나중에 자신이 좋아하는 커리어 경로를 밟게 됐다. 대학에 입학했을 때(합창단 장학금을 받고) 데이비드는 자신이 무엇을 하고 싶은지 알았고 또한 진심으로 그곳에 있고 싶어 했다. 데이비드는 다른 누군가의 기대를 충족시키기 위해 해야만 하는 일을 그냥 하는 대신 자신에게 진정으로 도움이 되는 선택을 내렸다. 현재 데이비드는 저널리즘 학위가 있고 자신이 사랑하는 직업인 스포츠기자로 일하고 있다. 또한 음악은 데이비드의 삶에서 여전히 중요하고 기쁨을 주는 요소로 존재하고 있다. 나는 오드리와 데일의 자녀교육 방식과 데이비드가 자신의 진실을 알고 표현하는 능력에 깊이 감동하고 감명했다.

너무나 자주 우리는 기대라는 상자 안에 갇힌다. 기대는 우리에게 충족시켜야 할 특정한 역할이나 기능이 있다는 믿음이다. 특히 가정에서 아이들은 하나의 이름표를 부여받는다. 가령 책임감이 강한 아이, 장난을 잘 치는 아이, 반항아 등이다. 우리가 아이들에게 이름표를 부여하고 나면 아이들은 그 이름표를 단 채 게임을 한다. 가족 안에 '최고의 선수(높은 성취를 한 아이나 착한 여자아이나 착한 남자아이)'가 있으면 대개 '최고의 말썽꾼'도 있기 마련이다. 한 내담자는 이렇게 말했다. "제 오빠는 어릴 때 매우 불안정했어요. 제가 관심을 얻을 수 있는 유일한 방법은 협조적이고 착하게 구는 것이었죠." 하지만 이름표는 정체성이 아니다. 가면 또는 감옥이다. 내담자는 이를 이렇게 아름답게 표현했다. "매우 오랫동안 착한 여자아이로 살아갈 수밖에 없었어요. 표면 아래에서 부글거린 채 진짜 성격이 밖으로 나오려고 발버둥을 쳤지만 환경이 그걸 도와주지 않았어요." 유년기는 다른 사람이 생각하는 이미지에 맞춰 살아가기 시작할 때 끝이 난다.

우리 자신을 한 가지 역할이나 한 가지 버전에 한정 짓는 대신 우리 각자의 내면에 하나의 가족 전체가 있다고 생각하는 것이 좋다. 먼저 유치하고 미성숙한 면이 있다. 모든 것을 지금 당장 빠르고 쉽게 가지고 싶어 한다. 그다음으로 아이처럼 천진난만한 면이 있다. 호기심이 강한 자유로운 영혼이고 편견이나 공포나 수치심 없이 기분, 본능, 욕구에 따르는 데 능숙하다. 또한 이성에게 집적거리거나 위험을 감수하거나 경계를 시험하는 것을 좋아하는 10대 아이도 있다. 상황을 숙고하고, 계획을 짜고, 목표를 세우고, 목표를 달성하는 방법을 알아내는 이성적인 어른도 있다. 그리고 마지막으로 두 부모가 있다. 바로 다정한 부모와 무서운 부모다. 다정한 부모는 친절하고 사랑이 넘치고 잘 돌봐준다. 무서운 부모는 큰소리로 윽박지르고 손가락을 흔들며 말한다. "너는 ~해야만 해." 우리는 우리의 내면 가족을 완전체로 만들어야 한다. 우리가 자유로울 때 이 가족은 하나의 팀으로서 균형감 있게 움직인다. 아무도 자리에 없거나 침묵을 지키거나 가장 강한 영향력을 행사하지 않는다. 모두가 환영받는다.

나의 내면의 자유로운 영혼은 내가 아우슈비츠에서 살아남을 수 있게 도왔다. 하지만 내면의 책임감 있는 어른이 없다면 자유로운 영혼은 많은 것을 엉망진창으로 만들 수 있다. 내 손녀인 레이철(오드리의 아름다운 딸)이 증언하는 바대로 말이다. 레이철은 어렸을 때부터 요리하기를 좋아했다. 레이철이 내게 헝가리 음식 레시피를 가르쳐줄 수 있느냐고 물을 때마다 가슴이 따뜻해지곤 했다. 나는 내가 가장 좋아하는 요리 중 하나인 치킨 파프리카 만드는 법을 알려주기로 결심했다. 녹인 버터(엄청 많은 양의 버터!)와 닭고기 지방으로 튀기는 양파 냄새를 맡으며 레이철과 함께 주방에 있는 일은 특별한 종류의 천국에 있는 느낌이었다. 하지만 곧 나는 레이철의 아버지인 데일이 내 옆에 딱 붙어 서서 청어 기름이 튄 것과 내 스푼에서 떨어진 향신료 가루를 닦고 있는 것을 알아차렸다. 심지어 인내심 높고 현실적인 레이철조차 점점 더 화가 났다. "그만이요!" 내가 마늘과 파프리카 무더기를 냄비 안에 던져 넣기 직전 마침내 레이철이 내 팔을 붙잡으며 말했다. "레시피를 배우려면 할머니가 얼마만큼 넣는지 측정하고 적어야 해요."

나는 속도를 늦추고 싶지 않았다. 나는 본능에 따라 요리하기를 좋아한다. 측정이나 계획일랑 집어치우고 가슴이 시키는 대로 그냥 가는 것이다. 하지만 그렇게 하면 레이철에게 기본 토대를 제공할 수가 없었다. 효과적으로 나의 힘과 기술을 전수하기 위해서는 내면의 자유로운 영혼에만 의지해서는 안 됐다. 내면의 이성적인 어른과 다정한 부모가 팀을 원만하게 이끌 필요가 있었다.

이제 레이철은 최고의 치킨 파프리카와 굴라시를 만들 줄 안다. 일전에는 너트 롤을 만들다가 레이철에게 전화를 걸어 반죽에 물을 반 컵 넣는지 한 컵 넣는지 물어야 했다. 레이철은 레시피를 볼 필요도 없었다. 레이철이 말했다. "반 컵이에요!"

* * *

우리가 자신의 생존 그 자체가 특정한 역할을 하는 데 달려 있다고 생각할 때 우리 내면에 있는 가족들 사이에서 균형 잡기가 특별히 힘들어질 수 있다. 언니들과 부모님과 수십 년 동안 건강하지 않은 패턴을 유지한 후에, 아이리스는 이제 자신이 가족 안에서 수행하는 데 익숙해진 구속적 역할에서 벗어나려고 애쓰고 있다.

아이리스의 아버지는 제2차 세계대전에 참전했고 자신이 타고 있던 탱크가 탑승한 병사들과 함께 폭발한 이후 군에서 제대했다. 그는 정신과의 간호사로 재취업했지만 점점 술을 심하게 마시기 시작했고 우울증, 편집증, 조현병에 시달렸다. 상태가 너무 심한 나머지 네 명의 아이 중 가장 어린 아이리스가 태어날 쯤엔 주기적으로 오랜 시간을 병원에서 보냈다. 아이리스는 아버지가 점잖고, 예민하고, 총명한 사람이었다고 기억한다. 아이리스는 목욕한 후 아버지가 자신을 무릎에 앉히고서 헝클어진 젖은 머리를 곱게 빗어주는 시간을 사랑했다. 아니면 저녁에 소파에서 잠든 척해서 아버지가 침실까지 안아다주게 하기도 했다. 아버지의 품에 안겨 있으면 기분이 좋았다. 아이리스가 열두 살이 됐을 때 아버지는 심각한 심장마비를 겪었다. 구급차가 도착하기 전에 그의 심장은 거의 12분 동안 멈춰 있었다. 의료팀은 그를 가까스로 소생시켰지만 그는 심한 두뇌 손상을 입은 탓에 자신이 한때 일했던 병원의 장기 입원 환자가 되었다. 아이리스가 열여덟 살이었을 때 그는 세상을 떠났다.

어린 나이에 아이리스는 가족 안에서 다른 가족들을 돌보는 역할을 떠안게 됐다. 아이리스가 매우 어릴 적에 부모가 심한 말다툼을 한 적이 있었다. 아이리스는 긴장이 흐르는 것을 감지하고서 자기 방으로 조용히 들어가 분위기가 가벼워지기만을 기도했다. 나중에 아버지가 아이리스의 방으로 와 아이리스를 안아 올린 후 꼭 껴안았다. "아빠는 네가 제일 좋아." 그가 말했다. "어떤 문제도 일으키지 않으니까."

이 메시지는 아이리스의 어머니와 언니들에 의해 강화되었다. 아이리스는 책임감 있는 사람, 다른 가족들이 의존할 수 있는 사람이 되는 방법을 이용해 가족 안에서 세 가지 A(관심, 애정, 인정)를 얻었다. 아이리스의 어머니는 근면하고 편견 없는 사람이었고 항상 다른 사람들의 행동 아래에 숨은 상처나 수치심이나 난처함에 민감했다. 어머니는 아이리스의 아버지가 가장 힘든 시간을 겪는 동안에도 남편에게 확고부동하게 충실했다. 하지만 아이리스가 10대일 때 신경쇠약에 걸렸다. 몇 년 후 병을 앓으면서 어머니는 아이리스에게 말했다. "폭풍우가 몰아치는 바다 한복판에 떨어져 있는 것 같구나. 너는 내가 붙잡을 수 있는 유일한 바위야."

아이리스와 어머니의 관계는 대부분 아이리스의 언니들에 대한 상호 관심에 중점을 두고 이루어졌다. 언니들은 힘겹고 혼란스러운 삶을 견뎌내야 했고 중독 문제나 자살 충동, 우울증이나 성적 학대와 가정폭력의 트라우마 때문에 고통받았다. 아이리스와 언니들은 이제 50대이지만, 아이리스는 가족 안에서 돌보는 역할을 맡은 것에서 기인한 복잡한 감정들을 해결하려 지금도 계속 노력하고 있다.

"전 마음속에 거대한 책임감을 안고 살았어요." 아이리스가 내게 말했다. "전 '운이 좋은 아이'라고 불렸어요. 저는 학대를 경험하지 않았거든요. 제가 어릴 때 아버지는 정신병원에 입원해 있었고 그때가 아버지의 정신 질환이 가장 심했을 때예요.

전 자살하고 싶은 충동을 한 번도 안 느꼈어요. 전 친절한 남자와 행복하게 결혼했고 이제 성인이 된 세 명의 훌륭한 아이들을 낳았죠. 때때로 제가 누린 좋은 것들에 대해 죄책감이 느껴져요. 언니들을 생각하면 가슴이 찢어질 듯 아파요. 제가 언니들에게 더 많이 베풀지 않는 이기적인 사람인 것처럼 느껴져요. 때로는 기진맥진한 느낌이 들어요. 아마도 안전함을 유지하기 위해 애쓰느라 그런 걸 거예요. 아니면 아무 문제도 일으키지 않는 여자아이로서 살아가기 위해 애쓰느라 그럴지도요. 다른 모든 가족의 문제는 훨씬 더 컸으니까요. 가끔 로또에 당첨돼서 가족들에게 각각 집 한 채씩을 사주고 여생 동안 경제적으로 안정될 수 있게 해주는 몽상을 해요. 그렇게 된다면 제가 늘 지니고 있는 이 죄책감에서 더 자유로워질 수 있을지도 몰라요."

아이리스는 금발의 곱슬머리와 도톰한 입술을 가진 아름다운 여성이었다. 그녀는 한 가지 생각에 사로잡힌 것처럼 보였고 그녀의 푸른 눈동자는 그녀가 말할 때마다 이리저리 흔들렸다. 세 가지 A를 얻으려 애쓰며 살아오느라 생긴 불안 증상이었다. 아이리스는 자신의 역할과 정체성에 대한 자신의 인식 안에 자기 자신을 가뒀다. 자신은 다른 사람들을 위해 상황을 개선해야만 했고, 짐을 가볍게 만들어야만 했고, 호들갑을 떨거나 큰 문제를 일으키지 않아야 했고, 유능하고 의지할 수 있고 책임감 높은 사람이 되어야만 했다. 또한 아이리스는 죄책감에 갇혀 있기도 했다. 자신의 삶의 여정이 어머니나 언니들의 여정보다 수월했다는 것에 대한 생존자의 죄책감이었다. 어떻게 하면 책임감 높은 '착한 여자아이'로서 자신을 패턴화하고 다른 사람들을 자신이 고쳐줄 수 있기를 바라는 그러한 삶에서 아이리스가 벗어나도록 도울 수 있을까?

"당신은 언니들을 위해 어떤 것도 해줄 수 없어요." 내가 그녀에게 말했다. "자기 자신을 사랑하기 시작하기 전까지는요."

그녀가 말했다. "어떻게 해야 할지 모르겠어요. 올해에 전 가족들과 거의 연락하지 않았어요. 저도 모르게 안도했고 그 사실이 끔찍하게 느껴졌어요. 전 가족이 걱정돼요. 다들 괜찮나? 내가 더 할 수 있는 일은 없나? 그리고 사실 전 더 많이 할 수 있어요. 그게 사실이에요. 그렇지만 제가 더 많이 하면 그 일에 중독되고 온통 마음을 다 빼앗겨요. 전 곤경에 빠져 있어요. 앞으로 나아가는 법을 모르겠어요."

그녀가 말했다. "저는 어떤 관계를 새로이 형성하는 법을 잘 모르겠어요." "게다가 갈피를 잡지 못하겠어요. 가족들과 다시 연결되고 싶지만 정말로 솔직하게 말하자면 우리가 서로 연락하지 않을 때가 훨씬 더 편하거든요. 그게 끔찍하게 느껴져요."

나는 그녀가 두 가지를 놓아주길 바랐다. 바로 죄책감과 걱정이었다. "죄책감은 과거에 머무르는 거예요." 내가 그녀에게 말했다. "걱정은 미래에 머무르는 거예요. 당신이 바꿀 수 있는 유일한 일은 바로 여기 현재에 있어요. 게다가 당신은 언니들을 위해 무엇을 할 수 있을지 결정할 필요가 없어요. 당신이 사랑하고 수용할 수 있는 유일한 존재는 '자기 자신'뿐이에요. 문제는 어떻게 하면 당신이 언니들을 충분히 사랑할 수 있느냐가 아니에요. 어떻게 하면 당신이 자기 자신을 충분히 사랑할 수 있느냐죠."

아이리스가 고개를 끄덕였다. 하지만 그녀의 눈에서 주저함이 보였다. 그녀의 미소 속에서 무언가가 그녀를 뒤로 잡아당기는 듯한 느낌이 들었다. 마치 자기 자신을 사랑한다는 생각 자체가 불편하거나, 최소한 익숙지 않은 것처럼 보였다.

"당신이 언니들을 위해 무엇을 더 할 수 있을지에 집중하는 것은 건강한 일이 아니에요. 일단 당신에게 건강하지 않아요. 또한 언니들에게도 건강하지 않아요. 당신은 그들을 불구로 만들고 있어요. 그들이 당신에게 의존하게 만들고 있어요. 당신은 그들에게서 책임 있는 성인으로 존재할 기회를 박탈하고 있어요."

나는 욕구를 느끼고 있는 사람이 그들이 아닐 수도 있다고 말했다. 아마 '그녀 자신'일지 모른다. 때때로 우리는 누군가에게 필요한 존재가 되고 싶은 욕구를 느낀다. 우리는 사람들을 구조하지 않는다면 자신이 제대로 잘 기능하고 있지 못하다고 느낀다. 하지만 필요한 존재가 되고 싶은 욕구에 의존한다면 당신은 알코올중독자와 결혼할 가능성이 매우 높다. 그들은 무책임하고 당신은 책임감이 강하다. 그 패턴을 재창조하는 사람은 바로 당신이다.

나는 아이리스에게 말했다. "지금은 당신이 자기 자신과 결혼하기 좋을 때에요. 만약 그렇게 하지 않는다면 당신은 나쁜 상황을 더 좋게는커녕 더 나쁘게 만들 거예요."

그녀는 아무 말이 없었고 길을 잃은 듯한 표정을 지었다. "너무 어려워요." "여전히 죄책감이 들어요." 그녀가 말했다.

어렸을 적 아이리스의 큰언니는 매우 화를 잘 냈고 무서웠다. 그 당시에는 아무도 그녀가 성적 학대를 겪었다는 사실을 알지 못했다. 아이리스는 학교에서 돌아오면 곧장 자기 방으로 향했고 방문을 걸어 잠그고서 언니의 불안정함을 피했다. 아이리스와 언니들은 부모에게 간청하곤 했다. "큰언니를 다른 데에 보내면 안 돼요? 언니를 통제할 수 없어요?" 어느 날 큰언니는 아버지와 한바탕 싸움을 커다랗게 벌였고 망으로 된 문을 향해 아버지를 밀어버렸다. 그때 부모는 그녀를 여학생 기숙사에 보내기로 결정했고 그곳에서 그녀의 삶은 점점 더 위태로워졌다.

"저 때문에 부모님이 큰언니를 거기에 보낸 걸지도 몰라요." 아이리스가 말했다.

"만약 언니들과 사랑하는 관계를 맺고 싶다면, 서로를 필요로 하는 것에 기반을 둬서는 안 돼요. 여러분이 서로를 원해서여야 해요. 자 이제 선택하세요. 당신은 죄책감을 가지길 원합니까 아니면 사랑을 가지길 원합니까?" 내가 말했다.

사랑하기로 선택하는 것은 자기 자신에게 친절하고 착하고 다정하게 대하는 것이다. 과거를 반복하기를 멈추는 것이다. 거기에 있으면서 모두를 구해주지 못한 것에 대해 사과하기를 멈추는 것이다. 그리고 이렇게 말하는 것이다. "나는 할 수 있는 최선을 다했어."

"하지만 제 삶의 과업 중 일부는 우리 세 자매에게 일어난 일에 대한 해결책을 발견하는 것이라고 생각하게 돼요. 저는 가족 안에서 커다란 고난을 겪지 않은 유일한 사람이에요. 그렇다면 상황을 정상으로 되돌릴 수 있는 유일한 사람도 저 아닐까요? 언니들을 돕지 않으면 언니들을 배신하는 것 같아요." 아이리스가 말했다.

내가 내담자들에게 묻는 첫 질문들 중 하나는 "당신의 유년기는 언제 끝났습니까?"이다. 언제 당신은 다른 누군가를 보호하거나 돌보기 시작했는가? 언제 당신은 자기 자신으로 존재하기를 멈추고 역할을 떠맡기 시작했는가?

나는 아이리스에게 이렇게 말했다. "당신은 매우 빨리 성장했을 거예요. 당신은 다른 사람들을 돌보는 작은 어른이 되어 책임을 떠맡았을 거예요. 그리고 어떤 일을 하든 늘 죄책감을 느꼈을 거예요. 충분한 건 아무것도 없었으니까요."

두 눈에 눈물이 그렁그렁한 채 그녀가 고개를 끄덕였다.

"이제 결정을 내려야 해요. 그 정도면 충분해요."

세 가지 A를 얻기 위해 사용해온 자신의 오래된 방식을 포기하고 사랑과 유대를 강화하는 새로운 방식을 발견하기란 쉽지 않은 일이다. 일방적 의존이 아닌 상호적 의존에, 그리고 필요가 아닌 사랑에 방점을 둔 방식 말이다.

내담자가 자신의 초기 패턴화를 알아내도록 도울 때 나는 이렇게 묻곤 한다. "당신이 과도하게 하는 무언가가 있습니까?" 우리는 상처를 치료하기 위해 특정한 물질이나 행위에 의존할 때가 많다. 가령 음식, 설탕, 알코올, 쇼핑, 도박, 섹스 같은 것들이다. 심지어 건강한 일들을 과도하게 할 수도 있다. 일이나 운동이나 제한적 식이요법에 중독될 수도 있다. 하지만 관심, 애정, 인정(우리가 어렸을 때 얻지 못한 것들)을 갈망할 때는 그 어떤 것도 그 욕구를 충분히 채워줄 수 없다. 그러한 경우 공허함을 채우기 위해 잘못된 곳으로 가게 된다. 바나나를 사기 위해 철물점에 가는 것과 마찬가지다. 우리가 찾는 것은 거기에 없다. 그런데도 사람들은 계속 엉뚱한 상점에 간다.

때때로 우리는 무언가를 필요로 하는 것에 중독된다. 때때로 우리는 자신이 누군가에게 필요해지는 것에 중독되기도 한다.

루시아는 간호사다. 그녀는 다른 사람들에게 관심을 기울이고 "무엇이 필요한가요? 어떻게 도와드리면 될까요?"라고 묻는 것이 자신의 유전자 암호인 것 같다고 내게 말했다. 그녀는 요구가 많은 남자와 수십 년의 결혼 생활을 했다. 그가 전처와의 사이에서 낳은 아이들을 발 벗고 나서서 키웠고 아이들 중에는 장애가 있는 딸아이도 있었다. 수십 년 동안 "이거 해! 저거 해!"라고 들은 후에야 비로소 그녀는 자신에게 묻기 시작했다. '나는 어떻지? 이 상황에서 나는 누구지?'

이제 그녀는 더 자기주장을 강하게 하는 법과 자신의 선호와 욕구를 무시하지 않는 법을 배우고 있다. 때때로 다른 사람들에게서 거친 반응이 나오기도 한다. 맨 처음 그녀가 남편과의 사이에 경계를 설정하고서 소파에서 일어나 그에게 간식을 가져다주는 것을 거부했을 때 그는 고래고래 소리를 질렀다. "내가 지시했잖아!"

루시아는 깊게 심호흡을 한 다음 말했다. "전 누구의 지시도 받지 않아요. 만약 그런 식으로 한 번 더 말하면 이 자리를 떠날 거예요."

그녀는 자신이 누군가의 부탁을 승낙하려 할 때 내장의 맨 위를 꼭 쥐는 듯한 느낌이 들면 잠시 멈추고서 자신에게 이렇게 묻기로 했다. '이 일은 내가 하고 싶은 일인가? 만약 내가 이 일을 한다면 나중에 화가 날까?'

자신을 중심에 두어도 괜찮다. 자기 사랑과 자기 돌봄을 실천해도 괜찮다.

린지와 조던이 어렸을 때, 내 딸 마리안느와 사위 롭은 가족에게서 떨어져서 각자의 시간을 보내는 날을 서로에게 보장해주기로 약속했다. 마리안느가 외출하는 날에는 롭이 집에 머물면서 아이들을 돌봤고 그 반대로도 마찬가지였다. 그러던 어느날 유명한 경제학자가 런던에서 초청 강연을 하러 올 예정이라는 소식을 들었고 롭은 그의 강연을 무척 듣고 싶어 했다. 하지만 강연은 공교롭게도 마리안느의 외출 일과 겹쳤다. 마리안느는 친구와 연극을 보러 가기 위해 이미 티켓을 구한 상태였고 롭은 이미 집에서 아이들을 돌보겠다고 약속한 터였다.

롭이 이렇게 촉박하게는 베이비시터를 구하기 힘들다고 말했을 때, 마리안느는 친구에게 전화를 걸어 약속을 다시 잡고 극장에 연락해 다른 날짜로 티켓을 교환할 수도 있었다. 물론 우리는 상대에게 협조하고 유연하게 행동하는 선택을 내릴 수 있다. 문제는 많은 사람이 상대에 맞춰 습관적으로 성급히 조정하고 고친다는 점이다. 우리는 다른 사람들의 문제에 대해 지나치게 많은 책임을 지려 한다. 그러면서 그들이 자기 자신 대신 우리에게 의존하도록 훈련시키고 동시에 자기 자신은 분노로 향하는 길을 닦는다. 마리안느는 롭의 볼에 입맞춤하고서 말했다. "어이쿠 저런, 여보. 당신은 딜레마에 빠진 것처럼 보이네요. 잘 해결하길 바랄게요." 결국 롭은 아이들을 강연장에 데리고 갔고 아이들은 파자마를 입은 채 강당의 의자들 아래에서 꼼지락거리며 놀았다.

때때로 삶은 우리에게 자연스러운 흐름에 맡기고 살아갈 것을 요구한다. 때때로 다른 사람들의 욕구를 우선시하고 자신의 계획을 수정하는 것이 맞을 때도 있다. 물론 우리는 있는 힘껏 할 수 있는 모든 일을 다해 사랑하는 사람들을 지지하고, 그들의 필요와 욕구에 관심을 기울이고, 협동 작업과 상호적 의존에 참여하고 싶어 한다. 하지만 우리가 만성적으로 자기 자신을 희생하면서 베풀어야 한다면, 만약 우리의 베풂이 우리를 순교자로 만들거나 우리의 분노에 기름을 붓는다면 너그러움이 더는 너그러움이지 않게 된다. 사랑은 우리가 자기 사랑을 실천하고 다른 사람들은 물론 자기 자신에게 관대하고 공감하려 노력하는 것을 의미한다.

나는 사랑은 T-I-M-E의 네 개의 알파벳으로 이루어진 단어라고 자주 말한다. 타임, 즉 시간이다. 우리 내면의 자원은 제한이 없는 반면, 우리의 시간과 에너지는 제한되어 있다. 계속 사용하면 다 떨어진다. 만약 일을 하거나 학교에 다니고 있다면, 만약 아이를 키우거나 연인이나 친구들이 있다면, 만약 자원봉사를 하거나 운동을 하거나 독서 모임, 지지 모임, 교회에 소속되어 있다면, 만약 연로한 부모나 질환이나 장애가 있는 누군가를 돌보고 있다면, 당신은 자기 자신을 무시하지 않기 위해 당신의 시간을 어떤 식으로 조직할 것인가? 언제 휴식을 취하고 재충전할 것인가? 일하기와 사랑하기와 놀기 사이에 어떻게 균형을 잡을 것인가?

때때로 자기 자신을 드러내 보이는 가장 힘든 방법은 다른 사람에게 도움을 요청하는 것이다. 몇 년 동안 나는 어떤 신사와 데이트를 해왔다. 내 훌륭한 스윙댄스 파트너 진이다. 그가 몇 주 동안 병원에 입원해야만 했을 때 나는 매일 병문안을 갔고 그는 내가 자신을 아기처럼 다루도록 기꺼이 허락했다. 나는 그의 손을 잡고 스푼으로 그에게 밥을 먹여주었다. 누군가가 당신에게 '베풂을 발휘할 수 있는 선물'을 준다면 너무나 좋은 일이다. 어느 날 오후 그의 옆에 앉아 있는데 그가 몸을 부들부들 떠는 게 느껴졌다. 그는 자신이 꽤 추웠다고 인정했다. 하지만 진은 친절함을 가장 중요하게 생각하는 사람이었고 지나치게 요구가 많은 것으로 비춰질까 걱정돼서 담요를 가져다 달라고 요청하지 않았다고 했다. 다른 사람에게 짐이 되지 않으려 애쓰는 과정에서 진은 자기 자신을 무시했다.

나도 한때 그랬다. 이민 초기 시절에 벨러와 나는 마리안느와 함께 볼티모어의 파크하이츠 지역에 있는 한 주택에 딸린 자그마한 가정부 아파트에 살았다. 우리는 무일푼으로 미국에 도착했고(보트에서 내리기 위해 10달러를 빌려야만 했다) 가족을 먹여 살리기 위해 힘겹게 싸웠다. 어려운 상황 속에서 나는 벨러와 마리안느의 접시에 음식을 먼저 담아주는 것을 자부심으로 삼았다. 나에게까지 돌아올 음식이 충분할 때야만 내 접시에 음식을 담았다. 아량과 연민이 아이를 키울 때 필수적인 것은 사실이다. 하지만 자기를 돌보지 않는 것은 그 누구에게도 도움이 되지 않는다. 이는 모두를 불우하게 만든다.

또한 자립적으로 산다는 것이 다른 사람들의 돌봄과 사랑을 거부하는 걸 의미하지는 않는다.

오드리가 오스틴에 있는 텍사스대학교에 다닐 무렵 방학 동안 집에 돌아왔을 때였다. 그 당시 텍사스대학교는 실천주의와 진보정치의 온상이었다. 오드리는 어느 토요일 아침에 내 침실 방문을 열었다가 내가 고급 나이트가운을 걸치고 침대에 누워서 남편인 벨러에게 신선한 파파야 조각을 받아먹고 있는 모습을 보고 기겁했다.

"엄마!" 오드리가 비명을 질렀다. 그 순간 나는 오드리 눈에 어처구니없어 보였을 것이다. 고상한 체하면서 남편에게 의존하고 있는 모습이 말이다. 나는 강인한 여성이 무엇을 의미하는지에 대한 오드리의 생각에서 어긋났다.

하지만 오드리는 내가 내린 선택을 알아보지 못했다. 나는 남편이 나를 돌보면서 느끼는 기쁨을 존중하고 수용하고 싶었다. 벨러는 매주 토요일이면 새벽 일찍 일어나서 차를 운전해 국경을 넘어 멕시코 후아레스에 있는 농산물 시장에 가서 내가 좋아하는 가장 잘 익은 빨간 파파야를 사오곤 했다. 이 일은 벨러에게 기쁨을 주었다. 또한 나에게도 기쁨을 주었다. 감각과 관련된 의식을 함께 치르면서 남편이 내게 간절히 주고 싶어 하는 무언가를 기꺼이 받는 일은 큰 기쁨이었다.

자유롭다는 것은 자신의 진짜 모습으로 존재하는 것에 대해 스스로 책임지는 일이다. 그러기 위해서는 자신이 욕구를 충족시키기 위해 과거에 택했던 대응 기제나 행동 패턴을 알아내야 한다. 그리고 자신이 포기해야만 했던 자아의 일부와 다시 연결하고 자신이 되지 못했던 완전한 진짜 모습을 되찾아야만 한다. 자기 자신을 버리고 떠나는 습관을 깨야만 한다.

절대 잊지 말기 바란다. 당신은 다른 누구도 결코 가지지 못할 무언가를 가지고 있다. 당신은 당신 자신을 가지고 있다. 평생 동안 말이다. 이러한 이유로 나는 항상 내 자신에게 말한다. "에디, 넌 특별한 사람이야. 넌 아름다워. 매일 더욱더 에디다워지길 바랄게."

나는 더는 나 자신을 정서적으로나 신체적으로 부정하는 습관에 빠지지 않는다. 나는 세심한 관리가 필요한 여성인 것이 자랑스럽다! 나의 건강 요법에는 침술과 마사지가 포함되어 있다. 나는 정기적으로 미용 관리를 받는데 이는 꼭 필요한 일은 아니지만 기분이 좋아지게 만든다. 얼굴 마사지도 받는다. 머리 염색도 받는다. 한 가지 색깔이 아니라 어두운 톤에서 밝은 톤으로 세 가지 색깔로 염색한다. 백화점 화장품 판매대에 가서 실험 삼아 새로운 방식으로 눈화장을 받아보기도 한다. 내면의 자존감을 키우지 않는다면 외면을 아무리 치장해봤자 자기 자신에 대해 느끼는 방식이 달라지지 않는다. 하지만 나는 자존감이 높고 나 자신을 사랑하기 때문에 알고 있다. 내면에서 자기 자신을 돌보는 것에는 외면에서 자기 자신을 돌보는 것이 포함되어 있다는 사실을 말이다. 죄책감을 느끼지 않은 채 좋은 것들을 자신에게 대접하고 자신의 외모를 자기표현의 수단으로 삼을 수 있다. 그리고 나는 칭찬을 받아들이는 법을 배웠다. 누군가가 "스카프가 참 멋지네요"라고 말하면 나는 "고마워요. 저도 이 스카프가 맘에 들어요"라고 답한다.

내가 결코 잊지 못할 날이 있다. 그날 나는 10대인 마리안느를 옷가게에 데려가 옷을 골라주었고 마리안느는 그 옷을 입어본 다음 이렇게 말했다. "엄마, 이건 저답지 않아요." 나는 가슴이 덜컥 내려앉았다. 나는 딸아이를 까다로운 사람 혹은 감사할 줄 모르는 사람으로 키운 게 아닌가 싶어 걱정이 됐다. 하지만 이내 나는 자신의 마음을 잘 아는 아이, 무엇이 '나답고' 무엇이 '나답지 않은지' 잘 아는 아이를 둔 게 얼마나 축복인지를 깨달았다.

　자기 자신을 발견하라. 그리고 더 많은 '자신'으로 자기 자신을 채워라. 사랑받기 위해서 노력해야 할 필요 없다. 그저 자기 자신으로 존재하면 된다. 당신이 매일매일 점점 더 자기다워지기를 진심으로 기원한다.

자기 무시에서 벗어나기 위한
핵심 열쇠

○ **어떤 일을 하면 할수록 우리는 그 일을 더 잘하게 된다.** 매일 최소한 5분씩을 할애해 기분 좋은 감각을 음미하라. 가령 아침에 마시는 커피의 첫 모금, 따뜻한 햇살이 피부에 닿는 느낌, 사랑하는 사람의 포옹, 웃음소리나 지붕에 비가 떨어지는 소리, 빵 굽는 냄새 같은 것들이다. 시간을 할애해 기쁨을 알아차리고 만끽하라.

○ **일하고 사랑하고 놀아라.** 한 주의 하루하루 깨어 있는 시간을 보여주는 차트를 만들어라. 그리고 당신이 매일 일하고, 사랑하고, 놀며 보내는 시간을 라벨로 표시하라. (어떤 활동은 한 가지 이상의 카테고리에 속할 수도 있다. 만약 그렇다면 해당하는 모든 라벨을 사용하라.) 그런 다음 당신이 평범한 한 주에 일하고, 사랑하고, 놀며 보내는 전체 시간을 서로 더해보라. 세 개의 카테고리가 대략 균형을 이루고 있는가? 현재 최소한의 시간을 보내고 있는 활동을 더 많이 하려면 자신의 하루를 어떤 식으로 다르게

짜야 할까?

○ **자기 자신에게 사랑을 보여라.** 지난주 동안 누군가가 당신에게 무언가를 요구하거나 부탁했던 때를 다시 떠올려보라. 당신은 어떻게 대응했는가? 당신의 대응은 습관에서 나온 것인가? 필요에서 나온 것인가? 욕구에서 나온 것인가? 당신의 대응은 당신의 신체 안에서 어떻게 느껴졌는가? 당신의 대응은 당신에게 좋은 것이었는가? 이제 지난주 동안 당신이 누군가에게 도움을 요청했거나 도움을 요청하고 싶었던 때를 다시 떠올려보라. 당신은 뭐라고 말했는가? 당신의 대응은 당신에게 좋은 것이었는가? 자신을 중심에 두기 위해 오늘 당신은 무엇을 할 수 있는가? 자기 자신에게 사랑과 관심을 보여주기 위해 말이다.

네 번째 수업

✦

비밀이 있는 한
치유는 없다

우리가 침묵시키거나 덮어버린 것들은

마치 지하에 숨겨놓은 인질들처럼

우리의 관심을 얻어내려 더욱더

필사적으로 발버둥 치게 된다.

헝가리에는 이런 속담이 있다. '한 궁둥이로 두 개의 의자에 앉으려 하면, 궁둥이가 반쪽이 된다.' 만약 당신이 이중생활을 하고 있다면 그것은 머지않아 당신을 집어삼킬 것이다.

자유로울 때야만 우리는 진짜 삶을 살 수 있다. 두 개의 의자(이상적인 자아와 진짜 자아)에 간신히 걸터앉는 것을 멈추고 온전해질 수 있다. 우리는 자신만의 의자에 편하게 푹 앉는 법을 배워야 한다.

로빈은 두 의자 사이의 틈에서 힘들어하다 나를 찾아왔다. 그녀의 결혼 생활은 무너지기 일보 직전이었다. 로빈은 남편의 까다로운 요구에 부응하느라 기진맥진한 상태였고 그들의 결혼 생활은 냉담하고 공허해진 지 오래였다. 로빈은 하루를 무사히 나기 위해선 산소호흡기가 필요하다고 느꼈다. 그러다 위안과 기쁨을 찾아 바람을 피우기 시작했다.

외도는 위험한 게임이다. 새로운 연인보다 더 흥미진진한 것은 없다. 새 침대에 누워 있을 때면 누가 쓰레기를 내다 버릴지,

누가 아이를 축구 훈련에 차로 데려다줄지 이야기할 필요가 없다. 온통 쾌락뿐이고 책임이란 일절 없다. 게다가 이 관계는 일시적이다. 로빈은 기쁨에 넘쳤고 더 낙천적이고 더 건강해졌고 집에서의 현실을 견딜 수 있게 됐다. 애정과 친밀함에 대한 욕구가 다른 곳에서 충족되기 때문이었다. 하지만 어느 날 로빈의 연인은 로빈에게 최후통첩을 했다. 로빈은 남편과 연인 중 하나를 선택해야 했다.

로빈은 마음을 정하지 못한 채 옴짝달싹하지 못하게 된 상태에서 나와의 첫 번째 상담을 예약했다. 첫 상담 시간에 로빈은 선택하기 불가능해 보이는 두 개의 선택지를 두고 각각의 장단점을 자세히 말하며 같은 얘기를 하고 또 하며 제자리를 맴돌았다. 이혼한다면 연인이 떠나는 것을 막을 수는 있지만 두 아이가 완전히 망가질 것이다. 그렇지만 결혼 생활을 유지한다면 로빈은 자신이 소중한 존재이고 그 존재를 인정받고 있다고 느끼게 해준 한 사람을 포기해야만 했다. 아이들의 행복이냐 자신의 충만감이냐의 문제였다.

하지만 로빈이 내려야 하는 근본적인 선택은 어느 남자와 함께 있을지에 관한 것이 아니었다. 로빈은 남편과 했던 모든 것(물러서기, 숨기, 비밀로 하기)을 연인과 할 터였다. 어떤 다른 로맨틱한 관계에 다시 빠지더라도 마찬가지였다. 그녀 자신이 변화하기를 선택하기 이전까지는 말이다. 그녀의 자유는 적합한 남자를 선택하는 일에 달려 있지 않았다. 어떤 관계에서든 자신의 욕구, 희망 그리고 두려움을 솔직하게 표현하는 방법을 찾는 것이 문제였다.

안타깝게도 이는 매우 흔한 문제이다. 열정과 연결감을 안고 시작한 결혼 생활이라고 해도 점차 감방처럼 느껴지게 될 수 있다. 이 상황은 오랜 시간에 걸쳐 천천히 일어나고, 정확히 언제 어떻게 창살이 세워졌는지 알아내기란 어렵다. 인생에는 늘 방해물이 있기 마련이고(돈이나 일이나 아이들이나 상대 가족이나 질병에 대한 스트레스) 커플에게는 이러한 짜증들을 해소하기 위한 시간이나 수단이 부족하다. 그래서 걱정과 상처와 분노는 점점 쌓여간다. 얼마간의 시간이 지나면 이러한 감정들을 표현하기가 훨씬 더 힘들어진다. 긴장 상태나 말다툼으로 이어지기 마련이라 두 사람 모두 이러한 화제 자체를 완전히 피하게 되기 때문이다. 자신도 모르게 두 사람은 분리된 삶을 살게 된다. 그리고 다른 사람이 걸어 들어와 부족한 것을 채우려 시도할 수 있게 문을 활짝 열게 된다.

인간관계가 껄끄러워지는 것은 어느 한 사람만의 잘못이 아니다. 두 사람 모두 거리감과 논쟁을 유지하기 위해 뭔가를 하고 있다. 로빈의 남편은 완벽주의자였다. 그는 늘 로빈을 비판했다. 재단하기 좋아하는 사람이었고 만족시키기 힘든 사람이었다. 처음에 로빈은 자신 또한 관계를 해치는 데 일조하고 있다는 사실을 인정하기 힘들어했다. 자리 떠나기, 다른 방으로 가기, 철수하기, 사라지기 등의 방식을 통해 말이다. 무엇보다 자신의 불행을 남편에게 비밀로 하는 방식을 통해서 말이다. 외도는 이차적인 비밀이었다. 일차적인 비밀은 그녀가 습관적으로 남편에게 숨기기 시작했던 모든 것이었다. 매일매일의 오르락내리락, 슬픔과 기쁨, 갈망과 비탄 등이었다.

솔직함은 자기 자신에게 사실대로 말하는 법을 배우는 것에서부터 시작된다. 나는 로빈에게 원한다면 그녀를 계속 상담하겠다고 말했다. 하지만 조건을 달았다. 그녀가 외도를 일단 보류하고 자기 자신과 더 솔직한 관계를 맺기 위해 노력하는 경우에만 그렇게 하겠다고 했다.

나는 로빈에게 두 가지 훈련 방법을 알려주었다. 첫 번째는 내가 '활력징후vital signs(사람이 살아 있음을 보여주는 호흡, 체온, 심장 박동 등의 측정치 - 옮긴이)'라고 부르는 방법이었다. 자신의 체온을 확인하고 자신이 세상에 내뿜고 있는 자기 내면의 기후와 정서적 날씨를 알아차리는 재빠른 방법이다. 우리는 항상 의사소통을 하고 있다. 심지어 한마디도 하고 있지 않을 때조차도 그러하다. 우리가 의사소통을 하지 않는 유일한 때는 혼수상태에 빠져 있을 때뿐이다. 하루에 몇 번, 의식적인 노력을 기울여 자신의 신체를 점검하라. 그런 다음 스스로 물어보라. "나는 부드럽고 따뜻하다고 느끼고 있는가, 혹은 차갑고 뻣뻣하다고 느끼고 있는가?"

로빈은 자신이 얼마나 자주 뻣뻣하거나, 완고하거나, 폐쇄적인지 알아내는 것을 반기지 않았다. 하지만 시간이 지나면서 로빈은 자신의 정서적 온도를 측정하는 방법을 통해 점점 더 부드러워졌다. 그리고 이때 나는 두 번째 훈련 방법을 소개했다. '패턴 중단pattern interruption'이라는 방법인데 습관적인 반응을 다른 어떤 것으로 의식적으로 교체하는 방법이다. 로빈은 남편에게서 물러서거나 비밀을 지키고 싶을 때 그 자리에서 사라지지 않으려고 의식적으로 노력했다. 로빈은 시선을 부드럽게 하고서 사랑이 담긴 눈빛으로 남편을 바라보았다. 그녀가 매우 오랫동안 하지 않은 일이었다. 어느 날, 저녁 식사 자리에서 로빈은 남편의 손을 향해 조심스럽게 손을 뻗었다.

이는 친밀함을 향한 작은 한 걸음이었다. 이들에게는 관계를 다시 세우고자 한다면 보수해야 할 곳이 여전히 많았다. 하지만 이들은 첫걸음을 떼었다.

자신의 일부를 숨기거나 거부하는 한 치유는 일어날 수 없다. 우리가 침묵시키거나 덮어버린 것들은 마치 지하에 숨겨놓은 인질들처럼 우리의 관심을 얻어내려 더욱더 필사적으로 발버둥 치게 된다.

나는 이 사실을 잘 알고 있다. 왜냐하면 수십 년 동안 나의 과거를 숨기고, 내게 일어났던 일을 감추고, 나의 비탄과 분노를 드러내지 않으려고 애썼기 때문이다. 전쟁 후 남편인 벨러와 함께 공산주의 유럽을 탈출하고 첫딸 마리안느와 셋이 미국에 왔을 때 나는 정상적인 사람이 되고 싶었다. 조난 사고를 당한 사람도, 홀로코스트 생존자인 엄마도 되고 싶지 않았다. 나는 의류 공장에서 일하며 남자아이 속옷 솔기에서 풀린 실을 잘라내며 열두 개의 작업물당 7센트를 받았다. 다른 사람들이 내 억양을 들을까 봐 두려워서 겁에 질린 나머지 영어로 단 한마디도 하지 못했다. 나는 사람들이 나를 불쌍하게 여기기를 원치 않았다. 나의 흉터를 보여주고 싶지도 않았다.

수십 년이 흐른 후 임상심리학자로서 훈련 과정을 마치고 나서야 비로소 나는 내 이중생활의 대가가 무엇인지 깨달았다. 스스로를 치유하지 않은 채 다른 이들을 치유하려 애쓰고 있었다. 나는 사기꾼이었다. 밖에서 볼 때 나는 전문의였다. 하지만 안에서는 겁에 질린 열여섯 살짜리 여자아이가 현실 부정, 과잉성취, 완벽주의라는 망토를 뒤집어쓴 채 벌벌 떨고 있었다.

내가 진실과 마주 볼 마음을 먹을 때까지, 나는 내 비밀을 가졌고 내 비밀은 나를 가졌다. 내 비밀은 내 아이들 또한 가졌다. 나는 이에 관해 여전히 여러 가지 방식으로 점점 더 이해해나가고 있는 중이다. 마리안느, 오드리, 조니가 공유한 유년기의 기억들(무엇인지도 모르는 채 표면 아래에서 느껴졌던 공포와 긴장)은 홀로코스트 생존자의 자녀들인 전 세계의 독자들이 내게 보낸 편지에서 읽은 것과 매우 유사하다.

부모가 헝가리인 생존자인 루스는 부모의 침묵이 자신의 성장 과정에 미친 영향에 관해 내게 말했다. 한편으로 루스는 훌륭한 유년기를 보냈다. 루스의 아버지와 어머니는 외관상 쾌활한 사람들이었고 오스트레일리아로 이주했다는 사실에 안도했다. 이들은 아이들을 발레 수업과 피아노 수업에 보내며 교육을 받게 하고 평화로운 환경에서 아이들을 키우고 아이들의 성취와 우정을 축하할 수 있어서 매우 행복했다. 그들은 자주 말했다. "우리는 운이 좋았어. 신에게 감사하게도 말이지." 트라우마의 흔적은 전혀 보이지 않았다.

그렇지만 루스의 내면적 경험과 외면적 경험 사이에는 늘 단절이 존재했다. 루스의 부모는 현재에 대해 긍정하는 반면 과거에 대해서는 침묵했고 이는 루스를 불안하게 느끼게 했다. 즐거운 경험이든 일상적인 경험이든 많은 경험에 불길한 예감이 파고들었다. 부모가 지닌 무언의 트라우마와 공포가 자기도 모르는 새에 스며들어서 루스 역시 뭔가가 잘못됐고 끔찍한 일이 곧 벌어질 것이라는 믿음을 가지게 되었다. 루스는 성공적인 정신과의사이자 어머니가 되었지만 얼마나 많은 것을 성취했는지와는 상관없이 늘 만성적인 두려움을 품고 있었고 '왜 이렇게 느끼지?'라는 질문을 던졌다. 정신의학 분야에서 전문적인 훈련을 받았음에도 루스는 자신의 상태를 이해하는 데 적합한 렌즈를 찾지 못했다.

루스의 막내아들은 열아홉 살이 되었을 때 루스에게 자신과 형을 헝가리에 데려가달라고 부탁했다. 아이는 더는 살아계시지 않은 조부모에 관해 더 알고 싶어 했다. 또한 전 세계적으로 극우주의가 급부상하고 있고 역사를 알지 못하는 사람은 그 역사를 반복할 수밖에 없다고 생각해서, 아이는 자신이 특별히 과거에 대해 더 많이 알아야 한다고 느꼈다. 하지만 루스는 망설였다. 루스는 공산주의가 한창일 동안 젊은 여성의 몸으로 헝가리에 갔던 적이 있었고 그 경험은 결코 유쾌한 경험이 아니었다. 루스는 그곳에 돌아가고 싶은 마음이 전혀 없었다.

그때 한 친구가 루스에게 책 한 권을 추천해주었다. 바로 내가 쓴 《마음 감옥에서 탈출했습니다》였다. 루스는 이 책을 읽고 난 후 부모의 과거와 똑바로 마주해야 한다는 강한 의무감과 새로운 용기를 얻었다.

아들들과 함께 부모의 과거를 되짚어가는 일은 몹시 변혁적이고 치유적인 경험이었다. 이들은 부다페스트 유대인 거주 지역에 있는 유대교 회당을 방문해 전시회를 관람했다. 태어나서 처음으로 루스는 자신의 어머니가 어떤 일을 겪었는지 자세히 보여주는 사진들을 봤다. 진실을 받아들이는 일은 고통스럽고 힘들었다. 그렇지만 동시에 도움이 되고 힘을 주기도 했다. 루스는 통찰을 얻었고 부모에게 새로운 유대감을 느꼈다. 루스는 왜 그들이 과거에 관해 그렇게 이야기하기 꺼려했는지 알게 됐다. 그들은 루스를 그리고 그들 자신을 보호하려 애썼던 것이었다. 하지만 진실을 숨기거나 최소화하는 방법으로는 사랑하는 사람들을 보호할 수 없다. 사랑하는 사람들을 보호하기 위해서는 과거를 치유하기 위해 최선을 다해 노력해야 한다. 의도치 않게 그들에게 트라우마를 물려주지 않도록 말이다. 루스는 가족의 유산과 정면으로 부딪치면서 자신의 내면에서 일치감을 느낄 수 있었다. 자신이 늘 가졌던 불안의 뿌리를 찾을 수 있게 됐고 그 불안을 배출할 수 있게 됐다.

나의 치유 과정은 텍사스대학교 동료 학생으로부터 빅터 프랭클 박사의 《죽음의 수용소에서》를 건네받고서 마침내 용기를 그러모아 책을 읽고 나서야 비로소 시작됐다. 내게는 거부하기 위한 변명거리와 이유가 차고 넘쳤다. '아우슈비츠에 대해 다른 사람이 하는 이야기를 들을 필요가 있을까.' 나는 내게 말했다. '나는 거기에 있었어! 왜 그 고통을 처음부터 다시 느껴야 하지? 왜 악몽에 나 자신을 던져야 하지? 왜 지옥을 다시 방문해야 하지?' 그렇지만 모든 가족이 잠든 고요한 한밤중에 마침내 그 책을 펼쳤을 때 나는 기대하지 못했던 뭔가를 경험했다. 나는 내가 목격되었다는 느낌을 받았다. 빅터 프랭클 박사는 내가 있었던 곳에 있었다. 마치 그가 내게 직접 말하는 것처럼 느껴졌다. 물론 우리의 경험은 동일하지 않았다. 그는 수용소에 갇힐 때 30대였고 이미 명성이 자자한 정신과의사였다. 나는 남자친구를 그리워하는 열여섯 살짜리 체조선수이자 발레 학생이었다. 하지만 그가 우리의 공유된 과거에 대해 쓴 글은 내 삶을 완전히 바꿔놓았다. 나는 새로운 가능성을 발견했다. 비밀을 품고 숨어 있기를 그만두고 과거와 싸우고 도망치기를 멈추는 것이었다. 그의 문장(그리고 나중에 그의 멘토링)은 내게 진실을 마주 본 후 있는 그대로 표현할 용기와 영감을 주었다. 그리고 내 비밀을 말하는 과정에서 나는 나의 진짜 자아를 되찾았다.

우리가 과거를 비밀로 덮어둘 때 진정한 이해와 해방은 일어날 수 없다. 우리는 부정, 착각 혹은 최소화의 규정에 따라 움직이게 된다.

때때로 비밀로 덮어두라는 요구는 무언으로나 무의식적으로 이루어진다. 때로는 다른 사람들이 협박이나 강압을 통해 우리의 입을 틀어막기도 한다. 어떤 쪽이든, 비밀은 해롭다. 수치심이 자라나는 풍토를 만들어내고 유지하기 때문이다. 그리고 수치심은 모든 중독의 핵심이다. 자유는 진실과 마주 대하고 진실을 말하는 데에서 생긴다. 또한 다음 장에서 자세히 살펴보겠지만, 자유는 오로지 우리가 자신의 내면에 사랑과 수용의 분위기를 만들 때만 얻을 수 있다.

비밀에서 벗어나기 위한
핵심 열쇠

○ **만약 당신이 한 궁둥이로 두 개의 의자에 앉으려 한다면 궁둥이가 반쪽이 될 것이다.** 두 개의 의자를 나란히 놓아라. 한 개의 의자에 다리를 꼬지 않은 채 앉아보라. 발이 바닥에 편안히 닿는 것을 느껴보라. 궁둥뼈가 의자를 묵직이 누르는 것을 느껴보라. 척추를 골반에서 길게 늘여 빼고 머리를 목에서 쭉 뻗어보라. 어깨에 힘을 빼고 귀에서 멀어지게 해보라. 몸에 좋은 심호흡을 몇 번 한 다음 숨을 들이마시면서 몸을 쭉 펴고 숨을 내쉬면서 몸을 구부려보라. 이제 몸을 움직여 한쪽 엉덩이를 한 의자에, 다른 쪽 엉덩이를 다른 의자에 걸친 채 앉아보라. 자신의 발, 궁둥뼈, 척추, 목, 머리, 어깨를 확인해보라. 두 개의 의자에 걸터앉아 있을 때 신체와 호흡이 어떻게 느껴지는가? 마지막으로, 한 개의 의자로 다시 돌아가라. 발과 궁둥뼈를 바닥과 의자에 단단히 붙여라. 척추와 목을 길게 늘여보라. 당신은 집에 돌아왔다. 천천히 호흡하면서 몸을 재정렬하고 일치감을 느껴보라.

○ **솔직함은 자신에게 진실을 말하는 법을 배우는 데에서부터 시작한다.** 로빈이 자신의 결혼 생활을 치유하기 위해 사용했던 '활력징후' 훈련 방법을 시도해보라. 하루에 몇 번, 의식적으로 노력해 당신의 신체를 점검하고 자신만의 정서적 온도를 확인하라. 그리고 자기 자신에게 물어보라. "나는 부드럽고 따뜻하게 느끼는가, 아니면 차갑고 뻣뻣하게 느끼는가?"

○ **다른 사람들이 안전하게 함께 있어주는 동안 진실을 말해보라.** 지지그룹 활동은 당신의 진실을 공유하고 같은 치유 작업을 하는 다른 이들로부터 뭔가를 배우는 훌륭한 과정이 될 수 있다. 지역 모임이나 온라인 모임을 찾아서 당신의 경험을 이해하고 공감할 수 있는 사람들과 함께 어울려보라. 모임이 당신에게 맞는지 아닌지 결정하기 전에 최소한 세 번의 모임에 참석하라.

다섯 번째 수업

✦

내면의 대본은
다시 쓰일 수 있다

죄책감과 수치심은

우리가 어떠한 사람인지에 대한

진짜 평가가 아니다.

우리가 선택하고 그 안에 갇혀버린

일종의 사고 패턴이다.

살아남은 나 자신을 용서하는 데에는 수십 년이 걸렸다.

나는 1969년에 대학교를 졸업했다. 42세였고 세 아이의 엄마이자 이민자였다. 영어를 새로이 배우고 학교로 다시 돌아가기 위해서는 엄청난 용기와 자원이 필요했다. 게다가 나는 우등으로 졸업할 예정이었다! 그렇지만 나는 졸업식에 가지 않았다. 너무 수치스러웠다.

많은 다른 생존자들과 마찬가지로 나는 전쟁이 끝난 후 계속 주체하기 힘든 죄책감에 시달렸다. 마그다 언니와 내가 강제수용소에서 해방된 이후로 24년이라는 세월이 흘렀다. 하지만 나는 여전히 왜 나는 살아남았는데 내 부모님과 조부모님과 600만 명의 다른 사람들은 죽을 수밖에 없었는지 이해할 수 없었다. 성취를 기념하는 행사조차도 나 자신이 기쁨을 누릴 가치가 없는 하자품이고, 모든 나쁜 일은 내 잘못이고, 모두가 내가 얼마나 망가졌는지 머지않아 다 알게 되리라는 나의 확신에 모든 게 더럽혀져버렸다.

죄책감은 우리가 우리 자신을 탓하고 어떤 일이 자신의 잘못이라고 믿을 때 생긴다. 죄책감을 회한과 구분하는 일은 매우 중요하다. 회한은 우리가 저지른 해로운 실수나 잘못에 대한 적절한 반응이다. 회한은 비탄에 더 가깝다. 이는 과거는 과거일 뿐이고 과거를 돌이키는 일은 불가능하다는 사실을 받아들이고 자신이 그 사실에 대해 슬픔을 느끼도록 허용하는 일이다. 우리는 회한을 느끼면서 동시에 자신이 겪은 모든 일, 그리고 자신이 내린 모든 선택이 자신을 오늘날에 이르게 했다는 사실을 인정할 수 있다. 회한은 현재에 존재한다. 또한 용서와 자유와 공존할 수 있다.

하지만 죄책감은 우리를 옴짝달싹 못하게 만든다. 죄책감은 수치심에 뿌리를 두고 있다. 즉 '나는 가치가 없어'라고 믿는 것이다. 자신이 충분하지 않고 어떤 것도 큰 의미가 없다고 믿는 것이다. 무슨 일을 하든 상관없이 말이다. 죄책감과 수치심은 몸과 마음을 극도로 약해지게 만든다. 하지만 죄책감과 수치심은 우리가 어떠한 사람인지에 대한 진짜 평가가 아니다. 우리가 선택하고 그 안에 갇혀버린 일종의 사고 패턴이다.

우리는 삶이 우리에게 건네는 정보를 가지고 무엇을 해야 할지 항상 선택할 수 있다. 한번은 콘퍼런스에서 강연을 한 적이 있었는데 내가 발표를 하는 도중 중요한 사람처럼 보이는 한 남성이 강연장 밖으로 걸어나갔다. 나는 부정적인 자기 대화의 공세에 휩쓸린 채 강단 위에서 거의 얼어붙어 있었다. '나는 쓸모없어. 나는 이 콘퍼런스에 참석해달라고 초대받을 만한 자격이 없어. 여긴 내가 있을 곳이 아니야.' 몇 분 후, 강당의 문이 열리고 아까의 그 남성이 자기 자리로 돌아가서 착석했다. 아마 물을 마시거나 화장실에 가기 위해 잠깐 자리를 비운 듯했다. 그렇지만 나는 그때까지 이미 단두대 아래에 나를 세워두었다.

수치심을 가지고 태어나는 사람은 아무도 없다. 그렇지만 많은 사람이 수치심 메시지를 매우 어릴 적에 접한다. 내 맏손주인 린지는 초등학교에 다닐 때 '재능 있고 특출난' 아이들을 위한 학급에 편성되었다(나는 이 이름표가 지닌 개념이 불만스럽다. 모든 아이들은 재능 있고 특출난, 세상에 단 하나뿐인 다이아몬드다!). 린지는 때때로 학습 과정을 따라잡는 데 어려움을 겪었고 린지의 담임교사는 린지를 '보조 열차'라고 부르기 시작했다. 린지는 담임교사의 말을 마음에 새겼다. 린지는 자신이 그 학급에 속할 만큼 유능하지 않고, 그곳이 자신이 있을 자리가 아니고, 자신은 자격이 없다고 확신하게 됐다. 린지는 그 학급에서 나올 생각이었다. 하지만 나는 린지에게 담임교사가 자신을 규정하게 내버려두어서는 안 되고 그것은 매우 중요하다고 말해주었다. 결국 린지는 그 학급에 남았다. 시간이 흐르고서 대학 입학 지원서를 쓸 때 린지는 에세이에 '보조 열차가 엔진이 되었을 때'라는 제목을 붙였다. 린지는 프린스턴대학교를 우등으로 졸업했다.

나의 수치심 메시지 역시 매우 일찍 찾아왔다. 나는 세 살 때 의학 시술을 받다 잘못돼서 한쪽 눈이 사시가 됐다. 사시를 교정하는 수술을 받기 전에 내 언니들은 다음과 같이 못된 노래를 부르곤 했다. "넌 너무 못생겼어, 넌 너무 못생겼어. 절대 남편을 못 만날 거야." 심지어 엄마조차 이렇게 말하곤 했다. "얼굴이 안 예쁜데 머리라도 좋아서 다행이야." 이 메시지들은 힘겨웠고 떨쳐버리기 어려웠다. 하지만 궁극적으로 문제는 가족들이 내게 무슨 말을 했는지가 아니었다. 문제는 내가 그 말을 믿었다는 것이다.

그리고 '계속' 그 말을 믿었다는 것이다.

내 큰딸 마리안느와 사위 롭이 라호이아에 살 때 나는 매주 월요일마다 그곳에 가서 저녁 식사를 요리하곤 했다. 때로는 미국 음식을 만들었고 때로는 헝가리 음식을 만들었다. 월요일은 내가 보내는 일주일의 하이라이트였다. 손주들에게 영양가 있는 음식을 먹이면서 그 아이들의 일상에 소속되는 느낌을 받을 수 있으니 말이다. 어느 날 저녁 나는 주방에서 요리를 하고 있었다. 스토브 위에서 냄비가 부글거리고 프라이팬이 지글거렸다. 마리안느는 아름다운 실크 정장을 입은 채 직장에서 막 돌아온 참이었는데 이 광경을 보자마자 재빨리 찬장에서 뚜껑들을 꺼내서 각기 맞는 곳을 덮었다. 나는 가슴이 철렁 내려

앉았다. 나는 도움을 주려고, 내 가족을 행복하게 하려고 애쓰고 있었는데 거기에서 마리안느는 내게 일을 올바르게 하지 못하고 있다고 보여주었다. 충분히 잘하고 있지 못하다고. 하지만 얼마의 시간이 지난 후에야 나는 내가 실패했다는 메시지를 마리안느가 보낸 것이 아니라는 사실을 깨달았다. 바로 내가 보낸 것이었다. 내가 손상을 입었다는 신념에 대응하기 위해 나는 완벽함을 얻으려고 노력했다. 내가 수치심에서 벗어날 수 있다고 믿으면서 말이다. 하지만 우리는 인간이다. 그 이상도 그 이하도 아니다. 그리고 인간은 실수할 수밖에 없다. 진정한 자유는 우리의 불완전한 자아를 온전하게 받아들이고 완벽함에 대한 욕구를 포기할 때 찾을 수 있다.

근본적으로 죄책감과 수치심은 외부에서 생겨나지 않는다. 죄책감과 수치심은 내면에서 생겨난다. 많은 내담자는 고통스러운 이혼이나 이별을 겪을 때 심리치료를 받으러 내게 온다. 이들은 관계의 죽음을 슬퍼하고 있다. 그 관계가 내포하고 있던 희망, 꿈, 기대 이 모두가 사라져버린 것을 슬퍼하고 있다. 그렇지만 대개 이들은 슬픔에 관해 이야기하지 않는다. 이들은 상대에게 거부됐다는 감정에 관해 이야기한다. "그는 저를 거부했어요." "그녀는 저를 거부했어요." 하지만 거부는 원하는 것을 얻지 못했을 때 느껴지는 감정을 표현하기 위해 우리가 만들어낸 단어에 불과하다. 모든 이가 우리를 사랑해야 한다고 누가 말했는가? 우리가 원하는 것을 원하는 때에 원하는 방식으로 얻어야 한다고 어느 신이 말했는가? 그 모든 것을 가질 보장이 되어 있다고 누가 말했는가? 당신 이외에는 아무도 당신을 거부할 수 없다.

그러므로 당신이 만들어내는 의미를 선택하기 바란다. 내가 강연을 할 때면 기립 박수를 받고 수많은 사람이 강연 후에 내 주위로 몰려와 눈물을 글썽이며 감사를 표한다. "선생님 덕분에 제 인생이 바뀌었어요." 그럴 때 어떤 사람은 나와 악수를 나누고 나서 이렇게 말한다. "강연이 매우 좋았어요, 하지만⋯." 나는 어떻게 대응할지 선택할 수 있다. 나는 불안의 나락으로 떨어지며 생각할 수 있다. '이런, 내가 뭘 잘못했지?' 혹은 나는 비평은 나 자신보다는 비평하는 사람들과 더 관련 있다는 사실을 인정할 수 있다. 아마 이들은 특정한 기대를 안고 강연장을 찾았을지 모른다. 혹은 비판할 어떤 것을 찾는 일을 통해 자신이 강하고 지적이라고 느낄지도 모른다. 혹은 나는 나 자신에게 이렇게 물을 수 있다. '여기에 나의 성장과 창의성에 도움이 될 만한 유용한 의견이 있지는 않은가?' 피드백을 받아들이기로 하든 받아들이지 않기로 하든 상관없이, 나는 이렇게 말할 수 있다. "좋은 의견 감사합니다." 그러고 난 후 앞으로 나아갈 수 있다.

수치심으로부터 자유로운 삶을 살고 싶다면 다른 사람의 평가가 우리를 규정하게 내버려두어서는 안 된다. 그리고 무엇보다, 우리는 우리 자신에게 어떻게 말할지 선택할 수 있다. 하루를 할애해 당신이 자신과 나누는 자기 대화에 귀 기울여보라. 당신이 주의를 기울이고 있는 것에 주의를 기울여보라. 당신이 강화하고 있는 것들이다. 이러한 생각들은 당신이 어떤 감정을 느끼는지에 영향을 미칠 것이다. 또한 당신이 느끼는 감정들은 당신에게 어떤 행동을 해야 할지 지시할 것이다. 하지만 당신은 이러한 기준과 메시지에 이끌려 살아야 할 필요가 절대 없다. 당신은 수치심을 안고 태어나지 않았다. 당신의 진짜 자아는 이미 그 자체로 아름답다. 당신은 사랑과 기쁨과 열정을 가지고 태어났고 당신은 내면의 대본을 다시 쓸 수 있고 자신의 결백을 되찾을 수 있다. 당신은 완전한 사람이 될 수 있다.

미셸이 기억하는 한 아주 어릴 때부터 길거리에서 미셸을 우연히 만나는 사람들은 항상 이렇게 말했다. "너와 함께 있을 수 있다면 무엇이라도 주겠어." 키가 크고, 날씬하고, 아름답고, 성공한 전문직이고, 옆에 있고 싶게 만드는 사랑스럽고 온유한 에너지를 가진 미셸은 겉에서 보면 그림처럼 완벽했지만, 안에서는 천천히 말라 죽어가고 있었다.

나는 상담실에서 이러한 파괴적인 역학 관계dynamic를 수없이 자주 목격한다. 투지가 넘치고 주도적인 남편과 매우 연기를 잘하고 '최고로 접대에 능숙한 파티 안주인'인 아내가 주인공이다. 아내는 다른 사람들에게 흠잡을 데 없이 친절하고 관대하다. 하지만 자기 자신은 그다지 잘 돌보지 못한다. 남편 또한 훌륭한 배우이다. 다른 사람이 옆에 있을 때면 사랑이 넘치고 로맨틱하지만, 아내와 단둘이 있을 때면 상사나 부모처럼 변해 '무엇을 해라, 무엇을 하지 말아라' '시간과 돈을 어떻게 써라'라고 운운하며 명령을 내린다.

아내는 남편을 기쁘게 하고 달래고 순응하는 방식으로 남편의 지배에 반응하고 결국 자신이 성인으로서 가진 힘을 포기하고 남편에게 모든 의사결정을 맡겨버린다. 그러고 나선 자신으로부터 음식을 박탈하는 방식으로 앙갚음을 한다. 자신이 통제할 수 있는 유일한 것이 음식뿐이기 때문이다. 그녀는 무력감을 회피하고 최소화하기 위해 몸을 점점 더 작게 만들어 말 그대로 '자기 자신을 최소화'한다. 매우 심각한 사례들의 경우 그녀는 다시 음식을 먹고 싶어도 먹을 수가 없다. 몸이 영양분을 거부하는 것이다.

미셸은 심리치료를 시작할 무렵 고질적인 섭식장애에 시달리고 있었다(나와 시작한 게 아니다. 그녀가 사는 도시의 훌륭한 심리치료사와 함께 시작했다). 그렇지만 그녀가 도움을 구할 수밖에 없게 만든 건 거식증이 아니었다. 결혼 생활 속 문제들이었다.

미셸의 남편은 늘 오만하고 불친절했고 미셸은 잔뜩 화가 난 아빠와 함께 있는 겁에 질린 어린아이가 된 듯한 느낌을 받았다. 미셸은 자신이 무력한 어린아이가 아닌 강하고 성공한 중년 여성이라는 사실을 머리로는 알았다. 하지만 마음속으로는 남편에게 맞서는 것을 두려워했다. 남편의 분노 폭발이 아이들을 위협하기 시작하자 미셸은 새로운 방법을 찾아야겠다고 생각했다.

하지만 자신을 옹호하는 법을 배우는 일은 자신이 가진 강렬한 수치심을 열어젖혀야 하는 것을 의미했다. 굶주리는 방법을 통해 애써 억눌러왔던 모든 고통과 직면해야 했다. 미셸이 다시 음식을 먹기 시작하자(이 과정은 전문의의 감독 아래에서 혹은 전문 외래 프로그램을 통해 이루어져야 한다), 그녀가 항만에 정박해 놓았던 모든 트라우마와 감정들이 해일처럼 걷잡을 수 없이 밀어닥쳤다. 어린 시절 겪었던 성적 학대, 오만하고 정서적으로 냉담했던 엄마, 구타로 처벌했던 부모. 더 심하게는 유령 취급하며 한마디도 걸지 않아 아예 눈에 보이지 않는 아이로 만들었던 부모. 과거를 받아들이고 그 당시의 공포와 고통을 다시 느끼는 일은 너무 압도적이었다. 미셸은 아주 조금씩만 나아갈 수 있었다. 미셸은 감정을 느끼도록 자신에게 허용했다가 자신을 굶기고, 감정을 느끼도록 허용했다가 다시 자신을 굶기고를 반복했다. 이 과정은 버림받을지도 모른다는 극심한 공포를 미

셀에게 불러일으켰다.

"저는 제게 관심이 있다고 느껴지는 사람들에게 항상 매달렸어요. 저를 봐주고 제 말을 들어주고 진짜 저를 그대로 받아들인다고 느껴지는 사람들에게요." 미셸이 말했다. "어렸을 적에는 선생님과 있으면 안심했죠. 나이를 먹으면서 교수님, 그다음에는 심리치료사로 바뀌었어요. 저는 항상 누군가에게 필사적으로 매달렸어요. 이성적으로는 40대의 성인인 제가 이제는 안전하고 다른 이들에게 사랑받는다는 사실을 잘 알아요. 하지만 여덟 살짜리 여자아이로 다시 돌아간 듯한 느낌이 아직도 자주 들어요. 사랑을 잃을까 두려워하고 사람들이 저를 싫어하게 될 일을 저지를까 두려워하죠."

잊지 말기 바란다. 당신이 절대 잃지 않을 사람은 오직 당신 자신뿐이다. 당신은 소중히 여겨지고 싶어서 안절부절못하며 바깥을 두리번거릴 수 있다. 혹은 당신 자신을 소중히 여기는 법을 배울 수도 있다.

심리치료를 시작하고 3년이 지나고서 미셸은 엄청나게 발전했다. 미셸은 이제 건강한 음식을 건강한 비율로 먹는다. 더는 과도하게 운동하지도 않는다. 남편의 비판이 상처가 된다 싶으면 그에게 솔직하게 이야기한다. 또한 마음챙김 명상 기법을 이용해 신체에 나타나는 공포 반응들을 이완시킨다. 그리고 미셸은 자신이 가지고 있는 수치심을 해방해주려고 계속 노력하고 있다. 이 수치심은 세 가지 유해한 사고 패턴으로 나타난다. '내 잘못이야.' '나는 그걸 누릴 자격이 없어.' '더 나쁠 수도 있었어. 이정도여서 정말 다행이야.'

미셸이 내게 말했다. "저는 끊임없이 생각해요. '왜 다른 방법을 사용하지 않았지?' 이성적으로는 제게 일어났던 일들이 제 잘못이 아니라는 사실을 잘 알고 있어요. 하지만 저의 일부는 여전히 그 사실을 진심으로 믿기 어려워해요."

만약 자신의 사고를 통제하고 싶다면 일단 자신이 어떤 생각을 하고 있는지 살펴보라. 그런 다음 결정하라. '이 생각은 내게 힘을 주는가 아니면 힘을 뺏는가?' 어떤 말을 하기 전에, 특히 자기 자신에게 어떤 말을 하기 전에 먼저 물어보라. '이 말은 친절하고 다정한가?'

미셸이 여덟 살이었을 때 성적 학대와 신체적 학대가 시작되면서 미셸의 유년기는 끝이 났다. 이 시기는 우리의 전두엽이 발달하기 시작하는 시기이고 이때부터 우리는 논리적으로 사고하기 시작한다. 우리는 많은 것들을 이해하고 싶어 한다. 하지만 절대 이해할 수 없는 어떤 것들이 있다. 때때로 우리는 자신의 통제에서 완전히 벗어난 것들, 자신이 일으키거나 선택하지 않은 것들에 대한 통제감을 얻기 위해 죄책감을 키우기도 한다.

"학대에 대해 이유를 찾으려고 애쓰지 말아요. 그리고 친절을 베풀기 시작하세요. 어떤 화살을 좇을지 선택하세요." 내가 말했다.

"아, 친절이요." 미셸이 낮은 소리로 웃으며 대답했다. "다른 사람들에게 친절하게 대하는 일은 항상 아주 쉬워요. 하지만 저 자신에게 친절하게 대하는 일은 너무 힘들어요. 어느 정도, 전 제가 인생 안에서 행복을 누릴 자격이 없다고 생각해요. 제가 행복해도 괜찮다는 사실을 완전히 믿고 있지 않아요."

"당신은 '내가 저러곤 했지'라고 말할 수 있어요. 그 후엔 자신의 생각에 대한 통제력을 되찾으세요. 당신에게 필요한 건 오직 하나예요. 바로 '허용'이지요. '나는 내 자신에게 즐거움을 허용한다'라고 말하세요."

미셸이 울기 시작했다.

"당신의 힘을 되찾으세요."

미셸은 '최소화' 방식을 사용하며 자기 자신에게 상황이 훨씬 더 나쁠 수 있었다고 말했다. 얻어맞기는 했지만 최소한 그녀의 부모는 그녀의 팔에 대고 담뱃불을 끄지는 않았다. 미셸은 스스로에게 말하곤 했다.

나는 미셸에게 '~을 해야 한다'는 생각을 없애라고 말했다. 그리고 자신의 언어를 더 친절하게 만들라고 했다. "당신이 자기 자신에게 말하는 방식에 귀 기울여보세요." 내가 말했다. "스스로가 부상을 입었다는 사실을 인정하세요. 그리고 나서 무엇을 떠나보내고(놓아버리고, 포기하고) 무엇을 다시 채울지 선택하세요. 당신은 자신의 고통을 최소화하고 자기 자신을 더 작게 만들고 싶어 하는 습관에 사로잡혀 있어요. 이제 새로운 습관을 만드세요. 수치심을 친절함으로 대체하고 자신의 대화가 '그래 난 나야, 그래 난 할 수 있어, 그래 난 할 거야'로 가득 차 있는지 확인하세요. 이러한 방법들을 통해 수치심을 밖으로 내보내세요."

* * *

한번은 강연 여행차 미드웨스트를 방문한 적이 있었다. 나는 사랑스러운 가족과 저녁 식사를 하도록 초대받았다. 음식은 신선하고 맛있었고 대화도 유쾌했다. 하지만 내가 그 집의 딸아이를 칭찬하자 어머니가 식탁 아래에서 내 다리를 찼다. 나중에 커피와 디저트를 먹으면서 그녀가 속삭였다. "제발 딸아이를 과도하게 칭찬하지 말아주세요. 전 딸아이가 교만한 사람으로 자라길 원치 않아요." 아이들이나 우리 자신을 겸손하게 유지하기 위해 애쓸 때 우리는 우리 자신을 실제보다 더 작은 존재, 즉 온전하지 않은 존재로 만들 위험이 있다. 지금은 당신 자신의 손등에 입을 맞추고 이렇게 말할 때이다. "잘했어! 잘했어!(장하다! 장하다!)"

147

자기 자신을 사랑하는 것은 온전함과 건강 그리고 기쁨을 위한 유일한 토대다. 그러므로 자신과 사랑에 빠져라! 이는 전혀 자기도취에 빠진 것이 아니다. 일단 치유하기 시작하고 나면 당신은 새로운 나가 아니라 진짜 나를 발견하게 될 것이다. 늘 언제나 거기 있었던 당신 자신, 사랑과 기쁨을 안고 태어난 아름다운 당신 자신 말이다.

죄책감과 수치심에서 벗어나기 위한
핵심 열쇠

○ **해냈다.** 만약 당신 자신의 어떤 부분에 대해 일상적으로 분노하거나 비난하고 있다면, 당신 자신이 매우 작아졌다고 한번 상상해보라. 아주아주 작아져서 자신의 신체 안으로 기어들어가서 각각의 장기에게 인사할 수 있다고 말이다. 만약 모든 일이 당신의 잘못이라고 믿고 있다면 당신의 심장을 부드럽게 안아라. 부상을 입은 그 부위를 끌어안고 난 후 다정한 자아와 교체하라. 자신에게 말하라. "그래, 난 실수를 저질렀어. 하지만 그 사실이 나를 나쁜 사람으로 만드는 건 아냐. 나의 행동은 나의 존재의 전부가 아니야. 나는 좋은 사람이야." 만약 당신의 트라우마가 여전히 당신의 신체 안에 존재하고 있다면 그것을 껴안아라. 왜냐하면 당신은 그것을 이겨냈기 때문이다. 당신은 여전히 여기에 있다. 당신은 해냈다.

전쟁 동안 척추뼈가 부러진 이후로 나의 호흡은 매우 제한되었다. 그래서 나는 틈날 때마다 내 자신의 안으로 들어가서 나의 호흡과 나의 폐에게 인사하는 것을 즐긴다. 당신의 취약한 부위

149

를 발견한 후 그것을 전적으로 사랑해주어라.

○ **관심을 기울이면 더 강해진다.** 하루 시간을 내어 당신의 자기 대화에 귀를 기울여보라. "나는 ~을 해야만 해" "나는 ~을 하지 말아야만 해" "그래, 하지만~"으로 가득 차 있는가? 당신은 자기 자신에게 이렇게 말하고 있는가? "그건 내 잘못이야" 혹은 "난 그걸 누릴 자격이 없어" 혹은 "더 나쁠 수도 있었어. 이 정도여서 다행이야" 이러한 죄책감이나 수치심의 메시지들 대신 친절하고 다정한 자기 대화를 매일 하기 바란다. 아침에 일어나자마자 거울 앞으로 가서 사랑이 담긴 눈으로 자기 자신을 쳐다보라. 그런 다음 말하라. "나는 힘이 넘쳐. 나는 친절해. 나는 강인한 사람이야." 그런 다음 양 손등에 각각 입을 맞춰라. 그리고 거울 안에 있는 당신 자신에게 미소 지어 보여라. 그런 다음 말하라. "사랑해."

여섯 번째 수업

✦

시간은 상처를
치유하지 않는다

해소되지 않은 슬픔을 품고 있을 때
우리는 압도적인 분노와 함께 살아가게 된다.
삶은 이 순간에 공존하는 슬픔과 기쁨을 인정하고
그 모두를 받아들이는 일에 관한 것이다.

어느 날 두 여성이 연이어 내게 상담을 받으러 왔다. 첫 번째 여성에게는 혈우병 환자인 딸이 있었다. 그녀는 병원에 들렀다가 오는 참이었고 자신의 아이가 고통받는 모습을 지켜봐야 하는 강렬한 괴로움을 느끼면서 상담 시간 내내 울었다. 두 번째 여성은 컨트리클럽에 들렀다 오는 길이었다. 그녀 또한 상담 시간 내내 울었다. 그녀는 얼마 전 배달된 자신의 새 노란색 캐딜락이 자신이 원했던 것과 색깔이 미묘하게 다르다며 속상해했다.

겉보기에 그녀의 반응은 지나쳐 보였고 그녀의 눈물은 호강스러워 보였다. 그렇지만 많은 경우 작은 실망은 더 큰 슬픔을 대변한다. 그녀는 캐딜락에 대해 상실감을 느끼는 것이 아니었다. 그녀는 남편과 아들과의 관계에 대해, 그리고 가족을 향한 욕구가 충족되지 않아 느껴지는 슬픔과 분노에 대해 상실감을 느끼고 있었다.

이 아름다운 두 여성은 내게 내가 하는 일의 가장 근본적인 원칙 하나를 떠올리게 해주었다. 삶이 우리가 원하거나 기대하는 대로 펼쳐지지 않는 것이 얼마나 보편적인 경험인지 말이다. 사람들은 자신이 원하지 않는 어떤 것을 얻거나, 혹은 자신이 가지지 못한 어떤 것을 원할 때 고통받는다.

모든 심리치료는 애도 작업이다. 어떤 것을 기대했는데 다른 것을 얻은 삶, 예상하지 않고 기대하지 않은 것을 가져다준 삶을 직시하는 과정이다.

이는 많은 군인이 전쟁터에서 맞닥뜨리는 전형적인 일이다. 나는 상담 일을 시작한 이후로 많은 참전 군인을 만났다. 그들은 내게 같은 이야기를 했다. 그들은 자신이 아무 준비가 되어 있지 않은 곳으로 보내졌다. 그리고 어떤 일이 일어나리라고 들었는데 실제로는 다른 일이 일어났다.

슬픔은 일어난 일에 관한 것이 아니다. 슬픔은 일어나지 않은 일에 관한 것이다. 내 첫딸 마리안느가 고혹적인 오렌지색 실크 드레스를 입고서 자신의 첫 고등학교 무도회에 참석할 준비를 마쳤을 때, 내 남편인 벨러는 이렇게 말했다. "맘껏 즐기렴. 네 엄마가 네 나이였을 때 엄마는 아우슈비츠에 있었고 엄마의 부모님은 돌아가셨단다." 나는 분노가 치솟아 말문이 막혀버렸다. 그때는 아이들이 내가 아우슈비츠 생존자라는 사실을 알고 난 이후였다. 하지만 어떻게 감히 우리의 소중한 딸에게 내 과거의 짐을 지울 수 있단 말인가? 어떻게 감히 딸아이와 아무 관계가 없는 어떤 것으로 딸아이의 특별한 밤을 망칠 수 있단 말인가? 전적으로 부당했다. 완전히 부적절했다.

하지만 동시에 나는 그가 맞는 말을 했기 때문에 그토록 화가 났다. 나는 결코 오렌지색 실크 드레스를 입고 댄스파티에 갈 수 없었다. 히틀러는 나의 삶과 수백만 사람들의 삶을 중단시켰다.

자신의 고통을 축소하거나 부정할 때 우리는 죄수이자 희생자가 된다. 또한 후회에 매달릴 때 우리는 죄수이자 희생자가 된다. 후회는 과거를 바꾸고 싶은 바람이다. 우리는 자신이 무력하다는 사실, 어떤 일이 이미 벌어졌다는 사실, 우리가 과거를 티끌만큼도 바꿀 수 없다는 사실을 인정하지 못할 때 후회를 경험한다.

* * *

나는 내 어머니가 아홉 살에 갑작스러운 상실을 경험했을 때 더 나은 도움을 받았으면 얼마나 좋았을까 생각한다. 내 어머니는 아침에 일어난 후 전날 밤 자신의 옆에서 잠들었던 엄마가 더는 숨을 쉬지 않고 밤사이에 싸늘한 시신으로 변해버린 것을 발견했다. 사람들은 바로 그날 당일에 어머니의 엄마를 매장했다. 애도할 시간 따위는 없었다. 그리고 내가 기억하는 세월 내내 어머니는 해소되지 않은 슬픔과 싸워야만 했다.

어머니는 즉시 책임을 떠안았다. 어린 동생들을 돌봐야 하는 책임, 가족을 위해 식사를 준비해야 하는 책임, 고통과 외로움을 마비시키기 위해 알코올에 의존하는 아버지를 지켜봐야 하는 책임이었다. 결혼하고 본인이 아이를 낳을 때까지 어머니의 비통함은 석회처럼 굳어졌고 생애 초기 상실이 남긴 충격과 슬픔은 새장처럼 어머니를 옭아맸다. 어머니는 자기 어머니의 초상화를 피아노 위 벽에 걸어놓고서 집안일을 하면서 계속 그 초상화에 말을 걸었다. 내 유년기의 사운드 트랙을 떠올려보면, 클라라 언니는 항상 바이올린 연주 연습을 하고 있고 어머니는 자신의 돌아가신 어머니에게 힘과 도움을 달라고 간청하고 있다. 어머니의 슬픔은 항상 돌봐야만 하는 미지의 넷째 아이처럼 느껴졌다. 비통함의 모든 측면(슬픔, 분노, 무력함 등)을 있는 그대로 느끼는 것은 좋은 일이다. 하지만 내 어머니는 거기에 함몰되어 있었다.

해소되지 않은 슬픔을 품고 있을 때 우리는 압도적인 분노와 함께 살아가게 된다.

로나에게는 폭음을 하는 오빠가 있었다. 어느 날 밤 그는 산책을 나갔다가 차에 치여서 세상을 떠났다. 1년이 지난 후에도 로나는 여전히 오빠가 죽었다는 사실을 받아들이기 힘들어하고 있었다. "제발 술을 먹지 말라고 말하고 또 말했어요!" 로

나가 말했다. "왜 오빠는 제 말을 듣지 않은 거죠? 오빠는 저와 함께 어머니를 돌볼 의무가 있었어요. 어떻게 그렇게 이기적일 수 있죠?" 로나는 오빠가 알코올에 중독되어 있었다는 사실을 바꿀 수 없다. 만류하고자 하는 가족의 온갖 노력에도 그가 술을 계속 마셨다는 사실, 그가 술에 취한 채 세상을 떠났다는 사실을 바꿀 수 없다. 로나가 바꿀 수 있는 것은 단 하나도 없다. 하지만 자신의 무력함을 받아들이기란 쉽지 않은 일이다.

내 손주들이 어렸을 때 학교 친구인 어떤 아이가 오후에 자전거를 타며 자동차들 앞에 끼어들었다가 자동차에 치여서 세상을 떠난 일이 있었다. 학부모인 마리안느는 아이의 반 친구들과 대화를 나누고 그들이 상실에 따르는 많은 복잡한 감정들에 대처하도록 도와달라고 요청받았다. 상실은 인간의 유한함과 삶의 연약함을 새삼 깨닫게 만든다. 마리안느는 아이들이 느끼는 슬픔과 두려움에 대해 이야기 나눌 준비를 하고 학교에 갔다. 그렇지만 그 비극에 대한 학생들의 압도적인 반응은 슬픔이 아니었다. 죄책감이었다. "그 애에게 더 친절하게 대해줄 수 있었어요"라고 아이들은 말했다. "혼자 자전거를 타는 대신 우리 집에 놀러올 수도 있었어요. 하지만 저는 한 번도 그 아이를 집에 초대한 적이 없어요." 학생들은 그 남자아이의 죽음을 막을 수 있었을지도 모를 모든 방법들을 열거했다. 자기 자신에게 책임을 지움으로써 아이들은 통제력을 구하고 있었다. 하지만 계속해서 그들 자신을 탓하는 한 아이들은 자신의 슬픔을 회피할 수밖에 없다.

우리에게는 상황을 통제할 수 있는 힘이 없다. 하지만 우리는 그러한 힘을 가지기를 바란다. 슬픔을 해소하는 일은 두 가지가 필요하다. 하나는 자신의 책임이 아닌 일들에 대해 불필요하게 가지는 책임감으로부터 자기 자신을 놓아주는 일이다. 다른 하나는 자신이 내리긴 했지만 돌이킬 수는 없는 선택들을 받아들이는 일이다.

마리안느는 아이들에게 그들이 통제할 수 없었던 결정들 전부에 이름을 붙이도록 도왔다. 그 남자아이가 그날 자전거를 타기로 한 선택, 그 아이가 선택한 경로, 그 아이가 커브를 돌아 도로에 진입할 때 주의를 충분히 기울였는지 아닌지, 자동차 운전자가 교차로에 들어설 때 주의를 충분히 기울였는지 아닌지 등이었다. 그런 다음 마리안느는 아이들에게 그들 자신이 내린 선택들에 대한 후회를 직시하도록 도왔다. 그 남자아이를 초대하지 않았던 생일 파티와 밤샘 파티, 놀리는 말들, 그 아이가 장난의 대상이었을 때 웃거나 침묵한 순간들 등이었다. 이는 우리가 현재에 해야만 하는 작업 과정이다. 일어난 일 혹은 일어나지 않은 일을 슬퍼하고, 자신이 하거나 하지 않은 일을 인정하고, 현재 어떤 반응을 할지 선택해야 한다. 자신의 행동이 다른 사람들에게 상처를 주거나 소외감을 안겼을지 모른다는 사실에 더 관심을 기울인다고 해서 죽은 아이가 다시 살아오는 것은 아니다. 하지만 더 깨어 있게 될 기회, 즉 더 친절하고 더 다정하게 행동할 수 있는 기회를 받아들일 수는 있다.

우리가 지금 존재하는 곳, '현재'에 머무르는 일은 매우 어렵다. 과거에 있었던 일과 지금의 일을 있는 그대로 받아들이고 앞으로 나아가는 것은 그다지 쉽지 않다. 나의 내담자인 수는 20년 동안 아들의 기일이 되면 매년 내게 상담을 받으러 왔다. 그녀의 아들은 25세 때에 그녀가 침대 옆 탁자에 보관하던 권총으로 자살했다. 아들이 죽은 지는 이미 20년이 넘었지만 수는 여전히 치유 과정을 겪고 있었다. 그리고 여전히 때때로 가차 없는 죄책감의 소용돌이에 갇혀 꼼짝하지 못했다. '왜 권총을 가지고 있었을까? 왜 권총을 안전하게 보관하지 않았을까? 왜 그 애가 권총을 발견하도록 두었을까? 왜 아이의 우울증과 고통을 그렇게 몰랐을까?' 그녀는 자기 자신을 용서할 수 없을 것 같았다.

물론 그녀는 아들이 죽지 않았기를 바란다. 크든 작든 아들의 죽음에 기여한 모든 요소를 지워버리고 싶다. 그렇지만 그녀의 아들은 그녀가 권총을 소유했기 때문에 자신의 삶을 스스로 마감한 것이 아니다. 그녀가 하거나 하지 않은 어떤 일 때문에 자살한 것이 아니다.

하지만 죄책감 속에 계속 머무르는 한 그녀는 아들이 죽었다는 사실을 인정할 필요가 없다. 자기 자신을 탓할 수 있는 한 그녀는 아들이 스스로 선택한 일을 받아들일 필요가 없다. 만약 그녀가 지금 이토록 괴로워하고 있는 모습을 아들이 본다면 아마 이렇게 말할 것이다. "엄마, 전 어떻게 해서든 자살했을 거예요. 엄마가 저와 함께 죽기를 원하지 않아요."

자신이 상실한 사람들을 위해 계속 울고, 고통을 느끼고, 슬픔에 빠져서 그 일이 결코 사라지지 않으리라는 사실을 받아들이는 것은 괜찮다. 한번은 자녀의 죽음을 비통해하는 부모들을 위한 지지 모임에서 강연하도록 초청받은 적이 있다. 그 모임에서 부모들은 추억과 사진을 공유하고, 함께 울고, 서로를 위해 있어주었다. 서로 연결된 방식으로 슬픔을 겪어내는 모습이 매우 숭고해 보였다.

나는 몇 가지 방식으로 그들이 자신의 슬픔 속에서 더 큰 자유를 향해 나아가도록 도울 수 있겠다고 생각했다. 예를 들어, 그들은 둥글게 앉아서 돌아가면서 자신과 죽은 자녀를 소개하며 모임을 시작했다. "전 자살로 딸을 잃었어요." 누군가가 말했다. 또 다른 사람이 말했다. "저는 아들이 두 살일 때 아들을 잃었어요." 모든 사람이 자신의 슬픔을 묘사하면서 '잃었다lost' 라는 동사를 사용했다.

"하지만 삶은 잃어버리고 다시 찾는 일에 관한 것이 아닙니다." 내가 그들에게 말했다.

삶은 우리가 사랑하는 사람들의 영혼이 우리에게 찾아온(때로는 짧은 며칠 동안, 때로는 오랜 세월 동안) 사실을 축하하는 일에 관한 것이다. 그러고 나서 놓아주는 일에 관한 것이다. 삶은 이 순간에 공존하는 슬픔과 기쁨을 인정하고 그 모두를 받아들이는 일에 관한 것이다.

부모들은 이렇게 말한다. "아이 대신에 제가 죽었으면 좋겠어요." 지지 모임의 몇몇 부모들은 죽은 자녀와 자리를 바꾸고 싶다는, 즉 자신이 죽고 아이가 살 수 있으면 좋겠다는 바람을 표현한다. 제2차 세계대전이 끝난 이후에 나도 이와 같이 느꼈었다. 내 부모님과 조부모님을 다시 데려올 수만 있다면 기꺼이 대신 죽을 수 있을 것 같았다.

하지만 이제 나는 안다. 죽은 사람들을 위해 죽는 대신 그들을 위해 '살 수' 있다는 사실을 말이다. 그리고 나의 자녀, 손주, 증손주들을 위해, 여전히 여기에 있는 사랑하는 모든 사람들을 위해 살 수 있다는 사실을 말이다.

만약 우리가 죄책감으로부터 벗어나고 슬픔과 화해할 수 없다면, 이는 우리가 사랑하는 사람들에게 해를 입힐 뿐더러 죽은 사람들에게도 도움이 되지 않는다. 죽은 사람은 죽은 대로 내버려두어야 한다. 끊임없이 소환하기를 멈춰야 한다. 그들을 놓아주고 최선을 다해 자신의 삶을 살아야 한다. 그들이 영원한 안식을 얻을 수 있도록 말이다.

소피아는 슬픔의 고비에 서 있었다.

소피아의 어머니는 정력적인 교사이자 유명한 심리학자였다. 50세에 박사학위를 마쳤고(나처럼!) 빅터 프랭클의 로고테라피를 전공한 정식 심리치료사가 되었다(나처럼!). 로고테라피는 내담자들이 자신의 삶과 경험에서 의미를 찾도록 돕는 이론과 방법이다. 그녀는 70세의 나이에도 여전히 왕성하게 일하고 있었고 막 자신의 첫 번째 저서를 출간한 참이었다. 하지만 그무렵 갑자기 척추 통증을 느끼기 시작했다. 그녀는 이례적일 정도로 건강한 여성이었다. 감기조차 걸린 적이 거의 없을 정도였다. 하지만 갑자기 척추가 너무 심하게 아파서 음식을 거부했고 가족 모임과 사교 행사에 나가지 않았다. 전문가를 만나봤지만 아무 문제도 찾지 못했다. 그녀는 통증의 뿌리를 발견하기 위해 여러 전문가를 찾아다녔다. 그러다 마침내 한 위장병전문의가 여러 검사를 했고 그녀에게 진단을 내렸다. 4기 췌장암이었다. 그녀는 한 달 이후에 세상을 떠났다.

1년 동안 소피아는 매일같이 눈물을 흘리며 어머니의 죽음을 애도했다. 시간이 지나자 충격과 슬픔이 다소 잦아들었고 고통 또한 덜 쓰라리고 덜 소모적이었다. 하지만 그녀는 현재 위태로운 상태에 있었다. 치유할 것인지 계속 갇혀 있을 것인지 선택해야 하는 기로에 서 있었다. 치유는 극복을 의미하지 않는다. 우리가 상처 입은 채로도 온전할 수 있다는 사실, 상실에도 불구하고 자신의 삶에서 행복과 충만함을 찾을 수 있다는 사실을 의미한다.

"어머니는 너무 갑자기 돌아가셨어요. 준비할 시간이 전혀 없었죠. 그래서 후회가 너무 많아요." 소피아가 내게 말했다.

"죄책감을 느끼나요? 당신이 할 수 있었는데 하지 않은 어떤 일이 있다고 생각하나요?"

"네." 그녀가 말했다. "어머니는 매우 강하셨어요. 저는 어머니가 돌아가시리라 한 번도 생각해보지 않았어요. 전 음식을 드시지 않는다고 어머니를 타박했죠. 어머니를 도우려고 애썼어요. 하지만 그때의 하루하루가 어머니의 마지막 나날이라는 사실을 알았더라면 그와 다르게 행동했을 거예요."

소피아는 두 단어에 갇혀 있었다. '만약 ~했다면what if.' '만약 어머니가 죽어가고 있다는 사실을 알았더라면? 만약 어머니를 잃기 직전이라는 사실을 알았다면?' 하지만 '만약 ~했다면'은 우리에게 동력을 공급하지 않는다. 우리를 고갈시킨다.

나는 소피아에게 말했다. "당신은 지금 이렇게 말할 수 있어요. '만약 내가 지금 알고 있는 사실을 그때 알았더라면, 나는 다르게 행동했을 것이다.' 이걸로 책임은 끝난 거예요. 죄책감을 떨치는 것이 어머니에 대한 의무예요. 이렇게 말하세요. '나는 저렇게 생각하곤 했어. 이제 나는 아무도 빼앗을 수 없는 추억들을 소중히 여기기 시작할 거야.' 당신은 어머니와 34년이라는 멋진 시간을 함께 보냈어요. 그런 어머니는 세상에 다시 없을 거예요. 그런 심리치료사도 세상에 다시없을 거예요. 그러므로 그분의 있는 그대로의 모습과 당신이 그분과 보낸 시간을 소중히 여기세요. 그리고 단 한순간도 죄책감으로 낭비하지 마세요. 죄책감은 사랑을 낳지 않아요. 절대로요.”

죄책감은 우리가 추억들을 즐기지 못하게 막는다. 또한 우리가 삶을 완전하게 살지 못하도록 방해한다.

“죄책감에 사로잡혀 있으면 장난을 부리거나 친밀함을 가지기 힘들죠. 그러면 아름다운 것들을 변색시키게 돼요. 병원에서 어머니의 젖은 머리를 말려주었던 기억, 어머니가 마지막 나날들에 자신이 바랐던 대로 우아하고 아름답게 지내도록 도운 기억 같은 것들 말이지요. 어머니가 자신의 기능을 통제하지 못한 채로 오랫동안 고통을 겪지 않고 빨리 가신 것이 축복일 수도 있다는 사실을요.” 나는 소피아에게 말했다.

때때로 우리는 너무 많이 웃으면 죽은 자에게 죄를 짓고 있다고 느끼고 너무 많은 즐거움을 누리면 죽은 자를 버렸다고 느낄 수 있다. 마치 우리가 행복하다면 그들을 잊어버린 것과 마찬가지라는 식으로 말이다.

“하지만 당신은 당신의 남편과 함께 춤을 추어야만 해요.” 내가 말했다. “집에 우두커니 앉아서 돌아가신 어머니를 생각하며 우는 대신 말이죠. 당신 안에 있는 가혹한 부모의 목소리를 없애세요. '~했어야 했는데, ~할 수 있었는데, 왜 ~하지 않았을까' 같은 말들을요. 죄책감을 느낄 때 당신은 자유로워질 수 없어요. 만약 당신의 어머니가 지금 당신 옆에 앉아 있다면 당신에게 무엇을 바란다고 말씀하실까요?"

"여동생들과 제가 행복하길 바라실 거예요. 우리가 충만한 삶을 살길 바라실 거예요."

"그렇다면 어머니에게 그 선물을 드리세요. 충만한 삶을 사세요. 축하하세요. 당신의 삶 전체는 당신 앞에 놓여 있어요. 어머니가 당신에게 윙크를 하며 격려하는 모습이 보이는군요. 여동생들과 남편에게도 그러한 모습을 보이세요. 서로 사랑하세요. 당신이 아흔두 살이 됐을 때 날 떠올릴 수 있을 거예요. 그리고 당신의 소중한 어머니가 돌아가시고 당신이 어떤 상황의 희생자가 되지 않은 채 충만한 삶을 살기로 했을 때, 당신의 삶이 어떻게 새롭게 시작됐는지 떠오를 거예요. 어머니에게 선물을 드리는 게 당신이 지금 해야 할 일이에요. 놓아드리세요."

* * *

비탄은 매우 많은 층과 향을 가지고 있다. 슬픔, 두려움, 안도, 생존자의 죄책감, 실존주의적 질문, 안전감의 저하, 취약함. 세상에 대한 우리의 감각은 완전히 차단되고 다시 배열된다.

"시간은 모든 상처를 치유해준다"라는 속담이 있다. 나는 동의하지 않는다. 시간은 상처를 치유하지 않는다. 우리가 시간을 가지고 무엇을 하느냐가 상처를 치유한다.

때때로 사람들은 모든 것을 똑같이 유지하려고 애쓰는 방법으로 비탄이 일으킨 파동에 대처하려 한다. 직장, 루틴, 인간관계 등을 그대로 유지한 채 제자리에서 답보한다. 그렇지만 커다란 상실을 경험했을 때 더는 아무것도 예전과 같을 수는 없다. 비탄은 자신의 우선순위들을 재점검하고 다시 결정하라는 요청일 수 있다. 자신의 기쁨과 목적의식을 다시 연결하고, 자신이 바로 지금 될 수 있는 최고의 사람이 되겠다고 다시 결심하고, 삶이 새로운 방향을 가리키고 있다는 사실을 수용하라는 요청일 수 있다.

비탄이 찾아왔을 때(비탄은 누구에게나 찾아온다. 당신에게도, 나에게도, 모두에게도), 대니얼은 똑같은 일을 하고 또 하며 자동적으로 사는 데 안주하지 않았다.

그는 이렇게 말했다. "너무 힘들거나 너무 비극적인 어떤 일이 벌어졌을 때 인간은 선택을 내려야만 하죠. 같은 방식으로 계속 살아갈지 아니면 변화를 일으켜 더 나은 방식으로 살아갈지를요."

그의 상실 이야기는 사랑 이야기로 시작했다. 대니얼은 열여덟 살 때 트레이시를 처음 만났다. 캐나다 토착민인 두 사람은 대학에서 같은 분야(환경과학과 토착 연구)를 전공했다. 곧바로 그들은 서로 좋은 대화 상대이자 좋은 친구가 되었다. 한 번에 몇 시간씩 이야기를 나누곤 했고 함께 있으면 편안하고 행복했다.

하지만 대니얼은 이제 되돌아보며 말한다. "우리가 이야기를 나누지 않은 것들이 많이 있었어요. 그랬어야 했는데도요."

대니얼이 스물다섯 살이 됐을 때 그들은 결혼했고 대니얼이 서른 살이 됐을 때 그들의 아들인 조지프가 태어났다. 그들은 살던 곳과 정반대에 있는 트레이시의 고향 지방으로 이사했다. 그때부터 상황이 안 좋아지기 시작했다. 트레이시는 학문적으로 그리고 직업적으로 한창 꽃피우는 중이었다. 석사학위를 마치고 박사학위 과정을 밟기 시작했고 높은 평가를 받는 환경 전문가이자 많은 곳에서 찾는 컨설턴트였다. 하지만 고향에 돌아오자 그녀가 애초에 그곳을 떠났던 모든 이유가 수면 위로 떠올랐다. 그 지역 사회에는 알코올중독과 마약중독뿐만 아니라 폭력과 죽음이 횡행했다. 또한 대니얼은 아직 알지 못하고 있었지만 트레이시는 자신의 가족 안에서 벌어진 비극적인 학대 사건에 다시 가까워지고 있었다. 트레이시는 갑자기 무너졌고 자주 술을 마시고 불같이 화를 냈다. 결국 트레이시와 대니얼은 별거하기 시작했다. 조지프가 두 살밖에 되지 않았을 때였다.

그들은 아들을 두고 싸우지 않으려 애썼고 양육권을 50대

50으로 나눈 채 서로를 존중하는 방식으로 공동 양육을 하려 최선을 다했다. 그렇지만 트레이시의 삶은 점점 더 혼란스러워졌다. 트레이시는 운전면허를 정지당했고 대니얼은 음주운전 때문일 것이라고 추정했다. 조지프를 트레이시의 집 앞에 내려줄 때 가끔씩 대니얼은 불안함을 느꼈다. 트레이시가 술에 취해 있을지도 모른다는 생각이 스쳐서였다. 대니얼은 자신의 염려에 관해 트레이시와 솔직하게 말했지만 그녀는 자신이 힘겨운 개인사와 씨름하고 있지만 통제할 수 있는 수준이라고 답했다.

한번은 트레이시의 안부가 걱정되어서 대니얼은 조지프를 베이비시터와 함께 집에 남겨두고 트레이시를 찾아 나섰다. 대니얼은 친척 집에서 트레이시를 발견했다. 술에 취해 곯아떨어져 있었다. 잠에서 깬 트레이시는 괴로워 보였다. 트레이시는 흐느끼면서 자신이 열두 살 때 가족의 구성원들에게 성적으로 학대당했다고 털어놓았다. 열여덟 살이 되었을 때 트레이시는 부모에게 이 사실을 밝혔다. 어머니는 입을 꼭 다물고서 침묵을 고집한 채 앉아 있었고 아버지는 트레이시의 뺨을 휘갈기며 트레이시 때문에 그런 일이 벌어졌다고 탓했다.

대니얼은 트레이시의 이야기를 듣고 커다란 충격을 받았다. 대니얼은 트레이시가 어린 시절을 힘들게 보냈다는 사실은 알고 있었다. 트레이시와 형제들이 부모에게 구타를 당했다고 알고 있었다. 하지만 성적 학대는 전혀 알지 못했다. 그녀가 얼마나 고통스러웠을지 이해가 갔다. 동시에 새로운 걱정거리가 생겨났다. 대니얼은 트레이시에게 말했다. "지금부턴 아이에게 그런 짓을 한 사람들 옆에 조지프를 두지 않겠어. 새로운 규칙이야. 이 문제를 공론화할 때까지 당신의 부모와 접촉하지 않는 거야." 트레이시가 동의했다. 하지만 한 달 후에 트레이시는 이혼소송을 냈다. 그리고 1년 후 트레이시는 자신의 아버지에게 조지프를 돌보라고 맡겼다. 대니얼은 이 사실을 알자마자 트레이시를 고소했고 양육권을 전부 가져왔다.

트레이시의 승인하에 대니얼은 자신의 가족이 사는 곳 근처로 이사했다. 이들은 트레이시 역시 이사하도록 계획했다. 학대와 중독의 혼돈 상태인 고향으로부터 멀리 떨어져서 아들인 조지프 근처에 살 수 있도록 말이다. 그러는 동안 대니얼은 정기적으로 조지프를 데려가 그녀를 방문했고 그녀 또한 때때로 그들을 보러 여행 왔다. 하지만 트레이시는 껍데기만 남은 유령처럼 보였다. 눈 밑에 깊은 그늘이 져 있었고 몸은 무기력하면서도 흥분해 있는 것처럼 보였다. 대니얼이 염려를 표하자 트레이시는 멍한 눈빛과 굳은 얼굴을 한 채 아무 말도 하지 않았다.

그러고 나서 트레이시는 행방불명이 되었다. 아무도 트레이시가 사라진 정확한 날짜를 알지 못했다. 어떤 사람들은 그녀가 마약상과 함께 있는 모습을 봤다고 말했다. 조지프는 다섯 살 때 자신의 엄마를 마지막으로 보았다.

"충격이었어요." 대니얼이 내게 말했다. "믿기 어려웠죠. 그녀는 출중한 사람이었어요. 그녀의 전공 분야 사람들은 그녀에게 늘 도움을 청했죠. 전 항상 그녀가 위대한 사람이 될 거라고 생각했어요. 지금 와서 되돌아보면, 모든 문제를 결코 대처하거나 만회하지 않고 그냥 묻어뒀던 것 같아요."

대니얼은 이미 오래전부터 비통해하고 있었다. 인생 파트너로서 최고의 친구를 상실한 것을, 그들의 결혼 생활을 상실한 것을, 아들의 공동 양육자를 상실한 것을 말이다. 하지만 이제 슬픔은 절대적이었다. 또한 불길했다. 트레이시는 어느 날 느닷없이 그리고 영원히 사라졌다. 누구도 그 이유를 평생 알지 못할 가능성이 높았다. 그녀는 미국과 캐나다에서 실종되고 살해된 수없이 많은 토착 여성 중 하나가 되었다. 이곳들에서 토착 여성이 살해되는 비율은 전국 평균보다 열 배 더 높다.

대니얼은 자신이 회전문을 끊임없이 빙글빙글 돌고 있는 것처럼 느꼈다. 자신이 트레이시를 돕지 못했던 점들을 되새기면서, 자신이 말이나 행동으로 트레이시에게 상처를 입혔던 일들을 떠올리면서 말이다. 그녀가 세상에서 얼마나 외롭고 소외감을 느꼈을지 이해할 기회를 놓쳐버렸다는 사실을 되뇌며 말이다. 트레이시의 실종은 대니얼의 오래된 슬픔을 다시 불러일으키기도 했다. 치유되지 못한 채로 자기도 모르게 여전히 내면에서 곪아가고 있는 것들이었다. 어렸을 적 이해되지 않았지만 받아들여야만 했던 방식들, 학교에서 경험한 인종차별 공격, 자기 자신을 증오하고 자살을 고민하며 보낸 시간, 자신의 욕구와 경계에 대해 이야기할 때 항상 느꼈던 어려움 등이었다. 대니얼은 항상 강해야 하며, 감정들을 분리하고 차단해야 한다고 배웠다. 계속 앞으로 나아가는 척하면서 말이다. 지금도 마찬가지였다. 선의에 찬 사람들은 그에게 더 강해지고 남자답게 행동하라고 말했다. 그리고 트레이시는 이제 더 좋은 곳에 있을 것이고 신에게는 다 계획이 있다고 말했다.

이러한 말들이 맞을지도 모른다. "하지만 그들은 제가 몸에서 고통과 혼란을 제거하도록 돕지 않아요." 그가 말했다. 3년 동안 비탄은 그를 무릎 꿇렸고 그가 지하에 틀어박히게 했다.

"일을 하고 웃고 제 역할을 할 수는 있었어요." 그가 말했다. "하지만 저는 오랫동안 자동 주행 제어 시스템에 의존하고 있었어요." 만약 무언가가 그를 자극하면 나쁜 감정이 며칠 혹은 몇 주 지속됐다. 무엇보다 가장 슬픈 일은 아들 조지프가 자신의 감정들을 제대로 경험하도록 도울 방법이 없다는 것이었다.

탈출구가 없는 것처럼 보였다. 대니얼은 자신이 평생 우울하고 불행하리라고 의식적으로 받아들였다. 그렇지만 자기 아들에 대해서는 받아들일 수 없었다. 조지프에 대한 그의 사랑은 그를 구원하는 힘이자 변화가 일어나게 도운 촉매였다.

자신의 아들을 더 잘 안내하기 위해서 대니얼은 비탄에 관한 책을 읽기 시작했다. 읽기는 말하기로 이어졌다. 대니얼은 심리치료를 받기 시작했고 자신만의 애도 작업을 하면서 새로운 직업적 소명을 찾았다. 그는 애도-심리치료 자격증 프로그램을 완수했고 자신이 원하는 삶을 머릿속으로 그려보면서 그렇게 살 수 있으리라고 확고하게 믿었다. 정확한 방법은 모른다 하더라도 말이다.

현재 대니얼은 아동 및 가족 복지 분야 일을 하고 있고 공립학교에서 남자아이들을 대상으로 애도 모임을 운영하고 있다. 어려움을 겪는 아동들과 10대들을 상담하는데 그중 많은 아이들은 서너 살 때부터 복지관에서 자란 아이들이었다. 대니얼은 애도 작업이 많은 부분 조용히 그리고 가만히 제자리에 있는 일이라고 말한다. 때때로 대니얼과 남자아이들은 산책을 하거나, 야외에서 불을 피우거나, 맥도날드에서 아무 말도 하지 않은 채 앉아 있는다.

그가 말했다. "이 일을 하면 항상 훈련을 하게 돼요. 제가 지나온 숲을 다른 사람들이 지나도록 도우면서, 저는 항상 성찰하고 저를 끊임없이 가꾸고 보살피죠. 마음에 늘 트레이시를 품은 채 제가 어디에 있고 어떻게 살아가고 있는지 의식하려 노력해요."

내 경험상, 슬픔은 우리를 더 단단하게 만든다. 혹은 우리를 산산이 조각낸다. 어느 쪽이든 우리는 결코 예전과 같을 수 없다. 대니얼은 어떻게 슬픔이 우리를 긍정적인 방향으로 안내할 수 있는지 보여주는 아름다운 사례다.

또한 대니얼의 이야기는 애도 작업이 우리가 단 한 번 하는 어떤 것이 아니라는 사실을 상기해준다. 슬픔은 그들의 삶과 인간관계에 늘 함께할 것이다. 또한 조지프가 자라고 성숙하면서 대니얼은 조지프에게 그의 엄마에 대해 어떻게 말할지 처음부터 다시 알아내야만 할 것이다. 그리고 답이 없는 질문은 늘 존재할 것이다.

* * *

어떤 것들은 결코 이해할 수 없다. 이해하려고 노력도 하지 말라. 왜 그러한가에는 너무 많은 이유가 있다. 왜 이 일이나 저 일이 벌어졌는지 혹은 벌어지지 않았는지, 왜 우리가 현재 있는 곳에 있는지, 왜 우리가 현재 하고 있는 일을 하는지. 비탄은 무엇이 나의 소관이고, 무엇이 남의 소관인지, 무엇이 신의 소관인지 명확히 알게 해준다.

아우슈비츠에서 카포가 화장장에서 피어오르는 연기를 가리키며 "이제 어머니에 대해 과거 시제로 말해도 되겠군. 이미 죽었으니 말이야"라고 했을 때, 마그다 언니는 내게 이렇게 말했다. "영혼은 절대 죽지 않는단다." 마그다 언니의 말이 옳았다. 학교에 가서 강연을 할 때마다 나는 부모님에 대한 사랑을 떠올리며 말을 시작한다. 그렇게 하면 부모님의 기억이 영원히 살아 있도록 만들 수 있다. 과거로부터 교훈을 배워서 다시는 그런 과거를 반복하지 않도록 할 수 있다.

또한 나는 부모님에게 말을 건다. 내 어머니가 자신의 어머니에게 도움을 청하던 것처럼 상실감에 빠져서가 아니다. 부모님의 영혼이 계속 살아갈 곳을 내 마음속에 경작하기 위해서다. 부모님에게 내가 얼마나 풍요롭고 충만한 삶을 살고 있는지 큰 소리로 말하기 위해서다. 그분들이 세상에 뿌리고 잘 키운 것을 보기 위해서다.

나는 아버지로부터 패션과 고급 여성복에 대한 취향을 물려받았다. 나는 좋은 옷을 차려입을 때마다 아버지에게 말한다. "아빠, 절 보세요! 아빠 제가 마을에서 옷을 제일 잘 입는 아가씨가 될 거라고 항상 말씀하셨죠." 옷을 잘 차려입고 만족감과 즐거움이 느껴질 때 나는 이 리추얼을 통해 아버지를 추모한다.

나는 어머니에게 감사의 말을 건넨다. 어머니의 지혜에 감사하고 어머니가 내면의 힘을 찾는 법을 가르쳐준 것에 감사한다. 심지어 어머니가 이렇게 말한 것에도 감사하다. "머리가 좋아서 다행이야. 외모는 별로니까." 고마워요, 엄마. 당신이 가지신 자원을 총동원해 최선을 다해주셔서요. 비탄에 빠진 술고래 아버지를 돌보고, 어머니의 가족과 우리 가족을 먹이고 입히기 위해 하신 모든 수고에 감사드려요. 제게 내면의 자원을 발견하라고 알려주셔서 고마워요. 사랑해요. 어머니를 절대 잊지 않을 거예요.

애도 작업은 힘들다. 하지만 만족감을 줄 수도 있다. 우리는 과거를 다시 방문할 수 있다. 우리는 과거를 껴안을 수도 있다. 우리는 과거에 함몰되어 있지 않다. 우리는 '지금 여기'에 있다. 그리고 우리는 강하다.

우리는 과거에 일어난 일 그리고 일어나지 않은 일과 화해할 수 있다. 과거에 잃어버린 것이 아닌 현재에 남아 있는 것에 집중할 수 있다. 모든 순간을 선물로 여기며 살아가고 현재를 있는 그대로 받아들이도록 선택할 수 있다.

해소되지 않은 슬픔에서 벗어나기 위한 핵심 열쇠

○ **죽은 사람은 죽은 사람으로 받아들여라.** 슬픔은 변화한다. 하지만 절대 사라지지 않는다. 자신의 슬픔을 부정하는 일은 치유에 도움이 되지 않는다. 산 사람보다 죽은 사람과 더 많은 시간을 보내는 것도 치유에 도움이 되지 않는다. 사랑하는 누군가가 죽었다면 매일 자기 자신에게 30분을 허용하여 그 사람을 기리고 상실을 슬퍼하라. 상상의 열쇠를 만들어서 당신의 마음을 열고 당신의 슬픔을 해방시켜라. 울고, 소리치고, 사랑하는 사람을 떠올리게 하는 음악을 듣고, 사진들을 보고, 오래된 편지들을 읽어라. 당신의 슬픔을 100퍼센트 오롯이 표현하고 그 슬픔과 함께 있어라. 그런 다음 30분이 지나고 나면 사랑하는 사람을 당신의 마음속에 안전히 봉인한 다음 일상으로 돌아가라.

○ **영혼은 절대 죽지 않는다.** 슬픔은 우리를 긍정적인 방향으로 안내할 수 있다. 기쁨과 의미와 목적의식이 더 충만한 삶으로 안내할 수 있다. 세상을 떠난, 사랑하는 사람에게 말을 걸라. 당

신이 고마운 것들을 말하라. 당신이 소중히 여기는 추억들, 그 사람이 당신에게 가르쳐준 기술들, 그 사람이 당신의 삶에 함께 했기 때문에 당신이 받게 된 선물들 등을 말하라. 그런 다음 물어라. "당신은 내게 무엇을 바라나요?"

일곱 번째 수업

✦

아무것도
증명할 필요 없다

우리는 자신의 가치를 증명할 필요가 없다.

자신이 완벽하진 않지만

온전한 한 존재라는 사실을 축하해야 한다.

만약 뭔가를 계속 증명해야 한다면

줄곧 감옥에 갇혀 살 수밖에 없다.

어떤 커플이 내게 자신들은 절대 싸우지 않는다고 말하면 나는 이렇게 답한다. "그렇다면 친밀감이 생기지도 않겠군요."

갈등은 인간적이다. 갈등을 회피하면 평화보다 압제에 더 가까워진다. 갈등 그 자체는 우리를 가두지 않는다. 우리를 덫에 빠지게 만드는 것은 우리가 갈등을 관리하기 위해 자주 사용하는 완고한 사고방식이다.

완고한 사고방식의 감옥 창살은 알아보기 힘들 수 있다. 선의라는 금박을 입힌 경우가 많기 때문이다. 많은 사람은 자신의 인간관계를 개선하고 싶어서 심리치료를 받으러 나를 찾아온다. 파트너나 자녀와 더 나은 방식으로 의사소통하고 싶거나 평온함과 친밀함을 더 누리고 싶다고 한다. 그렇지만 나는 그들이 갈등을 해결하는 법을 배우기 위해 심리치료를 받는 것이 아닌 경우를 많이 본다. 그들은 나의 도움을 받아 다른 사람들이 그들의 관점에 순응하도록 설득하고 싶어 한다. 만약 끊임없이 의제를 안고 오거나, 계속 점수를 기록하거나, 다른 누군가를 변화시키고자 애쓴다면 그 사람은 자유롭지 않을 것이다.

자유는 어떤 반응을 선택할지의 힘이 자기 자신에게 있다는 사실을 받아들이는 것이기 때문이다.

내담자들은 항상 이렇게 말한다. "그가 ~하면 좋겠어요" 혹은 "그녀가 ~하면 좋겠어요". 하지만 우리는 다른 사람에게 어떤 것을 원할 수 없다. 우리는 오직 무엇이 자기 자신에게 맞는지 알아낼 수 있을 뿐이다.

이는 갈등을 조정하는 가장 중요한 방법 중 하나다. 바로 다른 사람의 진실을 부정하기를 그만두는 것이다. 나는 소 혀 샌드위치를 좋아한다. 하지만 내 친구는 항상 이렇게 말한다. "어떻게 그런 걸 먹을 수 있어? 생각만 해도 메스꺼워." 이 상황에서 누가 옳은 것인가? 그는 그에게 옳고 나는 나에게 옳다. 우리는 동의할 필요가 없다. 우리는 자신의 진실을 포기할 필요가 없다. 절대 그렇게 하지 말기 바란다! 자유는 옳아야 한다는 욕구를 버리는 데에서 나온다.

제2차 세계대전이 끝나고 몇십 년이 흐른 후, 제대로 치유하기 위해서는 아우슈비츠에 돌아가서 과거와 직면해야 한다는 사실을 깨달았을 때, 나는 마그다 언니에게 나와 함께 가지 않겠느냐고 물었다. 우리는 죽음의 수용소에 갇혀 있을 때 서로가 살아남을 수 있도록 지켰다. 우리는 살아야 할 서로의 이유가 되어주었다. 나는 마그다 언니와 함께 우리의 부모님이 살해당한 곳에 돌아가고 싶었다. 어떤 일이 벌어졌는지 직시하고,

함께 애도하고, 공포와 죽음이 만연했던 곳에 서서 말하고 싶었다. "우리는 해냈어!" 하고. 하지만 마그다 언니는 내가 바보라고 생각했다. 어느 누가 자기 발로 지옥에 다시 돌아가겠는가? 그렇게 엄청난 일을 나와 공유한 지구상의 유일한 사람이자 내가 생존할 수 있게 가장 크게 도운 사람인 마그다 언니는 우리의 공통 경험에 대해 나와 완전히 다르게 반응했다. 그리고 우리들 중 그 누구도 틀리거나 옳지 않고, 더 낫거나 더 나쁘지 않고, 더 건강하거나 더 건강하지 못하지 않다. 나는 나에게 옳은 것이고 마그다 언니는 마그다 언니에게 옳은 것이다. 우리는 둘 다 인간이다. 아름답고 오류를 범하기 쉬운. 그 이상도 그 이하도 아니다. 그리고 우리는 둘 다 옳다. 나는 아우슈비츠에 홀로 돌아갔다.

나는 예수가 우리에게 "한쪽 뺨을 맞으면 다른 쪽 뺨을 내밀어라"라고 말한 의미가 이것이라고 생각한다. 우리가 다른 쪽 뺨을 내밀면 우리는 같은 사안을 완전히 새로운 관점에서 볼 수 있게 된다. 우리는 상황을 변화시킬 수 없다. 다른 사람의 마음을 변화시킬 수도 없다. 하지만 현실을 다르게 바라볼 수는 있다. 우리는 수많은 관점을 수용하고 통합할 수 있다. 이러한 유연성이 인간이 가진 힘이다.

유연성은 우리가 적극적이고 단호할 수 있게 도와준다. 공격적이거나 수동적이거나 수동-공격적이지 않게 도와준다. 공격적일 때 우리는 다른 사람을 대신해 결정을 내린다. 수동적일 때 우리는 다른 사람이 우리를 대신해 결정을 내리도록 내버려둔다. 수동-공격적일 때 우리는 다른 사람이 자기 스스로 결정하지 못하게 막는다. 적극적일 때 우리는 자신의 결정을 발표한다. 학교에 다시 다니고 싶었을 때 나는 남편인 벨러가 어떤 의견을 보일지 두려웠다. 내가 가족과 떨어져 시간을 보내는 것에 분개할까 두려웠다. 우리가 '에거 박사와 미스터 에거'로 소개되는 것을 좋게 생각하지 않을까 봐 두려웠다. 하지만 완전한 인간이자 성인이라면 우리는 다른 사람의 허락을 구할 필요가 없다. 그러므로 절대 자신의 삶을 다른 사람의 손에 맡기지 말기 바란다. 그저 결정내린 바를 발표하라. "나는 학교에 돌아가서 박사학위 과정을 밟기로 결정했어." 상대방에게 그들이 자신의 욕구와 희망과 두려움에 대해 적극적일 수 있도록 필요한 정보와 자유를 제공하라.

갈등 상황에서 자신의 자유를 지키는 핵심 열쇠는 자신의 진실을 꽉 쥐고 있되 동시에 힘과 통제에 대한 욕구를 포기하는 것이다.

다른 사람들을 우리가 기대하는 모습이 아닌 있는 그대로의 모습으로 받아들이는 것 또한 도움이 된다. 한 내담자는 자신의 10대 딸과 갈등을 빚을 때가 많았다. 한 상담 시간에 그는 딸이 자동차를 운전해도 되는지 안 되는지를 두고 말다툼을 벌여서 화가 난다고 말했다. 그의 딸은 그에게 불같이 화를 내고 비속한 말을 사용해 욕을 퍼부었다. 그는 내가 재판관이 되어 증거들을 듣고 그의 딸이 유죄라고 판결을 내리며 자신의 편을 들어주길 바랐다. 하지만 당신이 이렇게 했고 저렇게 했지 않았느냐고 상대에게 불평을 늘어놓을 때 자기 자신에게도 상대에게도 도움이 되지 않는다. 비난으로 성장하는 사람은 아무도 없다. 그러므로 비난하지 말기 바란다. 비난 금지. 절대, 다시는.

다른 사람들을 위해서일 뿐만 아니라 우리 자신을 위해서다. 비현실적인 기대에서 자유로운 채로, 자신의 기대가 충족되지 않을 때 느껴지는 분노에서 자유로운 채로 살아갈 수 있도록 말이다. 나는 내가 누구에게 화를 내고 있는지에 대해 매우 신중하게 생각한다. 왜냐하면 화를 낼 때 가장 고통받는 사람은 다른 누구도 아닌 바로 나 자신이기 때문이다.

건강하지 않은 갈등은 어떤 선택이 더 낫고 어떤 선택이 더 나쁜지 단정하는 사고방식에 갇혀 있는 것과 관계가 깊다. 어느 여름 벨러와 나는 유럽을 여행하던 중 우리가 파리에 머무르는 동안 볼쇼이 발레단의 공연이 열릴 예정이라는 사실을 알게 됐다. 볼쇼이 발레단의 공연을 보는 것은 내 일생의 꿈이었다. 벨러는 내게 티켓을 사주고 나를 극장 앞에 데려다주고선 안으로 들어오지 않았다. 나는 돈 때문이라고 생각했다. 티켓을 한 장 더 사느라 돈을 더 쓰고 싶지 않아서라고 생각했다. 나는 공연을 보며 넋을 잃었고 중간 휴식 시간에 밖으로 나와서 벨러에게 나머지 절반이라도 함께 공연을 보자고 했다. "빈자리가 있어요." 내가 말했다. "티켓을 사서 나와 함께 이걸 즐겨요." 하지만 그는 꼼짝도 하지 않았다. "빌어먹을 러시아 놈들에겐 한 푼도 쓰지 않을 거야. 체코슬로바키아에서 공산주의자들이 내게 한 짓을 생각하면 어림도 없지." 벨러가 말했다. 벨러는 이 방식이 자신이 겪은 잔학 행위와 감금 행위에 복수하는 방식이라고 확신했다. 나는 말다툼을 하고 그에게 다시 생각해보라고 촉구하며 이렇게 말했다. "이 예술가들은 당신에게 일어난 일과 아무 관계도 없어요."

그렇지만 당연히 나는 그의 마음을 바꾸지 못했다. 나는 나를 위해 극장 안으로 돌아가서 나머지 공연을 즐겼다. 한편으로는 그가 자신의 비난과 분노를 한쪽으로 치워놓고서 나와 함께 어둠 속에 앉아 숨막히도록 아름다운 예술 작품을 즐기지 못한다는 사실이 너무 안타까웠다. 하지만 다른 한편으로는 내 방식이 그의 방식보다 더 낫다고 말할 수 없었다. 벨러의 방식은 벨러에게 더 나았고 나의 방식은 나에게 더 나았다.

많은 사람은 증명해야 할 무언가가 있는 듯이 살아간다. 우리는 최종적인 발언권을 가지는 것에 중독될 수 있다. 하지만 자신이 옳거나 자신이 좋은 사람이라는 사실을 증명하려 애쓰다 보면 자기 자신을 세상에 존재하지 않는 어떤 사람으로 만들려고 헛된 노력을 할 수 있다. 모든 인간은 오류를 범한다. 모든 인간은 실수한다. 우리는 무력하지 않다. 또한 우리는 성자도 아니다. 우리는 자신의 가치를 증명할 필요가 없다. 그저 있는 그대로의 자신을 받아들이면 된다. 자신이 완벽하진 않지만 온전한 한 존재라는 사실을 축하해야 한다. 앞으로 또 다른 나는 절대 존재하지 않을 것이다. 의제는 버려라. 만약 뭔가를 계속 증명해야 한다면 줄곧 감옥에 갇혀 살 수밖에 없다.

이는 다른 사람의 불친절함이나 박해와 맞닥뜨릴 때에도 마찬가지다.

내 친구의 딸이 매우 마음이 상한 채로 유치원에서 돌아온 적이 있었다. 같은 반 친구들이 '멍청해 보이는 얼굴'이라고 놀렸다는 것이다. 내 친구는 자신의 딸아이가 이 갈등에 어떻게 대처하도록 도와야 하는지 내게 물었다. 우리는 자기 자신을 방어하고 싶은 욕구를 버려야 한다. 만약 누군가가 당신에게 멍청하게 생겼다고 한다면 "나는 멍청하게 생기지 않았어!"라고 말하지 말라. 자신이 저지르지 않은 잘못에 대해 자기 자신을 변호하지 말라. 기싸움으로만 번질 뿐이다. 가해자가 당신에게 밧줄을 던지고 당신은 밧줄의 다른 한쪽 끝을 잡는다. 그리고 나서 두 사람이 각자 밧줄을 자기 쪽으로 잡아당기다가 결국 둘 다 녹초가 되고 만다. 싸우는 데에는 두 사람이 필요하다. 하지만 싸움을 멈추는 데에는 오직 한 사람만 필요하다. 그러므로 절대 밧줄을 잡지 말기 바란다. 자기 자신에게 말하라. "저 사람이 더 지껄이면 지껄일수록 나는 점점 더 편안해질 거야." 또한 이 일이 자신과 관계된 일이 아니라는 사실을 떠올려라. 누군가가 당신에게 '멍청하게 생겼다고' 한다면 사실 그 사람은 자신이 자기 자신을 바라보는 방식에 관해 말하고 있는 것이다.

나는 요하네스버그에 있는 사티아그라하 하우스에서 강연을 한 적이 있다. 그곳은 마하트마 간디가 살았던 집이고 현재는 박물관이자 피정 센터로 운영되고 있다. 간디는 어떠한 유혈 사태나 증오의 말 없이 대영제국을 무릎 꿇게 만들었다.

이 방법은 내가 아우슈비츠에서 살아남을 수 있었던 한 방식이다. 나는 인간성을 말살시키는 말들에 매 순간 둘러싸여 있었다. '너는 무가치해. 너는 더러워. 네가 이곳을 떠날 수 있는 유일한 방법은 시체가 되어서일 때뿐이야.' 하지만 나는 이 말들이 내 영혼에 침투하도록 내버려두지 않았다. 웬일인지 나는 나치가 나보다 수용소에 더 단단히 갇혀 있다고 생각했다. 나는 '죽음의 천사' 요제프 멩겔레를 위해 춤춰야 했던 그날 밤이 사실을 바로 알았다. 나의 신체는 죽음의 수용소에 갇혀 있었지만 나의 영혼은 자유로웠다. 멩겔레 그리고 다른 가해자들은 자신들이 저지른 일을 항상 의식하며 평생 살아가야만 할 것이다. 나는 충격과 굶주림으로 감각이 없고 살해당할까 겁에 질려 있었지만, 내게는 아직 내면의 피난처가 있었다. 나치의 힘은 체계적인 인간성 박탈과 생명 몰살로부터 나왔다. 그렇지만 나의 힘과 자유는 나의 내면에 있었다.

조이는 어떻게 하면 완고한 사고방식을 버릴 수 있는지 보여주는 훌륭한 사례다. 오랫동안 조이는 폭력적인 남성과 결혼 생활을 했다. 그는 조이를 업신여기고 경멸했고 말로, 경제적으로 그녀를 괴롭혔다. 또한 주기적으로 조이의 머리에 권총을 들이대며 협박을 일삼았다. 조이는 자신들의 상호작용, 즉 각자가 무슨 말을 하고 무슨 행동을 했는지 꼼꼼하게 나열하며 일기를 쓰면서 고통을 버텼다. 매일매일의 진실을 기록하는 일은 제정신을 유지하기 위한 필사적인 노력이었다.

폭력적인 관계에 놓여 있는 내담자를 만날 때마다 나는 항상 이렇게 말한다. "파트너가 당신을 때린다면 그 즉시 도망치세요. 임시 생활 보호소에 가세요. 아니면 친구나 친척의 집에 머무르세요. 아이들을 데리고 나오고, 도움을 요청하고, 탈출하세요."

만약 첫 순간에 떠나지 않는다면 가해자는 당신에게 한 짓을 심각하게 받아들이지 않을 것이다. 그리고 학대의 사례가 쌓이고 쌓일수록 탈출하기는 점점 더 어려워질 것이다. 대개 더 오래 머무를수록 폭력은 점점 더 심해진다. 또한 학대의 심리적

양상을 뒤집기가 점점 더 어려워질 것이다. 학대의 심리적 양상은 가해자가 당신을 이렇게 믿게 만든다. 당신은 그가 없으면 아무것도 아니고 그가 때리는 것은 당신의 잘못이라고 말이다. 머무르는 매 순간 당신은 자기 자신을 위험에 빠뜨리고 있다. 당신은 그런 일을 당하기에는 너무나 귀중한 사람이다!

만약 누군가가 당신을 때린다면 그것은 즉각적인 경고 신호이다. 당신은 자신이 어떤 상황에 처해 있는지 알고 있다. 물론 단번에 떠나기란 쉽지 않은 일이다. 하지만 일단 파트너의 폭력 행사 능력과 경향을 인지했다면 문제의 절반은 해결된 것이다. 학대가 더 은밀하고 심리적이라면 당신은 자신의 생각을 의심할지도 모른다. 당신은 이렇게 물을지 모른다. '이 일이 정말로 내게 일어나고 있는 건가?' 만약 누군가가 신체적으로 해를 가한다면 바로 알 수 있다. '그래, 이런 일이 벌어지고 있어. 그래, 나는 떠나야만 해.'

학대가 남긴 신체적인 흉터가 없었기 때문에 조이는 그 관계를 떠나기가 힘들었다. (이는 학대적 정동abusive dynamic에 갇힌 사람들이 흔히 경험하는 일이다. 다른 사람들이 자신의 말을 믿어주지 않을 것이라는 두려움 때문이다. 그리고 실제로도 믿어주지 않을 때가 많다.) 마침내 조이는 자신의 남편이 협박을 행동으로 옮기는 건 시간문제일 뿐이라는 사실을 깨달았고 남편과 이혼했다. 그 후 남편은 술독에 빠져 살다가 알코올중독으로 세상을 떠났다.

남편이 죽은 후 조이에게는 분노가 끓어넘쳤다. 조이는 언젠가 그가 몰인정하게 군 세월에 대해 사과할 것이라는 희망에 매달려 살아왔다. 자신의 실수를 알아차리고 그녀가 그를 떠난 것은 옳은 일이라고 인정하리라고 생각했다. 하지만 그가 죽었을 때 그녀는 자신이 결코 사과받지 못할 것이라는 사실을 받아들여야만 했다. 결코 싸움에서 이기게 될 수 없을 터였다. 과거와 화해하려는 노력의 일환으로 그녀는 자신이 적었던 일기를 다시 들여다봤다. 그러고서 커다란 충격을 받았다. 자신의 남편이 자신에게 얼마나 잔인하게 굴었는지를 보고서가 아니라, 자신이 남편에게 얼마나 잔인하게 굴었는지 보고서였다.

"전 남편을 괴롭혔어요." 조이가 말했다. "저는 '그가 날 학대하고 있어'라고 항상 생각했어요. 하지만 전 그에게 그걸 바로 되갚아주고 있었어요. 그에게서 아이들을 떼어놓고, 그의 존재를 부정하고, 아이들을 그를 괴롭히는 수단으로 삼고 있었어요. 그에게 상처를 주고 싶다는 생각만으로요. 전 너무 절박했어요. 전 탈출할 수 있는 다른 방법이 없다고 생각했어요. 끔찍한 상황 너머의 이면을 보지 못했죠. 우리의 결혼 생활에 문제를 일으키는 건 남편만이 아니었어요. 저도 마찬가지였어요."

많은 불안정한 관계는 매우 복잡하다. 어떠한 것도 가정폭력이나 가정학대의 변명이 될 수는 없다. 하지만 옳은 사람과 틀린 사람, 좋은 배우자와 나쁜 배우자가 명확히 나뉘지 않을 때가 많다. 두 파트너 모두 관계를 오염시키고 있는 것이다.

앨리슨을 처음 만났을 때 그녀는 이혼한 지 2년 차였다. 앨리슨의 전남편인 숀은 앨리슨이 어떤 남성과 혼란스러운 관계를 끝낸 직후에 그녀의 삶에 등장했다. 그 남성은 몸싸움을 벌이다가 그녀의 입술을 찢어지게 했고 그런 다음 그녀가 자신을 떠나자 그녀의 집에 침입해서 칼로 매트리스를 갈기갈기 찢어놓았다. 숀은 구세주이자 보호자이자 지지자로 갑자기 나타났다. 숀은 앨리슨이 안전하다고 느끼도록 도왔고 또한 그녀가 가수 생활을 시작하도록 도왔다. 그녀의 콘서트 투어와 녹음 계약을 관리했고 그녀가 전설적인 음악가들에게 수준 높은 수업을 듣고 그들과 함께 공연하도록 환경을 조성해주었다.

관대하고 다정했지만 숀 역시 통제적인 사람이었다. 앨리슨은 그에게 의지했지만 그가 그녀의 모든 삶을 쥐락펴락하는 것에 분개했다. 그녀는 보복하기 시작했고 아무것도 먹지 않는 방법으로 그의 통제에 대적했다. 그녀는 섭식장애 때문에 세 번이나 입원했지만 자해의 수준은 점점 심해지기만 했다. 앨리슨이 자신의 팔과 다리에 화상을 입히기 시작했을 때 숀은 희망을 잃었다. 숀은 바람을 피웠고, 그 후에도 다시 바람을 피웠다. 결국 그들의 18년 동안의 결혼 생활은 끝이 났다.

이혼한 지 10년이 넘게 지났지만 앨리슨은 여전히 숀과 싸우고 있었다. 그들이 함께 작곡한 노래들의 지적재산권을 두고서, 그녀가 그에게 전문적인 조언을 구해보라며 보낸 학생을 그가 유혹하려 했던 일 등등의 이유 때문이었다. 그들의 결혼생활은 이미 오래전에 끝났지만 그들은 여전히 기싸움에 매달린 채로 계속 해로운 선택들을 내리고 있었다.

나는 앨리슨에게 전투에 종지부를 찍고 싶다면 갈등의 원인이 아닌 갈등의 유지 조건을 살펴봐야 한다고 말했다. "왜 더는 당신에게 도움이 되지 않는 관점을 유지하고 있나요?" 내가 물었다.

앨리슨은 손의 유죄와 자신의 결백을 증명하고 싶은 욕망에 사로잡혀 있었다. 근본적으로 그녀는 마음속에서 그를 재판에 회부했고 자신의 내면생활을 끝나지 않는 법정 드라마로 만들었다. 하지만 이는 이길 수 없는 싸움이었다.

"앨리슨 씨." 내가 그녀에게 말했다. "당신은 죽었다 깨어나도 옳을 순 있어요. 하지만 그러려면 죽었다 깨어나야 하죠. 당신은 행복하고 싶은 건가요 아니면 옳고 싶은 건가요?"

통제에 대한 욕구를 내려놓는 가장 좋은 방법은 강해지는 것이다. 강해지는 것은 체력이나 지배와는 아무 관계가 없다. 강해지는 것은 자동반사적으로 반응하는 대신 적합하게 대응하는 힘을 기르는 것을 의미한다. 자신의 인생을 절대적으로 책임지고 자신의 선택에 대해 완전한 소유권을 가지는 것을 의미한다. 자신의 힘을 포기하지 않을 때야만 강해질 수 있다.

자신의 힘을 회수한 동시에 자신의 옳음을 증명하고 싶다면 친절하게 행동하는 방법을 선택하라. 왜냐하면 친절함은 항상 옳기 때문이다. 유연한 사고방식을 채택하면 인간관계가 변화할 뿐만 아니라 우리가 세상을 보고 느끼는 방식인 인지능력 또한 바뀔 수 있다.

앨리슨은 완고함의 감옥에서 벗어나기 시작하면서 전남편과의 사이에 경계선을 더 명확하게 그릴 수 있었다. 또한 커리어 면에서 새로운 에이전시를 찾았고 세계 투어 콘서트를 계획하기 시작했다. 하지만 바로 그때 두 가지 신체적 문제가 갑자기 출현했고 어렵게 얻은 평온을 깨뜨렸다. 심각한 성대결절이 생겨서 노래하기 힘들어졌고 커리어도 위협받았다. 게다가 척추를 다치기도 했다. 너무 통증이 심해서 다 나을 때까지 일상생활을 꾸려나가기도, 재미와 자기 돌봄을 위한 취미인 가드닝과 요가를 하기도 힘들어졌다. 그녀의 얼굴은 딱딱한 우거지상으로 변했고 그녀가 들쭉날쭉하게 말하는 것만 봐도 얼마나 고통스러운지 알 수 있었다.

"전 정말 잘하고 있었어요. 그런데 이제 아마도 투어를 취소해야만 할 것 같아요." 그녀가 말했다.

삶은 공평하지 않다. 우리가 고통에 시달리고 있을 때 분노, 걱정, 좌절은 완전히 기세등등해진다. 하지만 우리는 어떠한 상황에 맞닥뜨리더라도, 그 상황이 얼마나 불쾌하거나 불공평한 상황인지에 상관없이, 완고함을 가지고 대응할 것인지 유연함을 가지고 대응할 것인지 선택할 수 있다.

"몸이 아플 때, 몸을 벌주지 마세요. 몸에 분개하거나 무언가를 요구하지 마세요. 다만 이렇게 말하세요. '귀 기울여 듣고 있어'라고요." 내가 그녀에게 말했다.

앨리슨은 완고함에서 유연함으로 이동하는 훈련을 했다. 그녀는 문제를 있는 그대로 진술하기 시작했다. 자신의 고통이나 좌절을 축소하거나 부정하지 않은 채 말이다.

"몸이 싫어요. 아파요. 불편하고요." 그녀가 말했다.

그러고 나서 그녀는 자신의 몸을 거부하고 몸에 분개하는 것을 멈추고서 몸이 하는 말에 귀 기울이기 시작했다. 그녀는 점점 호기심이 생겼다.

"내게 말하고 싶은 게 뭐니? 내게 가장 이익이 되는 일이 뭘까? 어떤 일이 지금 내게 도움이 되고 힘을 줄까?" 앨리슨이 물었다.

그녀의 몸은 그녀에게 같은 말을 반복했다. '속도를 늦추세요. 휴식을 취하세요.' 앨리슨은 몸의 말을 귀 기울여 들었고 마침내 앨리슨의 척추는 회복되기 시작했다. 앨리슨은 회복적 요가 수업을 다시 들을 수 있었다. 매트에 등을 대고 누워 있으면서 그녀는 자신이 이제 더 부드럽고 의식적으로 움직일 수 있다는 사실을 발견했다. 또한 자신이 자기 자신을 몰아붙이는 일에 더는 몰두하지 않고 자신의 내적 경험에 더 관심을 기울이고 있다는 사실을 발견했다. '옳게 한다는 것getting it right'에 대한 생각도 바뀌었다. 척추를 다치기 전에 앨리슨은 항상 뭔가를 증명하려 했다. 어려운 팔 균형을 얼마나 오랫동안 유지하는지, 얼마나 깊이 몸을 굽힐 수 있는지 같은 것들이었다. 이제 앨리슨은 더는 기대감에 갇혀 있지 않았다.

자신에게 벌어지는 힘들거나 고통스러운 일들을 좋아할 필요는 없다. 하지만 싸우고 저항하기를 멈출 때 우리는 제자리에서 헤매는 대신 앞으로 나아갈 수 있는 에너지와 상상력을 더 얻게 된다.

조이 또한 이 사실을 발견했다. 앨리슨과 마찬가지로 조이는 이혼 이후 오랫동안 완고함의 감옥에 갇혀 있으면서 좋고 나쁨, 희생자와 가해자라는 이분법의 사고방식에 얽매여 있었다. 매우 극명하고 절대적인 관점으로 세상을 바라봤기 때문에 항상 지나치게 위험성이 높았다. 전부냐 아니면 전무냐, 사느냐 아니면 죽느냐만 있을 뿐 그 중간에는 아무것도 없었다. 이러한 관점은 모든 갈등이, 심지어 매우 사소한 말다툼조차, 매우 위험천만하게 느껴지게 만들었다. 그녀의 사고방식에는 미묘한 차이나 삶의 복잡성을 허용할 여지가 없었기 때문에 조이는 자신과 의견이 다른 사람은 그 누구도 견딜 수 없었다.

"차라리 손가락질하면서 솔직하게 말해주면 좋겠어요. '당신은 뚱뚱해. 당신은 못생겼어. 당신은 무가치해'라고요." 그녀가 말했다.

더 복잡한 사실(자신 또한 어긋난 결혼 생활에 과실이 있다는 사실, 자신이 항상 옳은 것은 아니라는 사실)을 알게 된 후 놀라운 일이 조이에게 일어났다. 조이의 시력 자체가 바뀐 것 같았다. 조이는 색깔을 더 선명하게 인식할 수 있었다. 흑백논리의 사고방식과 과거에 대한 완고한 해석에서 자유로워지면서 세상은 더 생생하고 활기차 보였다. 조이는 노란색, 빨간색, 보라색, 파란색의 다채로운 꽃들을 가리키며 자신의 아이들에게 질리도록 말했다. "저것 좀 봐! 봐! 봐!"

유연함은 힘이다. 나는 체조선수로 훈련할 때 이 사실을 배웠다. 내가 몸이 감당할 수 있는 한 자주 스윙댄스를 추고 매번 하이킥을 하며 강연을 끝마치는 이유이다.

몸뿐만 아니라 마음도 마찬가지이다. 유연하고 나긋나긋할 때 더 강해진다. 그러므로 매일 아침 일어나서 스트레칭하라. 그리고 정신의 가동범위를 넓혀서 자유로워져라.

완고함에서 벗어나기 위한
핵심 열쇠

○ **부드럽게 수용하라.** 현재 살면서 겪고 있는 문제를 하나 선택하라. 손해나 신체적 질병, 지속적인 긴장이나 갈등 혹은 당신이 제약받고 제한받고 갇혀 있다고 느끼게 만드는 어떤 상황을 선택하라. 그런 다음 당신의 진실을 말하면서 시작하라. 당신은 그 일에 관해 무엇이 싫은가? 그 일은 당신을 어떻게 느끼게 만드는가? 그런 다음 의문을 품어라. 이렇게 물어라. "이 상황이 내게 말해주고 있는 것은 무엇일까? 내게 가장 이익이 되는 일은 무엇이지? 지금 내게 도움이 되고 내게 힘을 주는 것은 무엇이지?"

○ **다른 사람들을 있는 그대로의 모습으로 받아들여라.** 당신이 현재 갈등 상황에 있는 사람의 이름을 적어라. 그런 다음 그 사람에 관한 불만 사항들을 모조리 적어라. 예를 들어 이런 식이다. 내 딸아이는 무례하고 감사할 줄 모른다. 딸아이는 내게 욕을 하고 독설을 퍼붓는다. 딸아이는 나를 존중하지 않는다. 딸아이

는 완전히 나를 무시하고 통금 시간을 어긴다. 이제 목록을 다시 적어보라. 이번에는 어떠한 사견이나 해석이나 비판이나 추정 없이 눈으로 관찰되는 그대로만을 적어라. '항상'이나 '절대'와 같은 완고한 단어들을 제거하라. 단순히 사실만을 진술하라. 가령 이렇게 적을 수 있다. 때때로 내 딸아이는 언성을 높이고 욕설을 사용한다. 일주일에 한두 번 딸아이는 밤 11시가 넘어서 집에 돌아온다.

○ **지배하지 말고 협력하라.** 당신의 관찰 목록에서 당신이 상대방과 이야기를 나누고 싶은 한 가지를 선택하라. 이야기를 나눌 중립적인 시간을 찾아라. 갈등이 고조된 순간은 안 된다. 먼저, 당신이 알아차린 것을 말하라. "나는 네가 일주일에 몇 번 밤 11시가 넘어서 집에 돌아온다는 사실을 알아차렸어." 그런 다음 상대방의 관점에 관해 궁금해하라. 단순한 질문이 가장 효과가 좋다. "무슨 일 있어?" 그다음으로는, 책망하거나 수치심을 주지 않으면서 당신이 원하는 것을 솔직하게 말하라. "네가 주중에 잠을 충분히 자는 것이 내게는 매우 중요해. 그리고 나는 내가 잠자리에 들기 전에 네가 안전하게 귀가했는지 확인하고 싶어." 마지막으로 상대방에게 함께 협력하여 계획을 짜보자고 권유하라. "우리 두 사람 모두에게 도움이 되는 해결책은 어떤 것들이 있을까?" 갈등이 그 즉시 해소되지 않는다 해도 괜찮

다. 중요한 점은 협력적인 방식으로 갈등을 해결하려는 상황으로 이동했다는 것이다. 다시 말해, 두 사람의 관계를 각자의 권력 욕구나 통제 욕구보다 더 중요시하게 됐다는 것이다.

○ **다른 사람들이 무엇이든 될 수 있다고 생각하라.** 당신이 갈등을 겪고 있는 한 사람을 떠올려보라. 이제 그 사람의 최고의 자아를 상상해보라. 두 눈을 감고 그 사람이 빛에 에워싸여 있는 모습을 그려보는 것도 도움이 된다. 당신의 가슴에 손을 얹어라. 그리고 말하라. "보이네요."

여덟 번째 수업

✦

분노 안에는
해소되지 않은
슬픔이 있다

자기 자신의 상처를 처리하고 나서야 비로소,
과거로부터 여전히 질질 끌고 다니고 있는 모든 것을
땅에 파묻고 영원히 떠날 때에야 비로소,
당신은 자신의 관계들에 대한 진실을
제대로 알 수 있을 것이다.

친밀감의 가장 큰 적은 낮은 수준의 만성적인 화와 짜증이다. 남편 벨러에 대한 나의 분노(그의 성급함과 성질머리, 과거에 매몰되어 있는 방식, 그가 우리의 아들을 볼 때 그의 얼굴에 가끔 보였던 실망의 기색 등에 대한 분노)는 너무 오랫동안 곪아서 나는 그로부터 자유로워질 수 있는 유일한 방법은 그와 이혼하는 것뿐이라고 생각했다. 우리가 서로 갈라서고 우리 자신의 삶은 물론이고 아이들의 삶을 완전히 파괴하고 나서야, 나는 내가 느끼는 실망과 분노가 벨러와 거의 관련이 없다는 사실을 깨달았다. 모든 것은 나와 관련되어 있었다. 나 자신의 미처 끝내지 못한 정서적 문제와 완전히 해소되지 않은 슬픔이 문제였다.

우리의 결혼 생활에서 느껴지던 숨 막힘은 벨러의 잘못이 아니었다. 오랜 세월 동안 내가 나의 감정들을 모른 척 무시하며 산 대가였다. 그 감정들에는 일단, 어머니에 대한 슬픔이 있었다. 어머니는 부다페스트에 있는 영사관에서 일하는 독립적이고 국제적인 삶을 포기했고 자신이 사랑했지만, 유대인이 아니라는 이유로 결혼하지 못한 남성을 포기했고 다른 사람들이 어머니에게 기대하는 일들을 했다. 또한 나는 부모님의 외로운 결혼 생활을 내가 반복하게 될까 봐 두려웠다. 아우슈비츠에서 죽은, 내 첫사랑 에릭에 대한 슬픔도 있었다. 그리고 아우슈비츠에서 돌아가신 부모님에 대한 슬픔도 있었다. 나는 나의 상실들과 타협하기 전에 결혼했고 아이를 낳았다. 그리고 갑자기 마흔 살이 되었다. 어머니가 세상을 떠났을 때의 나이다. 내가 정말로 원했던 삶, 즉 자유로운 삶을 살 수 있는 시간이 점점 사라져가는 느낌이었다. 그렇지만 나는 스스로 고유한 목적과 방향을 발견하며 자유를 찾는 대신, 벨러의 고함, 냉소주의, 짜증, 실망에서 벗어나는 것이 자유라고 생각했다. 나를 옥죄는 모든 것들로부터 말이다.

우리가 화를 내는 이유는 기대와 현실 사이에 격차가 있어서일 때가 많다. 우리는 우리를 덫에 빠뜨리고 부아를 돋우는 사람이 상대방이라고 생각한다. 하지만 진짜 감옥은 우리의 비현실적인 기대다. 우리는 로미오와 줄리엣처럼 결혼할 때가 많다. 서로를 진정으로 알지 못한 채 말이다. 우리는 '사랑'과 사랑에 빠진다. 혹은 자신이 갈망하는 모든 특성과 특징을 부여한 어떤 사람의 이미지와 사랑에 빠진다. 혹은 원가족에서 배웠던 익숙한 패턴들을 반복할 수 있는 상대와 사랑에 빠진다. 혹은 우리는 가짜 자아를 내세우며 사랑과 안전한 관계를 구하며 정작 자신의 진짜 모습은 포기한다. 사랑에 빠지는 것은 화학적으로 흥분된 상태이다. 놀라운 느낌이 든다. 그리고 일시적이다. 그 느낌이 희미해지면 우리는 잃어버린 꿈과 함께 남겨진다. 우리가 애초에 한 번도 가진 적 없는 파트너나 인간관계에 대해 상실감을 느낀다. 구조할 수 있는 매우 많은 관계가 절망 속에서 버려지고 포기된다.

그렇지만 사랑은 우리가 무엇을 느끼느냐가 아니다. 사랑은 우리가 무엇을 하느냐다.

당신이 화가 나고 실망하고 끊어내기 이전의 연애 초기 시절로 돌아가는 것은 불가능하다. 하지만 더 나은 무언가가 있다. 바로 부활renaissance이다. 즉 새로운 시작이다.

* * *

댄서이자 행위예술가인 마리나는 자신의 결혼 생활에서 그러한 부활이 가능한지 알아내기 위해 애쓰고 있었다. 자신과 자신의 남편이 건강한 방식으로 함께 앞으로 나아갈 수 있는지 아니면 자유로워지는 방법은 결국 서로를 놓아주는 것뿐인지 고민했다.

"우리는 18년 동안 하루도 빠짐없이 매일 싸웠어요." 그녀가 긴 머리를 느슨하게 돌돌 말아 묶으며 말했다. 때때로 싸움은 폭력적이었다. 그녀의 남편은 그녀를 때리지는 않았지만, 돌발적이고 폭력적인 행동을 했다. 의자를 힘껏 떠밀고, 벽에 자신의 휴대전화를 던지고, 그녀가 앉아 있는 침대를 뒤엎었다.

"전 집에 있지 않으려 애썼어요." 그녀가 말했다. "왜냐하면 대화만 했다 하면 결국 제가 무엇을 잘못했는지 그가 잔소리하는 것으로 끝났거든요." 그에게 맞서는 것을 두려워한 채, 그가 길길이 날뛰고 있을 때 방 밖으로 걸어 나가기를 두려워한 채, 그녀는 자신의 존엄성을 지키고 평화를 유지하려 노력했다. 하지만 그녀는 자아존중감을 잃어가고 있었고 점점 더 권한을 빼앗기고 있다는 느낌이 들었다. 게다가 그들의 끊임없는 싸움이 10대 딸아이에게 어떤 영향을 미칠지도 걱정됐다. 그녀는 현재 상황을 지속하고 싶지 않았지만 앞으로 나아가는 길을 찾는 법을 몰랐고 자신이 무엇을 원하는지도 정확히 알지 못했다.

모든 선택에는 대가가 따른다. 어떤 것을 얻으면 어떤 것을 잃는다. 우리가 항상 내릴 수 있는 한 가지 선택은 바로 '아무것도 하지 않는 것'이다. 결정하지 않기로 결정하는 것이다. 늘 하던 그대로 계속 그렇게 하는 것이다. 정반대로, 마리나는 관계를 떠나기로 결정하고 이혼소송을 제기할 수도 있었다.

"갇혀 있을 필요 없어요." 내가 그녀에게 말했다. "나쁜 상황에서 가만히 움직이지 않고 있을 필요 없어요." 하지만 나는 이혼 또한 계속 아무것도 하지 않는, 극단적인 방식일 수 있다고 경고했다. "당신이 이혼에서 얻는 것이 무엇인가요? 이제 자유로이 다른 누군가와 결혼해도 된다고 적혀 있는 한 장의 서류가 생길 뿐입니다."

이혼은 관계의 정서적 문제를 해결해주지 않는다. 다른 누군가와 똑같은 패턴을 반복해도 된다는 법적 허가만 내려줄 뿐이다. 이혼은 당신을 자유롭게 해방하지 않는다. 마리나가 남편을 떠나기로 했든 결혼 생활을 유지하기로 했든 그녀가 해야 할 일은 변함없이 똑같다. 바로 결혼 생활에 대한 자신의 욕구와 기대를 알아내고 오래된 상처를 치유하는 일이다. 이러한 일들을 하지 않는다면 남은 인생 내내 계속 이 문제들을 짊어지고 가야 할 것이다.

우리는 가장 먼저 마리나의 기대에 대해 탐색했다. "남편과 결혼할 때 그의 분노에 대해 알고 있었나요?" 내가 물었다.

마리나는 격렬하게 고개를 저었다. "그는 다른 사람의 마음을 잘 사로잡는 사람이에요." 마리나가 말했다. 성공한 배우인 그는 관객이 자신과 사랑에 빠지게 만드는 법을 알았다. 결혼하기 전에 마리나는 그의 이런 면만을 보았다. 매력 있고, 철학적이고, 로맨틱한 면만을 말이다. "이제 실체를 알게 됐죠."

"그렇다면 왜 결혼 생활을 지속하고 있나요?" 내가 물었다. 앞에서 말한 적 있듯이, '모든 행동은 필요를 충족시킨다'. 심지어 구속적이고 무서운 상황조차도 어떤 면에서는 우리에게 도움이 될 수 있다. "재정적 안정이 필요한가요? 아니면 싸움 자체가 필요한 건가요?"

"혼자가 될까 봐 무서워요."

모든 인간은 어린 아기 때부터 버림받음에 대한 공포를 지닌다. 하지만 그녀가 서유럽에서 보낸 자신의 유년기에 관해 설명하자, 그녀가 가진 버림받음에 대한 공포는 노골적인 방치 때문에 더 악화됐다는 사실이 명백해졌다. 마리나가 열네 살이었을 때, 마리나의 아버지는 더는 마리나의 어머니와 함께 사는 걸 견딜 수 없다고 말한 후 집을 나갔다. 그는 단 한 번도 집에 돌아와서 아이들을 만나지 않았다. 전화를 걸어 안부를 묻는 법도 없었다. 마리나의 어머니는 너무 괴로운 나머지 가족들의 필요를 충족해주지 못했다. 그래서 마리나는 어머니의 역할을 대신하기 위해 가사에 개입해야만 했고 동생들을 침대에 재우고 밤늦게까지 빵을 굽고 먹을 음식을 준비했다.

1년 후 베를린 장벽이 무너졌고 마리나의 어머니는 엄청나게 충격적인 발표를 했다. 그녀는 신문 광고를 통해 동독 남성과 만났다. 마리나의 어머니는 그와 함께하기 위해 옛 동독으로 이사했고 마리나의 동생들만을 데리고 갔다. 그리고 마리나는 홀로 남겨졌다. 마리나는 혼자 힘으로 삶을 꾸려나가야 했다. 어머니는 마리나에게 어느 집의 방 한 칸을 빌리는 임대계약서를 건넨 후 그다음 날 떠났다. 어머니는 1년이 넘게 전화한 통조차 하지 않았다.

어쨌든 마리나가 이러한 환경에서 살아남았다는 사실은 마리나가 가진 내면의 힘과 회복탄력성을 여실히 보여준다. 마리나는 임대주택에서 몇 달 동안 살았다. 하지만 어느 날 새로운 세입자들이 이사 왔고 그 가정의 아버지는 밤에 와인 한 잔을 들고 마리나의 방에 와서 마리나를 유혹하려 애썼다. 마리나는 임대차계약을 깬 후 학교를 떠났고 서유럽 곳곳을 돌아다니며 수십 가지 일을 했다. 휴가를 떠난 사람들을 위해 집을 봐주는 일을 하고, 어떤 시기에는 예술가들의 공동체에서 살고, 또 어떤 시기에는 중독에서 회복하고 있는 사람들이 말을 돌보며 머무르는 재활 농장에서 살았다.

마리나는 심각한 섭식장애에 시달렸고 자기 자신이 끔찍한 사람이라 부모 모두에게 버림받았다고 확신했다. 또한 자신이 세상에서 자취를 감춘다면 아마도 부모가 마침내 자신이 사라졌다는 사실을 알아차릴지도 모른다고 생각했다. 마리나가 열여섯 살이 되자 재활 농장의 주인은(중증 알코올중독자였다) 마리나를 갑자기 농장에서 내쫓았다. 마리나는 양손에 여행 가방 한 개씩을 든 채 길거리에 서 있었다. 머무를 집도 없고 의지할 사람도 없이 철저히 혼자였다. 절망에 빠져 마리나는 어머니에게 전화를 걸어 도움을 요청했다. 하지만 어머니는 여전히 자신의 역경에서 헤어나오지 못하고 있었고 딸의 도움 요청을 거절했다.

"그 순간부터 지금까지 계속, 저는 제가 세상에서 철저히 혼자라고 생각했어요." 마리나가 말했다.

20대 초반에 마리나는 더 나은 일자리를 찾아 베를린에 갔고 아는 사람의 소개를 받아 공연 그룹과 함께 훈련하기 시작했다. 그들은 마리나가 다니는 학교 뒤뜰에 있는 오래된 트레일러에 살고 있었다. 쉽지 않은 삶이었다. 트레일러는 난방이 되지 않았다. 베를린의 겨울 혹한 때문에 온몸이 꽁꽁 얼었고 엄격한 훈련을 견뎌야만 했다. 하지만 새 삶은 마리나에게 잘 들어맞았다. 춤을 추는 동안에는 자신이 강하고 자유롭다고 느껴졌다. 더는 밥을 굶을 수도, 신체로부터 자신을 분리할 수 없었고, 게다가 난생처음으로 더는 그러고 싶지 않다는 생각이 들었다. 마리나는 열정과 목적의식을 발견했다. 자신의 몸을 움직이는 행위가 주는 기쁨과 몸의 움직임과 표현이 가진 커다란 힘을 알게 됐다.

마리나는 냉전 시대에 동독에서 나고 자란 한 공연자와 사랑에 빠졌다. 그는 자신의 감정에 대해 말하고 사랑을 표현하는 데 서툴렀다.

"제 부모님들과 비슷했던 것 같아요." 마리나가 슬픔에 잠긴 목소리로 말했다.

마리나와 헤어진 지 2년이 지난 후 그는 스스로 목숨을 끊었다. 머릿속으로는 그의 죽음이 자신의 잘못이 아니고 함께 계속 사귀었다고 하더라도 그를 구할 수 없었을 것이라는 사실을 잘 알았다. 하지만 상실은 그녀에게 커다란 타격을 주었다.

"죽은 지 1~2주 후에 발견됐다고 해요." 마리나가 말했다. "그는 완전히 혼자였어요."

우리는 모두 유년기에 배운 메시지를 내면에 품은 채 교제를 시작한다. 때때로 누군가가 반복해서 말한 구절을 품기도 한다. 가령 어머니는 내게 "남편이 아예 없는 것보다는 나쁜 남편이라도 있는 게 더 낫다"라고 말하곤 했다. 때때로 우리는 다른 사람들의 행동이나 가정환경에서 이러한 메시지를 얻기도 한다.

"마리나, 당신은 내면에 한 가지 메시지를 품고 있는 것 같네요. 만약 당신이 누군가를 사랑하면 그들은 당신을 떠날 것이라는 메시지요." 내가 말했다.

눈물이 마리나의 두 눈에 차올랐다. 마리나는 마치 상담실이 갑자기 엄청나게 추워진 것처럼 양팔로 자신을 끌어안았다. 마음 감옥에 갇히는 순간 해로운 메시지는 뇌리를 떠나지 않고 계속 맴돈다.

"하지만 당신의 이야기에는 또 다른 메시지도 있어요." 내가 마리나에게 말했다.

"당신이 강인한 여성이라는 메시지이죠. 한때 당신은 여행용 가방을 들고 길거리에 서 있던 외롭고 겁에 질린 소녀였어요.

여러 번 죽을 수도 있었지만 살아남았죠. 이제 당신 자신을 보세요. 당신이 원하지 않았던 어떤 것으로부터 당신은 훌륭한 무언가를 만들어냈어요. 당신은 진정으로 훌륭한 사람이에요."

마음속 근원에서 자신이 사랑받을 만한 가치가 없다고 믿으면서 마리나는 이 신념을 강화하는 파트너와 행동 패턴을 선택했다. 나는 이러한 정신 역학을 군인들의 결혼에서도 자주 본다. 얼마 안 있어 새로 배치를 받거나 다른 지역으로 이동해서 다시 새로운 삶을 시작해야만 할 때, 누군가가 머나먼 거리와 혼란스러움에도 상관없이 자신의 곁에 머물러주리라고 신뢰하기란 쉽지 않은 일이다. 서로 떨어져 있으면 얼마나 고통스러울지에 대한 두려움(혹은 그 사람이 자신을 떠나거나 바람을 피울지도 모른다는 두려움)에 대처하는 한 가지 방법은 그 사람과 친밀해지기를 회피하는 것이다. 마리나는 자신이 안전하고 사랑받고 있다고 느끼도록 유혹한 남성과 결혼했다. 하지만 그는 단지 그들의 관계를 권투용 샌드백으로 이용하기만 했다. 그는 자신의 고통을 관계 안으로 가지고 들어왔다. 그리고 자신의 정서적 문제가 해결되지 않은 상태에서 그는 분노와 책망이라는 대처 수단을 이용했고 이는 '사랑하는 일은 상처받고 버림받는 일'이라는 마리나의 내면화된 메시지를 강화했다.

"아마 두 사람 다 친밀해지는 것을 피하려고 싸움을 이용했을 거예요." 내가 말했다. "두 사람의 패턴을 자세히 살펴봅시다."

많은 커플은 3단계의 춤을 춘다. 그들이 계속 반복하는 갈등 사이클이다. 1단계는 '불만'이다. 불만이 쌓여 곪아 터지면 얼마 지나지 않아 2단계로 넘어간다. 바로 '싸움'이다. 그들은 피곤해서 나가떨어질 때까지 소리를 지르거나 분노를 표출한다. 그런 다음 3단계에 빠진다. '화해'다. (싸운 후에 절대 섹스하지 말라. 이는 싸움을 강화할 뿐이다!) 화해는 갈등의 끝처럼 보이지만 실제로는 사이클의 지속에 불과하다. 애초의 불만은 아직 해소되지 않았다. 각자 추스른 후 다음 라운드를 준비한다.

나는 마리나가 1단계에서 춤을 멈출 수 있도록 몇 가지 방법들을 알려주고 싶었다. 그들에게 똑같은 해로운 춤을 계속 다시 추게 하는 불만 유발 요인은 무엇일까?

"두 사람은 관계에 기여하거나 관계를 오염시키거나 둘 중 하나를 하고 있습니다. 두 사람 각자 결혼 생활을 어떻게 오염시키고 있나요?" 내가 말했다.

"그와 대화를 나누고 싶을 때(감정을 표현하거나 문제를 제기하고 싶을 때), 그는 자신이 죄인이 될까 봐 두려워해요. 무언가가 자신의 잘못은 아닐지 두려운 거죠." 그가 선호하는 방어기제는 '공격'이었다. 형세를 역전시켜 책망과 비난으로 마리나를 공격했다.

"그럴 때 당신은 어떤 역할을 하나요?" 내가 물었다.

"전 제 생각을 설명하려고 애써요. 아니면 '그만해요'라고 말하죠. 그러면 그는 폭발해서 무언가를 발로 차거나 던지거나 박살내기 시작해요."

나는 그녀에게 숙제를 내주었다. 그들이 반복해서 선택하는 길에 발을 들이지 말고 우회하라는 숙제였다. "다음번에 그가 당신이 틀렸다고 말한다면 '그래요. 당신 말이 맞아요'라고 대답하세요. 그는 그 말을 가지고 싸울 수가 없어요. 게다가 당신이 거짓말을 하는 것도 아니에요. 모든 사람은 실수를 하고 누구나 더 나아질 수 있어요. 그냥 이렇게 말하세요. '그래요. 당신 말이 맞아요'라고요."

만약 우리가 혐의 제기를 부정한다면 우리는 여전히 책망을 받아들이고 있는 것이다. 자기 자신이 저지르지 않은 어떤 일에 대해 책임을 지고 있는 것이다.

"다음번에 그가 화를 낼 때, 당신 자신에게 물어보세요. '이건 누구의 문제이지?' 당신이 문제를 일으킨 게 아니라면 그가 당신의 어깨에 짐을 지우려 애쓸 때 당신은 아무 책임도 없어요. 그 짐을 다시 돌려주세요. 그리고 말하세요. '당신이 힘든 상황에 있는 것 같네요. 당신이 이 일에 대해 무척 화가 난 것 같네요.' 그가 당신에게 감정을 분출하려고 하면 그 감정을 그에게 돌려보내세요. 그가 대면해야 하는 자신의 감정이고 그가 떨쳐내야 하는 감정이에요. 당신이 링에 오를 때 그는 자신의 감정이 아닌 당신을 보고 있어요. 그를 구해주기를 멈추세요."

몇 주 후 다시 만났을 때 마리나는 '단계적 축소de-escalation'
방식이 효과가 있었다고 말했다. 그들의 싸움은 급격히 줄어들
었다.

"하지만 그에 대해 너무 많은 분노가 느껴져요." 그녀가 말
했다. 이번에 그녀가 말하고 싶은 것은 그의 분노가 아니라 그
녀 자신의 분노였다.

"모든 일이 그의 책임이라는 생각이 들어요."

"그렇다면 정반대로 하세요." 내가 말했다. "그에게 감사하
세요."

마리나는 깜짝 놀라 눈을 치켜뜬 채 나를 빤히 쳐다봤다.

"당신은 자신의 태도를 선택할 수 있어요. 그러므로 그에게
감사하세요. 그리고 당신의 부모님에게도 감사하세요. 그분들
은 당신이 매우 훌륭한 생존자가 되도록 도왔어요."

"있었던 일을 그냥 무시하라고요? 그들이 저지른 일을 그대
로 두라고요?"

"그 일들과 화해하세요."

많은 사람은 자신이 간절히 원하고 마땅히 가질 만한, 사랑
과 보살핌이 넘치는 부모를 가지지 못했다. 아마 그 부모들은
집착하거나, 분노하거나, 걱정에 사로잡히거나, 우울했을지도
모른다. 혹은 안 좋은 시기에 아이가 태어난 것일지도 모른다.
불화나 상실이나 재정적 부담에 시달리고 있는 시기였을지도

모른다. 양육자들은 자기 자신의 트라우마에 대처하느라 관심과 애정이 필요한 아이에게 즉각적으로 반응하지 못했을지도 모른다. 아마 그들은 아이를 안아 들어 올리고서 "우리는 항상 꼭 너 같은 아이를 원했단다"라고 말하지 못했을 것이다.

"당신은 자신이 한 번도 가지지 못한 부모에 대해 비통해하고 있어요." 내가 마리나에게 말했다. "당신이 가지지 못한 남편에 대해서도 슬퍼해도 됩니다." 슬픔은 일어난 일이나 혹은 일어나지 않은 일과 똑바로 대면하고 궁극적으로 이를 놓아주게 도와준다. 또한 '지금 이곳의 현실'이 어떠한지 보고 여기로부터 어디로 갈지 선택하도록 새로운 공간을 열어준다.

"당신은 당신 자신과 결혼하고 싶나요?" 내가 물었다.

마리나는 혼란스러운 듯한 표정을 지었다.

"자신의 어떠한 점이 마음에 드나요?"

마리나는 아무 말도 하지 않았다. 깜짝 놀란 것처럼 이마를 찡그리고 있었다. 아니면 그저 무슨 말을 해야 할지 찾고 있는 것일지도 몰랐다.

마리나는 머뭇거리며 말을 꺼냈지만, 막상 말을 하자 목소리가 더 커졌다. 두 눈이 반짝거렸고 두 볼이 발그레해졌다.

"전 다른 사람들에게 마음을 써요. 그 점이 맘에 들어요." 마리나가 말했다. "열정이 있는 점도 마음에 들어요. 전 높은 산에 오르는 것을 좋아해요. 제가 쉽게 포기하지 않는다는 점도 마음에 들어요."

"그것들을 종이에 적으세요. 그리고 그 말들을 지갑에 넣고 다니세요." 내가 말했다. 우리는 다른 사람들 그리고 자기 자신의 비판에 관심을 기울이고 자신의 잘못된 점과 불평불만에 집중하기 쉽다. 하지만 모든 사람은 훌륭하다. 우리는 무엇에 집중할지 선택할 수 있다.

"남편의 장점은 무엇인가요?" 내가 물었다.

마리나는 잠시 말을 멈추고서 먼 곳을 응시하는 듯 약간 눈을 가늘게 떴다. "그는 신경을 써요." 그녀가 말했다. "그는 그 모양 그 꼴이지만 제게 신경을 써요. 그리고 일을 열심히 해요. 제가 어깨를 다쳤을 때 절 도와줬어요. 저를 지지해줄 때가 있어요."

"당신은 그가 있으면 더 강해지나요, 그가 없으면 더 강해지나요?"

오직 당신만이 어떤 관계가 당신을 고갈시키는지 아니면 당신에게 힘을 실어주는지 판단할 수 있다. 하지만 이 질문은 성급하게 대답해야 할 질문이 아니다. 당신이 자기 자신의 상처를 처리하고 나서야 비로소, 당신이 과거로부터 여전히 질질 끌고 다니고 있는 모든 것을 땅에 파묻고 영원히 떠날 때에야 비로소, 당신은 자신의 관계들에 대한 진실을 제대로 알 수 있을 것이다.

벨러와 이혼하기로 한 내 결정은 불친절하고 불필요했지만, 한편으로 매우 유용했다. 이 결정은 내가 나의 과거와 슬픔과 대면하기 시작하도록 더 많은 침묵과 더 많은 공간을 만들어주었다. 물론 그 결정이 나를 감정들과 트라우마로부터, 플래시백으로부터, 마비되고 고립되고 불안하고 두려운 듯한 느낌으로부터 나를 해방해주지는 않았다. 오직 나만이 그 일을 할 수 있다.

"마음이 불안할 때는 어떤 일을 하더라도 조심해야 해." 마그다 언니는 내게 경고했었다. "잘못된 생각들을 하기 시작할 수 있거든. '그는 너무 이래, 그는 너무 저래, 나는 충분히 고통받았어' 하면서 말이야. 하지만 결국 자신을 미칠 지경으로 만든 바로 그것들을 그리워하게 되지."

그리고 정말로 나는 벨러를 그리워했다. 그가 멋들어지게 춤을 추는 모습과 그가 기쁜 감정을 숨기지 않고 드러내는 모습이 그리웠다. 그의 끈질긴 유머, 그는 내 완고한 성격에도 아랑곳하지 않고 나를 항상 웃게 했다. 그리고 도전에 대한 그의 끊임없는 욕구도 그리웠다.

이혼하고 2년이 지난 후 우리는 다시 결혼했다. 하지만 우리는 이전과 똑같은 결혼 생활로 돌아가지는 않았다. 우리는 체념한 채 서로에게 자신을 내맡기지 않았다. 우리는 다시 서로를 선택했다. 이번에는 분노와 충족되지 않은 기대 때문에 왜곡된 렌즈를 가지지 않고서 말이다.

"당신의 남편은 당신에게 분노를 받고 있어요. 하지만 당신이 정말로 화가 난 상대는 그가 아닐지도 몰라요." 내가 마리나에게 말했다.

우리는 자신이 말하기로 결정한 이야기가 실제로 펼쳐지도록 돕는 역할에 다른 사람들을 캐스팅한다. 우리가 새로운 이야기를 말할 때(우리가 완전한 자신으로 되돌아갈 때), 우리의 관계들은 더 나아질 것이다. 혹은 그 관계들이 더는 필요하지 않다는 사실을 깨달을 것이다. 자유의 이야기에 그 관계들은 더는 자기 자리가 없다는 사실을 깨달을 것이다.

서둘러서 이해할 필요는 없다. 사실은, 생각하고 또 생각하며 이해하려 애쓰는 것을 멈추는 게 가장 좋다. 더 많이 놀고 삶을 최대한 충만하게 살고 자신의 원래 모습(강인한 사람) 그대로 존재할 때에야만 오로지 찾아오는 대답이기 때문이다.

분노에서 벗어나기 위한
핵심 열쇠

○ **춤의 단계를 바꿔라.** 많은 커플은 3단계의 춤을 춘다. 즉 갈등의 사이클을 끊임없이 반복한다. 이 3단계는 불만으로 시작하고 싸움으로 확대되었다가 화해를 하면 조화를 되찾는 것처럼 보인다. 하지만 애초의 불만이 해결되기 전에는 평화가 그리 오래 지속되지 않을 것이다. 어떤 불만 유발 요인이 당신의 관계 안에서 해결되지 않은 채 반복되고 있는가? 어떻게 하면 오래된 사이클에 빠지기 전에 1단계에서 춤을 바꿀 수 있을까? 다음에 불만이 끓어오르면 한 가지 일을 다른 방식으로 행하기로 결정하라. 그리고 실천하라. 어떻게 되었는지 주목하고 어떠한 변화가 있었다면 축하하라.

○ **자기 자신의 정서적 문제를 보살펴라.** 당신이 어렸을 때 배웠고 현재의 관계에 가지고 들어왔을지도 모르는, 사랑에 관한 메시지를 곰곰이 생각해보라. 예를 들어, 마리나는 자신이 누군가를 사랑하면 그들은 모두 자신을 떠난다는 메시지를 내면에 품

고 있었다. 당신의 유년기는 사랑에 관해 당신에게 어떻게 가르쳤는가? 다음 문장을 완성해보라. 내가 누군가를 사랑하면,

_____.

○ **당신은 자신과 결혼하고 싶은가?** 어떠한 자질들이 편안하고 풍요로운 관계를 만든다고 생각하는가? 당신은 당신과 비슷한 누군가와 결혼하고 싶은가? 당신은 어떠한 장점들이 있는가? 어떤 행동들이 함께 살기에 문제가 될 수 있는가? 목록을 작성해보라. 당신은 최고의 자신을 끌어내는 방식으로 살고 있는가?

아홉 번째 수업

✦

두려움과 사랑은
공존할 수 없다

우리는 두려움을 지닌 채로 태어나지 않는다.
사는 동안 어딘가에서 두려움을 습득한다.
무엇을 손으로 붙잡고,
무엇을 손에서 놓고, 무엇에 손을 뻗을지는
순전히 우리에게 달려 있다.

나는 몇 년 동안 엘파소에 있는 한 고등학교에서 심리학을 가르친 적이 있다. 그리고 '올해의 교사상'을 수상했었다. 그러고 난 후 대학으로 돌아가서 교육심리학 전공으로 석사학위 과정을 밟기로 했다. 어느 날 내 임상 슈퍼바이저가 내게 오더니 이렇게 말했다. "에디, 당신은 박사학위를 받아야만 해요."

나는 크게 소리 내어 웃었다. "박사학위를 받을 때쯤엔 오십 살이 될걸요." 내가 말했다.

"어쨌든 언젠가는 오십 살이 되잖아요."

이 말은 그때까지 누군가 내게 해준 말 중에서 가장 현명한 말이었다.

우리는 어쨌든 오십 살이 된다. 혹은 서른 살이든 육십 살이든. 그러므로 위험을 감수하는 편이 낫다. 이전에 한 번도 해보지 못한 어떤 일을 해보라. '변화'는 '성장'과 동의어다. 성장하기 위해서는 제자리에서 맴도는 대신 진화해야 한다.

미국에서 심리학자를 가리키는 속어는 'shrink('줄어들게 하다'라는 뜻의 단어로 정신과의사나 심리학자를 가리키기도 한다 - 옮긴이)'이다. 하지만 나는 나 자신을 'stretch('늘어나게 하다'라는 뜻-옮긴이)'라고 부르고 싶다! 생존자 대 생존자로 만나면서 내담자들이 자기 제한적인 신념들을 내던지고 자신의 잠재력을 수용하고 확장하도록 안내하는 사람 말이다.

나는 어렸을 때 라틴어를 배웠다. "Tempura mutantur, et nos mutamur in illis"라는 문구를 좋아한다. '시간은 변화하고 있다. 그리고 우리도 시간과 함께 변화하고 있다'라는 뜻이다. 우리는 과거에 갇혀 있지 않다. 우리의 오래된 패턴과 행동에 갇혀 있지도 않다. 우리는 바로 지금 여기 현재에 있다. 그리고 우리가 무엇을 손으로 붙잡고, 무엇을 손에서 놓고, 무엇에 손을 뻗을지는 순전히 우리에게 달려 있다.

글로리아는 여전히 무거운 짐을 지고 있다. 그녀는 네 살 때 엘살바도르에서 내전을 피해 탈출했다. 그런 다음 어머니가 아버지에게 반복적으로 구타당하는 극도로 폭력적인 가정에서 자랐다. 그 후 열세 살에 엘살바도르에 있는 가족을 방문했고 그때 글로리아는 목사인 삼촌에게 강간을 당했다. 글로리아에게 세례를 준 사람이었다. 그는 글로리아를 크리스마스이브에 강간했고 그녀의 안전 감각과 함께 그녀의 신념을 파괴해버렸다. 글로리아가 강간에 관해 폭로했지만 아무도 그녀를 믿어주지 않았고 그녀를 강간한 삼촌은 현재까지 목사로 일하고 있다.

"전 매우 많은 분노와 상처를 안고 있어요." 글로리아가 말했다. "모든 것이 두려움으로 덮여 있어요. 저는 남편이나 아이들을 과거에 빼앗기고 싶지 않아요. 제게는 변화가 필요한 것들이 있어요. 하지만 어떻게 변화해야 할지, 어디서부터 시작해야 할지 전혀 모르겠어요."

그녀는 사회복지 분야에서 학위를 따고 일하면 목적의식을 찾고 과거의 굴레에서 벗어나는 데 도움이 되리라고 생각했다. 하지만 내담자들이 희생당한 경험을 들으면 절망감과 무력감이 깊어지기만 했다. 그녀는 학위 따는 것을 포기했다. 그녀는 패배했다고 느끼는 것을 싫어했고 아이들이 자신의 분투를 보는 것을 싫어했다. 과거로부터 공포감과 침범의식을 자주 느끼면서, 아이들이 자신과 같은 방식으로 피해당하지 않을지 두려워하면서 하루하루를 살아가고 있다.

"아이들을 안전하게 지키기 위해 최선을 다하고 있어요." 그녀가 말했다. "하지만 제가 항상 옆에 있으면서 아이들을 보호해줄 수는 없잖아요. 전 아이들이 두려움 속에서 살아가기를 원치 않아요. 두려움을 물려주고 싶지 않아요."

하지만 일상적인 사건들, 가령 딸아이를 캠프에 데려다주는 것 같은 일은 그녀에게 엄청난 두려움을 불러일으켰다. "전 '아이에게 무슨 일이 생기지는 않을까? 지금 당장 뭔가가 벌어지고 있는 건 아니야?'라고 걱정하면서 밤새 깨어 있어요."

우리는 자기 자신과 사랑하는 사람들, 이웃들, 인류를 보호하기 위해 할 수 있는 모든 일을 있는 힘껏 하면서, 안전과 정의를 구하는 일을 절대 중단하지 말아야 한다. 또한 우리는 우리 삶에서 얼마만큼을 두려움에 내어줄지 선택할 수 있다.

두려움은 가장 끈질기고, 가차 없고, 도발적인 표현을 이용한다. '만약 ~한다면, 만약 ~한다면, 만약 ~한다면 어떡하지?what if, what if, what if?' 두려움이 공황의 폭풍처럼 덮쳐오고, 온몸이 사시나무 떨리듯 떨리고, 심장이 튀어나올 듯 요동치고, 이미 이겨낸 트라우마가 당신을 집어삼키겠다고 협박할 때, 허리를 꼿꼿이 펴고 두 손을 단단히 쥔 채 이렇게 말하라. "고맙다. 두려움아. 나를 보호하고 싶어 해줘서." 그런 다음 이렇게 말하라. "그때는 그때고 지금은 지금이야." 이 말을 계속 반복해서 말하라. 당신은 이미 그때에서 헤쳐 나왔다. 당신은 지금 여기에 있다. 양팔을 쭉 뻗어 자기 자신을 감싸 안고서 어깨를 부드럽게 다독여주어라. "장하다"라고 말하고 "사랑한다"라고 말하라.

우리는 외부로부터 무슨 일이 생길지 절대 알지 못한다. 누군가가 갑자기 나타나서 어떠한 해를 가할지(욕설을 퍼부을지, 펀치를 날릴지, 약속을 어길지, 당신의 신뢰를 배신할지, 폭탄을 떨어뜨릴지, 전쟁을 시작할지) 예측할 수가 없다. 나도 내일이면 세상이 잔인함과 폭력과 편견으로부터, 강간과 부패와 대량학살로부터 안전할 것이라고 말할 수 있으면 좋겠다. 하지만 그러한 세상은 절대 오지 않을지도 모른다. 우리는 위험이 가득한 세상, 그러므로 두려움이 가득한 세상 속에서 살고 있다. 우리의 안전은 절대 완전히 보장되어 있지 않다.

하지만 두려움과 사랑은 공존할 수 없다. 또한 두려움이 우리의 삶을 지배할 필요도 없다. 두려움을 놓아주는 일은 우리 자신에게서 시작한다.

* * *

상처를 받았거나 배신을 당했을 때 다시 상처받을지 모른다는 두려움을 떨쳐버리기란 쉽지 않다. 두려움이 제일 좋아하는 말은 '내가 말했잖아'이다. 후회하게 될 거라고 내가 말했잖아. 너무 위험하다고 내가 말했잖아. 잘 풀리지 않을 거라고 내가 말했잖아.

게다가 우리는 자신의 예감을 실망하고 싶지 않아 한다. 우리는 경계 태세가 우리를 보호해주리라고 생각하면서 두려움에 매달린다. 하지만 두려움은 수그러들지 않는 사이클로 변하고 자기실현적 예언이 된다. 고통으로부터 나 자신을 지켜주는 더 나은 보호법은 자기 자신을 사랑하고 용서하는 법, 혼자서도 안전할 수 있는 법, 삶의 불가피한 요소인 실수와 상처와 고통에 대해 자기 자신을 처벌하지 않는 법을 배우는 것이다.

캐슬린은 남편이 바람을 피운 이후에 이러한 고통에 빠져 있었다. 캐슬린은 잘생기고 유능한 의사와 12년 동안 행복한 결혼 생활을 했고, 어린 아들들을 돌보는 일에 집중하기 위해 일을 잠시 쉬고 있던 참이었다. 그러던 어느 날 그녀는 한 통의 전화를 받았다. 처음 들어보는 목소리의 남자가 자신이 성매매 업체를 운영하고 있고 그녀가 돈을 지불하지 않는다면 그녀의 남편이 접대부와 성매매를 한 사실을 세상에 까발려 그의 경력을 망쳐놓겠다고 협박했다. 몹시 지저분하고 기이한 이야기였다. 일일 연속극이나 악몽에나 나올 법한 이야기였다. 하지만 그녀가 남편과 대면했을 때 남편은 이 일이 사실이라고 말했다. 그는 성매매 업체를 이용했다. 캐슬린에게 전화를 건 남자는 접대부의 포주였다.

캐슬린은 커다란 충격에 빠졌다. 그녀는 걷잡을 수 없이 동요했고 음식을 먹지도 잠을 자지도 못했다. 그녀의 세계는 완전히 뒤틀리고 뒤집혀버렸다. 어떻게 그토록 진실을 조금도 눈치채지 못했을까? 그녀는 끊임없이 계속되는 경계 태세 상태에 돌입했다. 그러고선 자신의 삶을 샅샅이 살피며 남편이 바람을 피운 이유를 이해하는 데 도움이 될 만한 단서들, 그리고 남편이 또다시 바람을 피울지 모른다는 사실을 증명해주는 증거를 찾아 헤맸다.

시간이 흐르면서, 그리고 결혼 상담사에게 많은 도움을 받으면서, 불륜 사건은 그녀와 그녀의 남편이 이들의 결혼 생활을 재발견하고 친밀감에 다시 불을 붙이는 기회가 되었다. 안정을 되찾으면서 남편은 그녀를 더 배려하고 더 로맨틱해졌고 그녀는 이 사실에 깜짝 놀랐다. 이들의 결혼 생활은 이전보다 더 즐겁게 느껴졌다. 이들은 집을 전구로 가득 채우고서 성대한 크리스마스 파티를 개최했다. 밸런타인데이에 그녀의 남편은 동이 트기 전에 그녀를 깨운 후 데리고 나가 캄캄한 복도를 지나 장미 꽃잎들과 반짝이는 양초들로 장식되어 있는 계단을 걸어 내려갔다. 이들은 실내 가운을 입은 채 함께 앉아서 엉엉 울었다. 다정함과 신뢰가 이들의 관계에 되돌아왔다.

하지만 남편이 또 다른 파괴적인 결정을 내린 지 몇 주밖에 지나지 않았다는 사실을 그녀는 알지 못했다. 그는 다른 젊은 동료와 다시 바람을 피우기 시작했다. 그리고 몇 달 있지 않아 그녀는 남편이 자신의 연인에게 쓴 격정적인 편지를 우연히 발견했다.

캐슬린과 나는 남편이 그녀를 또다시 배신했다는 충격적인 사실을 발견하고 나서 2년 후에 다시 대화를 나눴다. 캐슬린은 결혼 생활을 유지하기로 선택했고 한 번 더 그들은 커플 집중 심리치료를 받으면서 그들의 관계를 맨 밑바닥부터 다시 시작했다. 그녀는 내게 많은 면에서 그들의 유대감이 예전보다 더 강해진 것처럼 느껴진다고 말했다. 그녀의 남편은 예전보다 덜 차단하고, 덜 신랄하게 굴고, 더 다정하다고 했다. 그는 그녀를 포옹하고 키스하고 안심하게 해주었다. 자주 연락하고 직장에서 영상통화를 걸거나 회사 전화로 전화를 걸어서 그가 자신이 있다고 말한 곳에 진짜로 있다는 사실을 확인해주었다. 그는 자신이 왜 다시 바람을 피웠는지에 관해 솔직하게 밝혔다. "나는 지독한 나르시시스트였어. 모든 걸 다 가지려고 하는." 그는 이렇게 말하고서 진심으로 후회한다고 말했다.

하지만 캐슬린은 여전히 두려움에 갇혀 있다.

"저에게는 제가 항상 원했던 사랑이 넘치고 다정한 남편이 있어요." 캐슬린이 말했다. "하지만 그 사실을 받아들일 수가 없어요. 그 사실을 믿을 수가 없어요. 전 종일 머릿속으로 영화를 재생해요. 과거를 다시 곱씹고 결국 올 것이 오기를 가슴 졸이며 기다려요. 그가 다시 바람을 피우는 것을요. 제가 저 자신의 삶을 제게서 박탈하고 있다는 걸 잘 알아요. 그를 다시 신뢰하는 법을 배워야 할 필요가 있다는 것도 잘 알아요. 전 현재에 머무르려고 애쓰고 있어요. 하지만 두려움에서 벗어날 수가 없어요. 남편을 감시하고 추적하는 걸 멈출 수가 없어요."

많은 의심을 안고 살아갈 때, 우리는 자신의 두려움들을 가라앉혀줄(혹은 증명해줄!) 신호들을 열심히 찾는다. 하지만 외부에서 무엇을 찾았든지 상관없이 우리는 내면을 들여다봐야 할 필요가 있다.

"당신이 의심하고 있는 사람은 남편이 아닐 수 있어요." 내가 말했다. "당신일 수 있어요. 당신이 네 번이나 '~할 수 없어요I can't'라고 말하는 걸 들었어요."

그녀의 반짝이는 눈에 눈물이 차올랐다.

"당신은 자기 자신을 충분히 신뢰하고 있지 않아요. 자기 의심을 없애는 일부터 해봅시다."

두려움의 감옥은 성장과 자율권 확보를 위한 촉매가 될 수 있다. 이러한 변화를 일으키기 위해서는 어떠한 언어를 사용하는지가 매우 중요하다.

"'난 ~할 수 없어I can't'라는 표현부터 시작해보지요." 내가 그녀에게 말했다. "우선, 이 말은 거짓말입니다. '난 ~할 수 없어'는 '난 무력해'를 의미합니다. 그리고 당신이 아기가 아닌 이상, 그 말은 전혀 사실이 아닙니다."

"난 ~할 수 없어"라고 말할 때, 우리가 정말로 하고자 하는 말은 "난 ~하지 않을래I won't"이다. 나는 그것을 받아들이지 않을래. 나는 믿지 않을래. 나는 두려움에서 벗어나지 않을래. 나는 남편을 감시하고 추적하는 걸 멈추지 않을래. 두려움의 언어는 저항의 언어이다. 우리는 아무 진전을 보지 못하도록 매우 열심히 노력한다. 우리는 성장과 호기심을 부인한다. 우리는 앞으로 나아가지 못한 채 제자리에서 맴돌면서 변화를 위한 기회를 차단해버린다.

나는 캐슬린에게 '난 ~할 수 없어'라는 표현을 그녀의 어휘 목록에서 제거하라고 권했다. 만약 어떤 것을 제거하려 한다면, 그것을 다른 무언가로 대체한다면 더 성공할 가능성이 높아질 것이다. 만약 칵테일을 끊으려고 한다면 자신이 좋아하는 다른 음료수로 대체하는 것이 좋다. 만약 사랑하는 사람으로부터 물러서고 숨는 것을 멈추고 싶으면(앞 장에서 만난 로빈처럼), 함께 있는 방을 떠나는 습관을 머무르는 습관으로, 파트너를 미소와 친절한 눈빛으로 대하는 습관으로 대체하는 것이 좋다.

나는 캐슬린에게 말했다. "'난 ~할 수 없어'라는 표현을 사용하려 할 때마다, 그 표현을 '난 ~할 수 있어 I can'라는 표현으로 대체하세요." 가령 이렇게 말하면 된다. 난 과거를 떠나보낼 수 있어. 난 현재에 머무를 수 있어. 난 나 자신을 사랑하고 신뢰할 수 있어.

나는 그녀가 대화를 시작한 후 채 1분도 되지 않아 연달아서 사용한, 두려움 기반의 표현들을 두 개 더 지적했다. 바로 '난 ~하려 애쓰고 있어요 I'm trying'와 '난 ~할 필요가 있어요 I need to'였다.

"당신은 자신이 현재에 머무르려고 애쓰고 있다고 말했어요." 내가 말했다. "하지만 애쓰고 있다는 말은 거짓말이에요. 어떠한 일을 하든지 하지 않든지 둘 중 하나예요." 만약 "~하려 애쓰고 있어요"라고 말한다면 실제로는 그것을 반드시 해야만 할 필요가 없다. 자기 자신에게 곤경을 면할 기회를 주는 것이다. "애쓰는 건 그만하고 실행하기 시작해야 합니다."

행동에 옮겨야 할 전환점에 있을 때, 많은 사람들은 "난 ~할 필요가 있어"라는 표현을 사용한다. 이 표현은 마치 목표를 확인하고 우선순위를 설정하는 것처럼 보인다. 캐슬린은 자신의 결혼 생활에 존재하는 끈질긴 두려움과 경계 태세를 변화하고 싶어 했고 그래서 이렇게 말했다. "그를 다시 신뢰하는 법을 배워야 할 필요가 있다는 것도 잘 알아요."

"하지만 그건 또 다른 거짓말이에요. '필요'는 그것 없이는 우리가 생존할 수 없는 것들을 말해요. 호흡, 수면, 식사 같은 것들이죠." 내가 그녀에게 말했다.

우리는 실제로는 그렇지 않은데도 어떤 것이 우리의 생존에 필요하다고 말하면서 자기 자신을 압박하고 힘들게 하는 일을 그만둘 수 있다. 또한 우리의 선택권을 일종의 의무로 여기기를 그만둘 수 있다.

"당신은 남편을 신뢰할 필요need가 없어요." 내가 말했다. "원할want 수는 있죠. 그리고 원한다면, 그렇게 하기로 선택할 수 있죠."

자신이 어떤 일을 강요당하거나 의무가 있거나 혹은 그 일을 할 수 없다는 듯이 말하면, 그 말은 우리가 생각하는 방식에 영향을 미친다. 또한 우리가 느끼는 방식에 영향을 미치고 그 결과 우리가 행동하는 방식에 영향을 미친다. 그러면 우리는 두려움의 포로가 되고 만다. "나는 이 일을 해야 할 필요가 있어. 아니면"이라는 표현은 "나는 사실 저 일을 하기 원해. 하지만 난 할 수 없어"라는 뜻이다. 감옥에서 자기 자신을 해방하라. 그리고 자신이 쓰는 언어에 주의를 기울여라. '난 ~할 수 없다' '난 ~하려 애쓰고 있어' '난 ~할 필요가 있어' 같은 표현을 사용하는지 살펴보라. 그런 다음 감옥에 가두는 이러한 표현을 '난 ~할 수 있어' '난 ~하기를 원해' '난 자발적이야' '난 ~하기로 선택했어' 등의 다른 표현으로 교체할 수는 없는지 고민해보라.

캐슬린은 자신의 남편이 또다시 바람을 피우지 않으리라고 보장할 수 없었다. 게다가 캐슬린이 결혼 생활을 떠난다고 해도, 그녀에게는 다른 누군가에게 다시 배신당하지 않게 막아주는 확실한 갑옷이 있는 것도 아니었다. 하지만 그녀에게는 옴짝달싹 못하게 하는 마비 상태로부터 자기 자신을 해방해줄 수 있는 수단들이 있다.

우리의 꿈과 행동이 서로 맞춰지지 않는다면 그것은 누구의 책임일까? 한 내담자는 자신의 수면 습관이 개선된다면 직장에서 더 중요한 자리에 오를 수 있고 가족에게 더 인내심을 발휘할 수 있을 것 같다고 말했다. 하지만 그는 여전히 하루에 다섯 잔의 커피를 마시고 있었다. 또 다른 내담자는 안정적이고 헌신적인 애정 관계를 갈망했다. 하지만 그녀는 계속 매번 다른 남자의 침대에서 잠에서 깼다. 이 내담자들의 목표와 선택은 일치하지 않았다. 긍정적인 사고를 하는 것은 좋지만 긍정적인 행동이 뒤따르지 않는다면 아무 소용없다. 우리는 아무 소용없는 일을 하기 위해 그렇게 열심히 노력하는 것을 그만둬야 한다.

우리가 변화에 저항하는 또 한 가지 방법은 자기 자신에게 가혹하게 대하는 것이다. 한 내담자는 내게 살을 빼고 싶다고 말했다. 하지만 그녀는 상담 시간의 절반을 자기 자신을 질책하는 데 썼다. "전 아이스크림을 돼지처럼 퍼먹어요. 초콜릿 케이크도 돼지처럼 처먹죠." 그녀가 말했다. 우리가 우리 자신을 깔아뭉개는 순간, 우리는 절대 변화할 수 없다. 하지만 "오늘 카푸치노에 설탕을 넣지 말아야지"라고 말한다면, 우리는 변화하고 싶은 것에 대해 무언가를 실행하고 있는 것이다. 성장과 배움과 치유는 이러한 방식으로 일어난다. 조금씩 조금씩 혼자만의 힘으로 무언가를 실행하는 것이다.

때때로 사소해 보이는 변화가 커다란 영향을 일으킬 수 있다. 오랫동안 거식증에 시달려온 미셸은 항상 도넛을 피했다. 그녀는 도넛을 평생 두려워해왔다. 만약 도넛을 한 개라도 먹으면 자신이 도넛 한 상자를 다 먹어버릴까 봐 두려웠다. 만약 그녀가 자신에게 스스로 작은 한 입만이라도 탐닉하도록 허용하면 순식간에 비만이 될까 두려워했다. 자신이 통제력을 잃을

237

까 두려워했다. 만약 그녀가 자신에게 쾌락을 경험하도록 허용하면, 만약 꽉 잡고 있던 것을 감히 놓아버린다면, 자신이 완전히 무너져 내릴까 두려워했다.

그렇지만 그녀는 멍한 상태로 오래된 두려움 속에서 계속 살아가는 한, 자신이 감옥에서 벗어날 수 없다는 사실을 깨달았다. 어느 날 아침, 그녀는 용기를 마지막 한 방울까지 끌어모아 제과점 안으로 걸어 들어갔다. 출입문에 걸린 종의 딸랑거리는 소리와 달콤한 설탕의 냄새만으로 등에 식은땀이 흘렀다. 그녀는 도넛을 두 개 사서 심리치료 상담 시간에 가져갔다. 지지적인 공간에서, 자신의 심리치료사와 경험을 공유하고 있다는 안도감을 느끼면서, 미셸은 자기 자신이 두려움을 느끼도록 허용했다. 자기 이미지와 자기 가치에 대한 뿌리 깊은 불안과 통제력을 잃는 것에 대한 불안을 있는 그대로 직시했다. 그러고 나자 그 경험에 대해 호기심이 생겼다. 미셸과 그녀의 심리치료사는 함께 도넛을 한 입 먹었다. 미셸은 자신의 혀 위에서 도넛 위에 발린 당의(아이싱)가 오도독오도독 부서지는 것을 느꼈다. 그런 다음 케이크 같은 부드러운 질감이 느껴졌다. 설탕이 주는 흥분이 그녀의 온몸에 넘쳐흘렀다. 마침내 그녀는 자신의 불안을 흥분으로 바꿀 수 있었다!

우리는 두려움을 지닌 채로 태어나지 않는다. 사는 동안 어딘가에서 두려움을 습득한다.

나는 오드리가 열 살 때 있었던 한 사건을 절대 잊을 수 없다. 오드리의 친구가 우리 집에 놀러 왔고 아이들은 오드리의 방에서 놀고 있었다. 내가 빨래 바구니를 들고 오드리의 열린 방문 앞을 지나가고 있을 때였다. 밖에서 갑자기 구급차가 사이렌을 웽웽대며 급하게 달려갔다. 그 소리를 떠올리면 심지어 지금까지도 가슴이 철렁하다. 나는 오드리가 곧바로 자기 침대 밑으로 뛰어드는 모습을 보고 깜짝 놀랐다. 오드리의 친구는 오드리의 반응에 몹시 당황한 채 오드리를 빤히 쳐다보고 있었다. 정확히는 모르지만, 아마 내가 사이렌 소리에 깜짝 놀라 펄쩍 뛰는 모습을 보고서 두려워하는 법을 배운 것 같았다. 오드리는 나의 두려움을 내면화했다.

많은 경우, 우리 안에 깊이 뿌리내린 정서적 반응들은 우리 자신의 것이 아니다. 우리가 다른 사람들을 보고서 배운 것들이다. 그러므로 우리는 우리 자신에게 이렇게 물어볼 수 있다. "이것은 나의 두려움인가? 아니면 다른 누군가의 두려움인가?" 만약 그 두려움이 사실은 우리의 어머니나 아버지나 조부모나 배우자의 두려움이라면, 더는 그것을 지니고 있을 필요가 없다. 그저 내려놓아라. 그걸 움켜쥔 손을 펴라. 등 뒤에 남기고 떠나라.

그런 다음 아직 남아 있는 두려움들의 목록을 작성해보라.

이는 자신의 두려움들을 똑바로 마주 보기 시작하는 방법이다. 두려움들과 싸우거나 두려움들로부터 도망치거나 약물로 두려움들을 잠재우는 대신 말이다.

나는 프로 가수인 내담자 앨리슨과 함께 이 두려움 훈련을 해봤다. 그녀는 이혼하고 난 후 힘들어하고 있었고 몇 가지 신체 질환(성대결절, 허리 통증)에 시달리고 있었고, 그러한 이유로 공연하는 능력에 저해를 받고 있었다. 그녀가 작성한 두려움 목록은 다음과 같았다.

- 혼자가 되는 것.
- 소득을 잃는 것.
- 가난해지는 것, 노숙자가 될 가능성.
- 병에 걸렸는데 도와줄 사람이 옆에 아무도 없는 것.
- 다른 사람들에게 받아들여지지 않는 것.

나는 그녀에게 자신의 목록을 훑어본 후 각각의 두려움이 얼마나 현실적인지 판단해보라고 했다. 만약 현실적이라면(그녀 삶의 여러 사실을 염두에 두었을 때 타당한 걱정거리라면) 그것에 동그라미를 치고 옆에 R(realistic)이라고 적으라고 했다. 만약 두려움이 비현실적이라면 목록에서 지우라고 했다. 그녀는 자신의 두려움 중 두 가지가 현실적이지 않다는 사실을 발견했다.

작곡한 음악 인세와 은퇴준비저축에서 나오는 소득 때문에 그녀에게는 안전망이 있었다. 그녀가 콘서트 투어를 취소해야만 해서 공연 소득을 잃는다 해도 집을 잃고 길거리에 나앉을 가능성은 없었다. 그녀는 가난해지는 것, 노숙자가 될 가능성을 목록에서 지웠다. 또한 다른 사람들에게 받아들여지지 않는 것도 목록에서 지웠다. 그녀 삶에서 일어난 여러 일들은 이와는 다른 사실을 보여주었다. 그녀는 숭배받는 가수이자 사랑받는 친구였다. 가장 중요하게 그녀는 자신이 다른 누군가에게 받아들여지거나 그렇지 않거나의 문제는 자신에게 달려 있지 않다는 사실을 깨달았다. 그녀는 자기 자신을 사랑하는 법을 배우고 있었다. 다른 사람들이 그녀에 대해 어떻게 생각하는지는 그들에게 달려 있었다.

세 개의 나머지 두려움들은 R 표시를 받았다. '혼자가 되는 것' '소득을 잃는 것' '병에 걸렸는데 도와줄 사람이 옆에 아무도 없는 것'이었다.

나는 그녀에게 자기 자신을 보호하고 자신이 원하는 삶을 구축하기 위해서 지금 당장 자기 힘으로 할 수 있는 일들을 목록으로 적어보라고 했다. 만약 혼자가 되는 것이 두렵고 다시 연애를 하고 싶다면, 그녀는 데이트 앱에 가입하거나 낯선 사람들과 눈을 마주치며 하루를 보낼 수 있을 것이다(누굴 만날 수 있을지 아무도 모른다!). 혹은 '익명의 상호의존성 사람들

Codependents Anonymous' 모임에 나갈 수도 있을 것이다. 그녀가 전남편과 결혼했을 때 있었던 곳보다 더 건강한 곳에서 새로운 인간관계를 맺을 수 있도록 말이다. 병에 걸렸는데 도와줄 사람이 아무도 없는 것에 대한 두려움과 직면하기 위해서는 만약 돌봄 서비스가 필요한 상황에 처한 경우 이용 가능한 자원들을 조사해볼 수 있다. 그녀가 사는 지역에는 어떤 재택 건강 보조 기관들이 있는가? 그러한 서비스는 의료보험 지원이 되는가? 기타 등등. 우리는 우리가 가진 두려움들을 사라지게 만들 수는 없다. 하지만 그 두려움들이 우리를 지배하게 내버려두어서도 안 된다. 우리는 방으로 다른 목소리들을 초대하여 대화를 나눌 것이다. 그런 다음 뭔가를 행동으로 실행해야 한다. 우리는 스스로 책임을 져야 한다. 그리고 도움을 요청해야 한다.

우리가 갇혀 있을 때를 살펴보면 무엇을 해야 할지 몰라서가 아닐 때가 많다. 우리가 그 일을 충분히 잘 해내지 못할까 봐 두려워서일 때가 많다. 우리는 자기 비판적이다. 우리는 자신에 대해 높은 기준을 가지고 있다. 우리는 다른 사람들의 인정을 원한다. 또한 무엇보다 자기 자신의 인정을 원한다. 그러면서 슈퍼맨이나 슈퍼우먼이 되어야만 그러한 인정을 받을 수 있다고 생각한다. 그렇지만 만약 우리가 완벽주의자처럼 군다면 우리는 계속해서 일을 미룰 수밖에 없다. 왜냐하면 완벽은 불가능을 의미하기 때문이다.

이렇게도 생각해볼 수 있다. 만약 우리가 완벽주의자처럼 군다면, 우리는 신과 경쟁하고 있는 셈이다. 그렇지만 우리는 인간이다. 우리는 실수를 저지를 것이다. 신을 이기려고 애쓰지 말기 바란다. 신이 항상 이길 수밖에 없기 때문이다.

완벽함을 얻으려고 분투하는 데에는 용기가 필요하지 않다. 보통 사람이 되는 데에는 용기가 필요하다. "나는 내가 좋아" "이만하면 충분해"라고 말하려면 용기가 필요하다.

때때로 우리의 두려움은 고통스러울 정도로 현실적이고 그 두려움을 가라앉히기 위한 우리의 자원은 한정되어 있다.

로런의 경우가 그러했다. 두 아이를 둔 40대 초반의 여성인 로런은 암을 진단받았다. 그녀의 질병은 그 자체로 감옥이었다. 그리고 미래에 대한 그녀의 두려움들(죽음에 대한 두려움, 아이들이 엄마 없이 자라야 하는 것에 대한 두려움)은 감옥의 창살들이 되었다. 어느 날 그녀는 내게 자신이 가장 두려운 게 무엇인지 말했다. 바로 진정으로 삶을 제대로 살아보지 못한 채 죽을까 봐 가장 두렵다고 했다. 그녀는 정서적인 면과 신체적인 면에서 학대로 가득한 결혼 생활에 갇혀 있었다. 그녀는 자신의 아이들을 보호하고 남편의 통제와 폭력에서 벗어나 살기를 간절히 바랐다. 하지만 남편을 떠나는 일은 불가능해 보였다. 암은 그녀를 신체적으로, 재정적으로 취약하게 만들었고 이미 위험한 상황을 더욱 악화시켰다. 남편을 떠나는 일은 너무 큰 위험처럼 느껴졌다.

우리는 스트레스stress와 고통distress 사이에는 차이가 있다는 사실에 대해 살펴보았다. 고통은 위협과 불확실성이 끊임없이 지속되는 것이다. 가령 아우슈비츠에 있을 때처럼 말이다. 샤워할 때 우리는 수도꼭지에서 무엇이 나올지, 물이 나올지 독가스가 나올지 절대 알 수 없었다. 고통은 유독하다. 고통은 언제 폭탄이 집 위에 떨어질지 알 수 없는 것 혹은 매일 밤 어디에서 잘지 알 수 없는 것을 의미한다. 반면 스트레스는 사실은 좋은 것이다. 스트레스는 우리에게 도전과제를 똑바로 마주 보고, 창의적인 해결책을 찾고, 자기 자신을 신뢰하라고 요구한다.

학대의 사이클을 떠나는 일은 매우 힘들고 위험하기 때문에, 대부분의 여성들은 이 사이클에서 벗어나기 전에(만약 시도하기라도 한다면) 학대자에게 여러 번 돌아간다. 당연히 로런도 힘들 수밖에 없었다. 로런은 고군분투해야 할 것이다. 한정된 소득으로 아이들을 먹여야 하고 한 부모로서 가정을 꾸려가고 암치료 식이요법을 관리해야 했다. 하지만 그녀는 더는 폭력의 위협 아래에서 하루하루를 살아갈 필요가 없을 것이다. 또한 더는 고통에 시달릴 필요도 없을 것이다.

그렇지만 남편을 떠나기 위해서는 잘 알고 있는 현실을 미지의 현실과 교환해야만 한다. 대개 이 때문에 우리는 위험을 감수하는 것을 그만둔다. 우리는 자신이 잘 알지 못하는 것을 직면하기보다는 아무리 고통스럽거나 불안정하다 하더라도 자신이 잘 아는 것에 머무르려고 한다.

위험을 무릅쓸 때 우리는 상황이 어떻게 펼쳐질지 알지 못한다. 자신이 원하는 것을 얻지 못할 수도 있고 상황이 더 나빠질 수도 있다. 하지만 그런데도 우리는 더 나아질 것이다. 왜냐하면 자신의 두려움이 창조해낸 가상의 현실 속이 아니라 있는 그대로의 현실 속에서 살아갈 수 있기 때문이다.

로런은 남편을 떠나기로 했다. 그녀는 이렇게 말했다. "제 인생에 시간이 얼마나 남아 있는지 알 수 없어요. 하지만 가치 없는 사람이라는 말을 들으며 여생을 보내진 않을 거예요."

내담자들이 아무 진전을 보지 못하고 자기파괴적 행동의 회전목마를 탄 채 한없이 빙글빙글 돌 때마다 나는 그들에게 정면으로 부딪친다.

"왜 자기파괴적인 삶을 살기로 선택하나요? 죽고 싶나요?"

그들은 말한다. "네, 가끔 그렇습니다."

이는 인간만이 던지는 질문이다. '죽느냐 사느냐?'

나는 여러분이 항상 살아가는 것을 선택하기를 바란다. 우리는 어떻게 하든 언젠가는 죽게 된다. 게다가 매우 오랜 시간 동안 죽어 있을 것이다. 삶에 호기심을 가지는 게 어떠한가? 이

번의 생이 여러분에게 무엇을 주려고 하는지 알아보는 게 어떠한가?

호기심은 생명 유지에 필수적이다. 호기심은 우리가 위험을 감수하게 해준다. 두려움에 가득 차 있을 때 우리는 이미 일어난 과거 속에서 살거나 아직 도래하지 않은 미래 속에서 살게 된다. 호기심을 가질 때 우리는 바로 지금 여기 현재에 존재하게 되고 다음에 무슨 일이 일어날지 알아내는 데 열의에 차게 된다. 어떤 일이 일어날 수 있을지 전혀 모르는 채로 계속 감옥에 갇혀 사는 것보다는 실패할지 모르더라도 위험을 감수하고 성장하는 편이 훨씬 더 낫다.

두려움에서 벗어나기 위한
핵심 열쇠

○ **난 할 수 있다. 난 원한다. 난 자발적이다.** 하루 동안 자신이 "난 ~할 수 없어" "난 ~할 필요가 있어" "난 ~해야만 해" "난 ~하려 애쓰고 있어"라고 말할 때마다 기록해보라. "난 ~할 수 없어"는 "난 ~하지 않을 거야"를 의미한다. "난 ~할 필요가 있어"와 "난 ~해야만 해"는 "나는 선택의 자유를 포기하고 있다"를 의미한다. 또한 "난 ~하려 애쓰고 있어"는 거짓말이다. 이 표현을 당신의 어휘 목록에서 없애버려라. 버리고자 하는 어떤 것을 다른 어떤 것으로 대체하지 않는다면 그것을 떠나보낼 수 없다. 두려움의 언어를 다른 어떤 표현으로 대체하라. 가령, 난 할 수 있다. 난 원한다. 난 자발적이다. 난 선택한다. 난 ~이다(~하다) 등으로 대체할 수 있다.

○ **변화는 성장과 동의어다.** 한 가지 일을 어제와 다르게 해보라. 만약 항상 똑같은 도로로 운전해 출근한다면, 다른 루트를 이용해보라. 혹은 자전거를 타거나 버스를 타보라. 만약 식료품점에

서 대개 너무 서두르거나 계산대 직원에게 수다 떠는 데 몰두한다면, 직원과 눈을 마주치고 차분히 대화를 나눠보라. 만약 가족들이 너무 바빠서 함께 식사하지 못한다면, TV를 켜지 않거나 휴대전화를 식탁에 놓지 않은 채 함께 앉아서 한 끼를 나눠보라. 이러한 사소한 단계들은 하찮게 보일지 모르지만, 실제로는 우리가 변화할 수 있고, 고정된 것은 아무것도 없고, 자신의 선택과 가능성은 무한하다는 사실을 우리의 두뇌가 알아가도록 훈련해준다. 또한 자신의 삶에 대해 호기심을 가지면 불안을 흥분으로 바꾸는 데 도움이 된다. 당신은 현재 하는 일을 계속 하면서 지금 있는 곳에 지금의 모습 그대로 머무를 필요가 없다. 여러 가지 것들을 뒤섞어라. 당신은 갇혀 있지 않다.

○ **자신의 두려움들을 알아내라.** 자신이 느끼는 두려움들을 목록으로 적어보라. 각각의 두려움에 대해 질문을 던져보라. '이것은 나의 두려움인가? 아니면 다른 누군가의 두려움인가?' 만약 그 두려움이 당신이 물려받거나 자신도 모르게 떠맡은 두려움이라면 당신의 목록에서 지워버려라. 그것을 놓아주어라. 당신이 안고 가야 할 두려움이 아니다. 남아 있는 각각의 두려움에 대해서는 얼마나 현실적인지 판단해보라. 당신 삶의 여러 사실에 기대어볼 때 타당한 걱정거리라면 그것에 동그라미를 쳐라. 각각의 현실적인 두려움에 대해서, 그것이 당신에게 고통을 일

으키는지 아니면 스트레스를 일으키는지 생각해보라. 고통은 만성적인 위험과 불확실성이다. 만약 당신이 고통 속에서 살고 있다면 당신의 가장 중요한 책임은 자신의 안전과 생존 욕구를 돌보는 일이다. 가능한 수준까지 최대한 말이다. 자기 자신을 보호하기 위해 있는 힘껏 할 수 있는 모든 일을 다해라. 만약 두려움이 당신에게 스트레스를 일으키고 있다면, 스트레스는 좋은 기능도 있다는 사실을 인식하라. 스트레스가 어떠한 식으로 당신에게 성장할 기회를 줄 수 있을 것인지 알아보라. 마지막으로, 각각의 현실적인 두려움들에 대해서 당신이 자기 자신을 강화하고 자신이 원하는 삶을 구축하기 위해 혼자 힘으로 오늘 당장 할 수 있는 일들의 목록을 작성해보라.

열 번째 수업

✦

우리 각자의 내면에는
나치가 있다

비난의 감옥에 갇힌 채 살아갈 때
우리는 다른 사람들만을 희생시키지 않는다.
우리는 우리 자신 또한 희생시킨다.

작년에 나와 오드리는 스위스의 로잔을 방문했고, 나는 유럽 최고의 경영대학원 중 하나인 국제경영개발연구원International Institute of Management Development에서 세계적인 경영자들과 리더십 코치들을 대상으로 기조연설을 했다. 연설이 끝난 후 열린 만찬 자리에서 참석자들은 감사와 인정이 담긴 진심 어린 건배로 내게 큰 감동을 주었다.

특히 한 남성이 내게 깊은 인상을 주었다. 키가 크고 희끗희끗해져가는 곱슬머리를 가진 그 남성의 야윈 얼굴은 슬프고 이지적인 눈빛에 의해 지배되어 있었다. 그는 용서에 대해 내가 한 말들이 특히 선물처럼 느껴졌다고 말했다. 그런 다음 갑자기 그는 눈물을 흘리기 시작했다. 눈물을 흘리면서 그가 말했다. "제게도 이야기가 있습니다. 하지만 그 이야기를 털어놓기가 정말 힘듭니다."

오드리가 나와 시선을 맞췄다. 우리 사이에 무언가가 흘렀다. 우리는 트라우마의 부가적 피해, 즉 어떤 숨겨진 비밀이 있을 때 이어지는 고통을 말없이 인지했다. 공식 만찬이 끝나고 나자 오드리는 양해를 구한 다음 붐비는 만찬장을 누비고 나아가 그 남성의 테이블에 갔다. 오드리는 돌아와 이렇게 말했다. "그의 이름은 안드레아스이고 절대 어머니가 그의 이야기를 들어줘야만 해요."

우리의 스케줄은 이미 꽉 들어찬 상태였지만 오드리는 그다음 날 우리가 미국으로 돌아가기 전에 내가 안드레아스와 함께 조용히 점심을 먹을 수 있도록 스케줄을 조정했다. 조용하고 사려 깊은 방식으로 그는 자기 개인사의 조각들을 펼쳐놓았다. 그가 오랜 시간에 걸쳐 조각 그림을 맞춘 '깨달음의 순간'들의 조각이었다.

첫 번째 퍼즐 조각에서 그는 아홉 살이고 아버지와 함께 프랑크푸르트 외곽의 작은 도시에서 열린 전시회에 서 있다. "아들아, 이건 이 도시의 역대 시장들 목록이란다." 그의 아버지가 무거운 손가락으로 한 이름을 짚으며 말한다. '헤르만 노이만Hermann Neumann.' '헤르만'은 안드레아스의 가운데 이름이다. 아버지의 손가락이 그 이름을 톡톡 두드린다. 슬픔, 분노, 열망, 자부심이 뒤섞인 독특한 톤으로 아버지가 말한다. "이분은 네 할아버지란다."

안드레아스의 할아버지는 안드레아스가 태어나기 10년 전에 돌아가셨다. 안드레아스는 할아버지에 대해 사적인 추억이 전혀 없었다. 할아버지가 어떠한 사람이었는지, 할아버지의 무릎 위에 앉거나 할아버지에게 옛날이야기를 듣는 것이 어떠한 느낌인지 알지 못했다. 그 대신 할아버지의 존재가 있어야 하는 곳에는 무거운 침묵만이 있었다. 안드레아스는 할아버지의 부재가 자신의 아버지와 삼촌의 눈빛에 가끔 스며드는 어두움과 뭔가 관계가 있을 것이라고 어렴풋이 느꼈다. 이때 안드레아스는 너무 어려서 1933년부터 1945년 사이에 독일에서 공식적인 행정직에 임명되는 데에는 오직 한 가지 방법밖에 없었다는 역사적 사실을 알지 못했다.

9년이 더 흐르고 나서야 다음 퍼즐 조각이 모습을 드러냈다. 안드레아스는 교환학생으로 칠레에서 1년 동안 공부하고 막 독일로 돌아온 참이었다. 안드레아스의 삼촌은 오랜 세월 알코올중독과 사투한 끝에 얼마 전에 세상을 떠났고, 안드레아스는 삼촌의 집에 가서 지하실 창고를 정리하는 일을 맡았다. 안드레아스는 어둑한 창고에 서서 눈이 어둠에 적응하기를 기다리면서 책과 물건들이 꽉꽉 들어찬 선반들을 살펴봤다. 그것들을 치우는 데 얼마나 걸릴지 대충 짐작해보고 있는데 바로 그 순간 무언가가 안드레아스의 눈에 들어왔다. 이상하게도 익숙한 스티커가 붙어 있는 낡은 나무 여행 가방이었다. 안드레아스는 가까이 다가갔고 그것이 1931년의 스탬프가 찍힌 칠레 아리카(칠레 북부의 항구도시 – 옮긴이)의 세관 스티커라는 사실을 알아냈다. 여행 가방에 달린 가죽 꼬리표에 할아버지의 이름이 있었다. 안드레아스가 칠레로 공부하러 떠날 때 왜 가족 중 아무도 할아버지 또한 그곳을 여행한 적이 있다고 말해주지 않았을까? 그리고 왜 이 여행 가방을 발견하자 안드레아스는 매우 불안해졌을까?

안드레아스는 부모님에게 이에 관해 물었다. 아버지는 어깨를 으쓱한 다음 거실을 떠났다. 어머니는 모호한 어휘를 사용해 말했다. "할아버지는 이런저런 일에 관여하셨던 것 같아. 그래서 몇 달 동안 거기에 머무르셨고." 어머니가 말했다. 1930년대 초반 독일은 대단히 심각한 경제 위기를 겪었다. 아마 안드레아스의 할아버지는 다른 많은 젊은 독일인이 그 침체기 동안 그러했듯이 독일이 아닌 다른 곳에서 기회를 찾으려 했었을지도 모른다. 안드레아스는 그랬음이 분명하다고 자신을 확신하면서 이야기에 뭔가가 더 있을 것 같다는 지속적인 느낌을 무시하려 최선을 다했다.

몇 년 후, 안드레아스는 또 다른 삼촌에게 그의 집 뒤의 창고에 보관된 오래된 가족 문서들과 수집품들을 살펴봐도 되느냐고 허락을 구했다. 직감이 그가 그곳에서 할아버지의 과거와 관련된 어떤 것을 발견할 수 있으리라고 말해주었다. 그의 가족 몇 세대에 걸쳐 계속 이어진 뿌리 깊은 불안을 설명해주는 어떤 것 말이다. 안드레아스는 아버지와 삼촌들의 알코올 의존 문제나 그들의 비밀스럽고 폐쇄적인 태도가 수치심과 관련이 있을 것이라고 느꼈다.

안드레아스는 며칠에 걸쳐 문서들을 읽고 분류했고 조금씩 새로운 퍼즐 조각들이 나타났다. 할아버지의 옛 여권에는 칠레출입국관리소의 스탬프가 찍혀 있었고 할아버지가 1930년에 칠레에 왔다가 1931년에 칠레를 떠났다고 표시되어 있었다. 1942년 프랑크푸르트에 있는 할아버지의 직장으로 보내진 전보도 있었다. 거대한 산업 복합기업에서 사무원으로 일하던 때였다. '프랑크푸르트에 있는 집에 자전거들과 물건들은 다 치웠니?' 전보에는 이렇게 적혀 있고 종조할아버지의 서명이 있었다. 기이한 메시지였다.

그런 다음 안드레아스는 발신인 주소를 읽었다. 종조할아버지는 마르세유(프랑스 지중해안의 항구도시 – 옮긴이)에 있는 게슈타포 본부에서 그 메시지를 할아버지에게 보냈다. 종조할아버지는 어떻게 나치의 텔렉스 기계에 접근하도록 허용됐을까? 왜 할아버지는 게슈타포 본부로부터 사적인 메시지를 받았을까? 안드레아스의 가족은 나치와 얼마나 깊은 관계를 맺고 있었을까?

안드레아스는 계속 문서들을 들춰보다가 집안 친구로부터 온 편지 한 장을 발견했다. 종조할아버지가 전시에 프랑스에서 철수 임무를 수행하던 중 타고 있던 군용차가 지뢰밭을 건너가다 지뢰가 터져 사망했다는 소식을 가족들에게 전하는 편지였

다. 어떠한 유품이나 신분 증명 물품도 폭발에서 되찾지 못했
다고 했다. 또한 안드레아스는 할아버지가 할머니에게 보낸 편
지들을 발견했다. 전쟁이 끝난 후 독일 남부에 있는 전쟁포로
수용소에서 쓴 편지였다. 어떤 죄를 범하거나 어떤 혐의를 받
았길래 전쟁포로수용소에 갇히게 됐을까?

안드레아스는 더 많은 정보를 얻기 위해 몇 년 동안 사방으
로 수소문했다. 하지만 막다른 길에 다다랐다. 전쟁포로수용소
에 갇혔음에도 불구하고 할아버지의 범죄행위에 대한 어떠한
재판이나 수사의 증거가 하나도 남아 있지 않았다. 가족의 과
거에 있는 빈칸들을 채우기 위한 최후의 시도로, 안드레아스는
전쟁 후에 조부모가 살았던 지역의 기록보관소와 접촉했다. 마
침내 안드레아스는 얇은 파일을 건네받았다. 그 안에는 반 페
이지에 연대표가 타이핑된 종이 한 장을 포함해 몇 장의 종이
밖에 없었다.

1927년에 할아버지는 20세였고 나치돌격대SA, the Sturmabteilung
에 가입했다. 나치돌격대는 나치당의 최초의 불법 무장단체로
창문을 통해 돌을 던지거나 도시 구역에 불을 지르는 방법으로
유대인들을 박해하기 위해 만들어졌고 히틀러가 집권할 수 있
도록 크게 기여했다. 할아버지는 1930년(칠레로 갔던 해)에 SA를
떠났다가 불과 몇 달 만에 독일로 돌아와서 SA에 재가입했고
그 후 승진해 분대장이 되고 나치당의 당원이 되었다. 1933년

에 내린 이러한 결정들은 프랑크푸르트에 있는 재정국에서 한 자리를 차지할 수 있게 도와주었고, 안드레아스의 아버지가 할아버지의 이름, '헤르만 노이만'을 가리켰던 그 도시에서 시장을 역임할 수 있게 해주었다. 안드레아스가 물려받은 검은 유산을 의미하는 4음절의 이름이었다.

"전 할아버지의 이름을 공유하고 있습니다. 제 세포는 그분의 세포에서 생겨났습니다. 근본적으로 저는 과거에 일어난 일들의 결과이자 산물인 셈이지요." 안드레아스가 말했다.

안드레아스는 자기 정체성의 근간이 훼손되었다는 느낌을 받았다. 게다가 역사가 반복되는 것처럼 보였다. 할아버지에 대한 진실을 알게 된 바로 그 시기에 극우주의 세력이 경제적으로 피폐한 독일 동부 지역에서 힘을 얻기 시작했다.

"독일인들이 켐니츠(독일 작센주에 있는 도시-옮긴이)에서 이주민들을 뒤쫓는 사진들을 본 적이 있습니다." 그가 말했다. "그리고 제 할아버지도 그와 똑같은 일을 자행했으리라 생각합니다."

그는 자신의 가운데 이름을 '헤르만Hermann'에서 '필리어스 Phileas'로 공식 개명했다. 쥘 베른의 《80일간의 세계 일주》에 나오는 등장인물인 필리어스 포그의 이름을 딴 것이었다. 안드레아스는 어린 시절 이 책을 읽으며 다른 세계에 대한 호기심을 가졌다. 개명을 한 일은 자신의 할아버지에게서 멀리 떨어지려는 행동이었고 할아버지의 부정행위와 개인적 연결을 끊어 내려는 행동이었다. 또한 이렇게 말하는 행동이기도 했다. "그렇습니다. 저는 헤르만의 손자입니다. 그리고 저는 그분의 이름을 가지고 다닐 필요가 없습니다."

안드레아스는 자신이 과거의 짐을 내려놓으려고 여전히 애쓰고 있다고 말했다. 자신이 전쟁범죄자의 피를 가지고 있다는 끝없는 수치심, 할아버지가 다른 사람들을 해쳐서 얻은 이익 그리고 부당한 행위의 결과로 자신이 세상에 존재하게 됐다는 사실이 그를 괴롭혔다. 유감스럽게도 많은 독일인이 가지고 있는 집단 죄책감이다.

만약 당신이 독일인이라면, 혹은 후투족이라면, 혹은 아파르트헤이트나 대량학살이나 또 다른 조직적인 폭력과 부정을 자행한 사람들의 후손이라면, 이렇게 말해주고 싶다. '그 사람은 당신이 아니다. 책임은 가해자들에게 돌리고 그런 다음 결단을 내려라.'

"얼마나 오랫동안 당신은 이 사실을 꽉 쥐고서 가지고 다닐 건가요?" 내가 안드레아스에게 물었다. "당신 자신이 후손에게 물려주고 싶은 유산은 무엇인가요?"

당신은 계속 과거에 붙들린 채 살고 싶은가? 아니면 사랑하는 사람들 그리고 당신 자신을 해방해줄 방법을 찾고 싶은가?

유럽에 함께 여행을 가기 전까지 나는 내 첫째 딸이 이 질문과 관련하여 얼마나 분투하고 있는지 전혀 알지 못했다.

나와 오드리 모두 오드리의 유년기 동안 나의 과거에 관해 이야기한 기억이 없다. 오드리는 교회 주일 학교에서 홀로코스트에 관해 배웠고 벨러에게 이에 관해 물었다. 벨러는 오드리에게 내가 아우슈비츠에 있었다고 말했다. 그러자 모든 것이 딱 분명해졌다. 오드리는 우리가 이야기하지 않은 것들이 존재한다는 사실을 알아차렸다. 어떠한 고통이 존재한다는 것을 알았다. 하지만 어떻게 질문해야 할지 몰랐기 때문에(혹은 어느 정도는, 구체적으로 알고 싶지 않았기 때문에) 진실은 비밀로 남았다.

이제 모든 것이 분명해졌다. 내가 나의 과거에 대해 더 솔직하게 더 공개적으로 이야기하기 시작하자 오드리는 나의 역사가 자신에게 불러일으킨 감정들을 어떻게 처리해야 할지 어쩔 줄 몰라 했다. 오드리는 나의 고난과 벨러의 고난이 자신의 DNA에 전이되었을지 모른다고 생각했다. 그리고 자신이 그 트라우마의 짐을 자신의 아이들에게 넘겨주지는 않을까 걱정했다. 오랫동안 오드리는 홀로코스트와 관련된 책, 영화, 박물관, 행사들을 피했다.

힘겨운 유산을 물려받았을 때 우리는 두 가지 방법 중 하나로 반응한다. 그것에 저항하거나 그것으로부터 분리한다. 다시 말해, 우리는 맞서 싸우거나 도망친다. 같은 비극에서 서로 정반대 편에 서 있었지만, 안드레아스와 오드리는 똑같은 길을 걷고 있었다. 잔혹한 진실에 대해 숙고했고 그것을 어떻게 받아들이고 그것을 지닌 채 어떻게 앞으로 나아갈지 고민했다.

* * *

아이들을 나의 고통으로부터 보호하기 위해 계속 침묵을 지키는 것 말고 나는 과거 유산의 더 커다란 영향에 대해 심각하게 고려해보지 못했다. 1980년대 초에 한 14세 소년을 만나기 전까지는 말이다. 그 남자아이는 법정에서 명령한 심리치료 세션에 참여하기 위해 나를 찾아왔다. 갈색 셔츠를 입고 갈색 부츠를 신고서 그 아이는 테이블에 팔꿈치를 기댄 채 큰 소리로 일장 연설을 하기 시작했다. 미국을 다시 백인들의 국가로 만들어야 하며 유대인, 흑인, 멕시코인, 동양인을 죄다 쓸어버려야 한다고 떠들었다. 분노가 나를 휩쓸고 지나갔다. 나는 그 녀석의 어깨를 잡고 세게 흔들면서 이렇게 말하고 싶었다. "어떻게 감히 그렇게 말할 수 있지? 내가 누군지 아니? 내 어머니는 가스실에서 돌아가셨어!" 양손을 뻗어 녀석의 목을 조를지도 모르겠다고 생각한 찰나, 나의 내면의 목소리가 이렇게 말했다. '네 안의 광신자를 발견하라.'

말도 안 돼, 나는 생각했다. 나는 광신자가 아니야. 나는 홀로코스트 생존자이자 이민자야. 나는 증오 범죄에 부모님을 잃었어. 나는 볼티모어 공장에서 흑인 미국인 동료들과 연대하기 위해 '유색인종colored'용 화장실을 사용했어. 나는 시민권을 수호하기 위해 마틴 루서 킹 목사와 함께 거리를 행진했어. 나는 광신자가 아니야!

그렇지만 편견을 버리는 것은 자기 자신부터 솔선수범해야 한다는 것을 의미했다. 비난을 손에서 놓고 연민을 택하는 것이다.

나는 숨을 깊게 들이마신 다음 몸을 앞으로 기울이고서 다정함을 최대한 끌어모은 채 그 아이의 눈을 들여다보며 말했다. "더 말해줄 수 있겠니?"

그것은 '수용'의 작은 몸짓이었다. 그 아이의 이데올로기가 아닌 이 아이의 인간성을 수용하는 것이었다. 그리고 이 작은 몸짓은 이 아이가 자신의 외로운 유년기, 부모의 부재, 심각한 방치에 대해 조금이라도 털어놓게 하기에 충분했다. 이야기를 듣고 있자니 이 아이가 극단주의 단체에 가입한 것은 증오심을 품고 태어났기 때문이 아니라는 생각이 들었다. 이 아이는 우리 모두가 원하는 것을 구하고 있었다. 바로 관심, 애정, 인정이었다. 물론 이는 변명이 되지 않는다. 하지만 이 아이를 공격하는 일은 잘못된 양육이 뿌려놓은 '무가치함'의 씨앗에 영양분을 공급하는 일이 될 뿐이다. 나는 이 아이를 증오에서 더 멀어지게 만드는 선택을 내릴 수 있었다. 혹은 다른 버전의 피난처와 소속감을 제공할 수도 있었다.

나는 그 후로 이 아이를 다시 보지 못했다. 이 아이가 계속 편견, 범죄, 폭력의 길을 걸었는지 아니면 상처를 치유하고 삶의 방향을 바꿀 수 있었는지 알지 못한다. 오로지 내가 아는 것은 이 아이가 나와 같은 누군가를 살해할 준비가 되어 있는 상태로 걸어 들어왔다가 기분이 더 부드러운 채로 상담실을 떠났다는 것이다.

심지어 '나치'조차도 신의 심부름꾼이 될 수 있다. 이 남자아이는 내게 선생님의 역할을 했고 비난을 연민으로 대체할 수 있는 선택권이 항상 자기 자신에게 있다는 사실을 가르쳐주었다. 공동의 인간성을 인식하고 사랑을 실천할 선택권이 있다는 사실 또한 가르쳐주었다.

세계 곳곳에서 파시즘이 다시 도래할 기미가 보인다. 내 증손자들은 세상이 편견과 증오에 지배되지 않도록 여전히 대비해야 한다. 파시즘이 지배하는 곳에서는 아이들이 운동장에서 인종차별적 욕설을 퍼붓고 학교에 권총을 가지고 다닌다. 국가들은 동포들의 망명을 거부하면서 견고한 장벽을 친다. 이러한 공포와 취약성의 상태에서는 증오를 부추기는 사람들을 증오하고 싶은 유혹이 든다. 하지만 나는 다른 존재들을 증오하도록 배운 사람들에게 연민을 느낀다.

한편으로 나는 그들과 동질감을 느낀다. 만약 내가 헝가리계 유대인이 아니라 독일계 비유대인으로 태어났다면 어땠을까? 그런 조건에서 만약 내가 히틀러가 "오늘의 독일은 내일의 전 세계다"라고 선언하는 연설을 들었다면 어땠을까? 나 역시 히틀러청소년단Hitler Youth의 단원이나 강제수용소의 보초병이 됐을 수도 있다.

우리가 전부 나치의 후손인 것은 아니다. 하지만 우리 각자의 내면에는 나치가 있다.

'자유'는 선택을 의미한다. 매 순간 우리는 내면의 나치를 향해 손을 뻗을 것인지 내면의 간디를 향해 손을 뻗을 것인지 선택해야 한다. 우리가 태어날 때부터 가지고 있던 '사랑'을 향해 손을 뻗을 것인지 자라면서 배우게 된 '증오'를 향해 손을 뻗을 것인지 선택해야 한다.

내면의 나치는 우리의 일부이며, 연민을 억누르고 비난을 퍼붓는 능력을 갖추고 있다. 우리가 자유로워지도록 허용하지 않으며 일이 뜻대로 되어가지 않을 때 다른 사람들을 희생시킨다.

나는 여전히 내면의 나치를 떠나보내는 법을 배우고 있다. 며칠 전에 나는 화려한 컨트리클럽에서 모두가 각자 엄청 멋져 보이는 여성들과 함께 점심을 먹었다. '왜 나는 바비 인형처럼 생긴 사람들과 오후를 보내고 있는 거지?' 나는 이렇게 생각했다. 그런 다음 다른 사람들을 비난하고 있는 나 자신을 발견했다. '우리들'과 '그들'을 비교하는 사고방식, 내 부모님을 살해했던 바로 그 사고방식에 빠져 있었다. 일단 편견을 내려놓자 그 여성들은 생각이 깊고 그녀들 또한 어려움과 고통을 겪었다는 사실을 알 수 있었다. 나는 그녀들을 보자마자 평가절하할 준비가 되어 있었던 것이다.

어느 날 저녁, 차바드(율법을 엄격히 지키는 유대교 글로벌 네트워크 - 옮긴이)에서 강연을 했는데 동료 생존자 한 명이 함께 자리해 있었다. 강연이 끝나고 질의응답 시간이 되자 그가 물었다. "아우슈비츠에서 왜 그렇게 쉽게 협력했나요? 왜 저항하지 않았나요?" 그는 목소리 높여 말했다. 나는 만약 내가 보초병과 싸우려고 했다면 그 즉시 총살당했을 것이라고 설명하기 시작했다. 저항은 나를 해방해주지 못했을 것이다. 아마 나는 나머지 인생을 놓쳐버렸을 것이다. 하지만 바로 그 순간 나는 내가 과거의 내 선택을 옹호하려 애쓰면서 그의 소동에 반응하고 있다는 사실을 깨달았다. 지금 이 순간은 어떠한가? 아마 이 순간은 내 삶 속에서 내가 이 남성에게 연민을 보일 기회일지도 몰랐다. 내가 말했다. "여기에 와주셔서 고맙습니다. 그리고 당신의 경험을 공유해주셔서 고맙습니다."

비난의 감옥에 갇힌 채 살아갈 때 우리는 다른 사람들만을 희생시키지 않는다. 우리는 우리 자신 또한 희생시킨다.

처음 만났을 때, 앨릭스는 자기 연민을 향한 여정을 걷는 상태였다. 그녀는 내게 팔에 새긴 문신을 보여주었다. 거기에는 '분노RAGE'라고 새겨져 있었다. 그리고 그 아래에는 '사랑 LOVE'이라고 새겨져 있었다.

"이게 제가 자란 방식이에요." 앨릭스가 말했다. "아버지는 분노였죠. 어머니는 사랑이었어요."

앨릭스의 아버지는 경찰관이었고, '얼굴에서 그런 표정 좀 갖다 치워' '짐이 되지 마' '절대 감정을 보이지 마' '항상 괜찮은 것처럼 행동해' '실수는 용납 못 해' 등의 분위기에서 앨릭스와 남동생을 키웠다. 그는 업무에 대해 스트레스에 가득 찬 상태로 퇴근할 때가 많았다. 앨릭스는 아버지의 분노가 끓어오르기 시작할 때 자신의 방으로 후퇴하는 법을 어릴 때부터 터득했다.

"항상 제 잘못이라고 생각했어요." 앨릭스가 내게 말했다. "아버지가 무엇에 대해 그렇게 화가 났는지 알 수 없었어요. 아무도 제게 '네가 문제가 아니야. 넌 아무 잘못도 없어'라고 말해주지 않았어요. 전 '저 자체'가 아버지를 화나게 했다고 생각하며 자랐어요. 제가 뭔가 잘못됐다고 생각하면서요."

이러한 책망받고 비난받는다는 느낌은 앨릭스에게 매우 뿌리 깊이 내면화된 나머지 앨릭스는 성인임에도 매장 직원에게 높은 선반에서 물건을 내려달라고 부탁하는 일조차 두려워했다.

"그들은 이렇게 생각할 게 분명해요. '정말 바보 같군.'"

알코올은 억압, 걱정, 두려움에서 일시적인 안도를 할 수 있게 해주었다. 하지만 결국 앨릭스는 중독 치료 센터에 입소하게 됐다.

처음에 상담했을 때 앨릭스는 자신이 술을 완전히 끊은 지 13년이 되었다고 말했고 20년 넘게 일했던, 몹시 힘든 응급의료차량 배차 업무를 최근에 그만뒀다고 했다. 이 업무는 장애가 있는 딸을 보살피는 일과 병행하기 어려웠다. 그녀의 인생에서 새로운 숙제는 바로 자기 자신에게 친절하게 대응하는 것이었다. 또한 이는 그녀가 자신의 가족과 함께 있을 때마다 그녀를 좌절시키는 목표이기도 했다.

그녀의 어머니는 따뜻함, 안전함, 친절함을 구현하고 가족 평화유지군으로 복무하며 자연스러운 흐름에 몸을 맡긴 채 자신의 아이들과 손자들에게 필요한 모든 것을 갖춰놓았다. 게다가 일상적인 가족 저녁 식사조차 명절의 식사처럼 특별하게 느껴지도록 만들었다. 하지만 앨릭스의 아버지는 여전히 항상 화가 나 있고 기분이 언짢은 상태였다. 앨릭스는 경계하는 눈빛으로 아버지를 관찰하며 아버지의 행동 하나하나를 읽으려고 애썼다. 그녀 자신을 보호할 수 있도록 말이다.

최근에 부모님과 캠핑 여행을 떠났을 때, 앨릭스는 아버지가 다른 사람들에 대해 내뱉는 온갖 부정적인 논평들을 의식했다.

"옆자리의 사람들이 그들의 개별 텐트 자리를 정리하고 짐을 꾸리고 있었어요. 그때 아버지가 말했죠. '이게 내가 제일 좋아하는 부분이야. 바보 같은 녀석들이 어떻게 해야 할지 몰라 안절부절 못할 때 말이지.' 그게 제가 자란 방식이에요. 아버지는 사람들이 실수를 저지를 때마다 그걸 지켜보고선 비웃었죠. 제가 사람들이 저에 관해 끔찍한 생각들을 하리라 짐작하게 된 것도 무리는 아녜요! 전 늘 아버지를 관찰하며 얼굴을 씰룩거리거나 찡그리는지 징후를 살폈어요. 아버지가 분노를 폭발하지 않도록 제가 할 수 있는 일은 뭐든 해야 한다는 신호였기 때문이죠. 아버지는 평생 제게 겁을 주었어요."

"가장 불쾌한 사람이 자신에게 가장 훌륭한 선생님이 될 수 있습니다." 내가 그녀에게 말했다. "아버지는 당신이 그의 어떤 점을 싫어하는지 가르쳤어요. 그리고 당신 자신 안에 그런 모습은 없는지 살피도록 가르쳤죠. 당신은 얼마나 많은 시간을 자기 자신을 비난하면서 보내나요? 자신에게 겁을 주면서요."

우리는 그녀가 자기 자신을 외부로부터 차단하는 방식을 살펴보았다. 그녀는 스페인어 수업을 듣고 싶었지만, 겁이 나서 신청하지 못했다. 또한 체육관에 등록하는 것도 두려워했다.

우리는 모두 희생자들의 희생자들이다. 문제의 근원을 찾아 과거로 얼마나 멀리 되돌아가보고 싶은가? 하지만 그보다는 자기 자신에게서부터 시작해보는 것이 더 낫다.

몇 개월 후, 앨릭스는 용기와 자기수용감을 끌어모아 스페인어 수업을 신청하고 체육관에 등록했다고 말했다. "저는 대환영을 받았어요. 그들은 심지어 여성 역도팀과 겨루도록 절 신입회원으로 뽑았어요." 그녀가 말했다.

내면의 나치를 떠나보낼 때, 우리는 그동안 우리의 발목을 잡고 있던 내부의 힘과 외부의 힘을 해체할 수 있다.

"당신의 절반은 당신의 아버지예요. 그에게 백색광을 비추세요. 그를 백색광으로 감싸버리세요." 앨릭스에게 내가 말했다.

이는 내가 아우슈비츠에서 배웠던 것이다. 만약 내가 보초병들과 싸우려고 했다면 나는 총살당했을 것이다. 만약 내가 도주하려고 했다면 나는 전기 철조망을 기어오르다 감전사했을 것이다. 그래서 나는 증오를 연민으로 바꾸었다. 나는 보초병들을 가엽게 여기기로 선택했다. 그들은 세뇌당했다. 그들은 자신의 무고함을 빼앗겼다. 그들은 아우슈비츠에 와서 어린아이들을 가스실에 집어넣으며 자신들이 세상을 암적인 요소로부터 자유롭게 하고 있다고 생각했다. 그들은 자신의 자유를 잃어버렸다. 하지만 나는 여전히 나의 자유를 가지고 있었다.

스위스 로잔에 방문한 지 몇 개월 후에, 오드리는 국제경영개발연구원에 돌아가 '높은 성취 리더십High Performance Leadership' 프로그램에서 안드레아스와 함께 워크숍을 진행했다.

"우리는 비밀들과 두려움의 전송선 정반대 편에서 성장했습니다." 안드레아스가 말했다.

이제 그들은 서로 협력해 현재의 비즈니스 리더들이 내면의 치유에 집중하도록 돕고 있다. 다시 말해 과거와 똑바로 마주 보고 더 나은 현실을 향한 경로를 그리도록 돕고 있다.

그들의 학생 중에는 유럽인들도 있다. 주로 독일과 독일 인근 국가들 출신 사람들이고 30대, 40대, 50대로 이루어져 있다. 제2차 세계대전에서 한두 세대 떨어져 있지만, 전쟁 동안 자신의 집안에 무슨 일이 일어났는지 궁금해하는 사람들이다. 다른 학생들은 폭력에 황폐해졌던 아프리카의 지역들이나 동남유럽 출신이다. 이들은 자신의 가족들이 경험했던 혹은 가했던 비극들과 대면하고 이를 놓아주는 법을 알아내려 애쓰고 있다. 생존자의 딸과 나치의 손자가 이끄는, 내면 치유에 대한 이 워크숍은 치유의 방법뿐만 아니라 치유의 이유 또한 잘 보여주는 매우 아름다운 사례다. 우리 자신을 위해 또한 우리의 치유가 세상에 전달하는 것을 위해 말이다. 그리고 우리가 넘겨주는 새로운 유산을 위해 말이다.

"저는 과거에 대해 침묵으로 일관했어요. 저는 고통이 두려웠어요." 오드리가 말했다. 하지만 오드리는 더 많이 알게 되는 것을 피할수록 자신이 슬픔에 더 집착하고 있다는 사실을 깨달았다. "이젠 차라리 궁금해하고 싶어요. 그리고 다른 사람들을 돕고 싶어요." 오드리가 말했다.

안드레아스도 동의했다. 그가 말했다. "왜 제가 과거에 그렇게 많은 시간을 쏟았는지 마침내 분명하게 알게 됐어요. 저는 선조들이 우리가 과거의 잘못을 바로잡는 일을 하길 원하리라고 생각해요. 가능한 한 말이지요. 이걸 깨닫고 나자 저는 그들과 화해할 수 있었어요. 이제 저는 그들에게 왜 그렇게 했느냐고 묻기를 멈출 수 있어요. 그 대신 평화에 기여하기 위해서 현재 뭘 해야 하는지에 집중할 수 있습니다."

우리는 사랑하는 법을 태어날 때부터 알고 있다. 그리고 증오하는 법을 자라면서 배운다. 무엇을 향해 손을 뻗을지는 우리의 선택에 달려 있다.

비난에서 벗어나기 위한
핵심 열쇠

○ **우리에게 최고의 선생님들.** 우리의 삶에서 가장 유해하고 가장 불쾌한 사람들이 우리에게 최고의 선생님이 되어줄 수 있다. 다음번에 당신을 짜증 나게 하거나 당신을 공격하는 누군가와 함께 있을 때 부드러운 눈빛으로 자기 자신에게 이렇게 말해보라. "인간이야. 그 이상도 그 이하도 아니야. 인간이야. 나와 같은." 그런 다음 자기 자신에게 물어보라. "제게 무엇을 가르쳐주기 위해 여기에 오셨나요?"

○ **우리는 사랑하는 법을 태어날 때부터 알고 있다. 그리고 증오하는 법을 자라면서 배운다.** 당신이 자라면서 들었던, 사람들을 카테고리로 나누는 메시지들의 목록을 적어보라. 가령, '우리들/그들, 좋은/나쁜, 옳은/틀린'처럼 말이다. 그런 다음 이러한 메시지들 중 당신이 현재 세상을 바라보는 방식을 설명하는 메시지에 동그라미를 쳐보라. 어느 부분에서 당신이 비난에 집착하고 있는지 살펴보라. 이 비난이 당신의 인간관계에 어떠한 영

향을 미치고 있는가? 그것이 당신의 선택이나 위험을 감수하는 능력을 제한하고 있지는 않은가?

○ **당신이 남기고 싶은 유산은 무엇인가?** 우리는 우리의 선조가 무슨 일을 했는지, 무슨 일을 당했는지 선택할 수 없다. 하지만 우리는 앞으로 물려줄 레시피를 만들 수 있다. 잘 사는 삶의 레시피를 적어보라. 가족의 과거에서 좋은 일들을 가져와서 당신만의 재료들을 첨가하라. 다음 세대에게 맛있고 영양가 있는 무언가를 제공하라. 다음 세대는 그것을 기반으로 하여 더 발전할 수 있을 것이다.

열한 번째 수업

✦

마음에 새긴 것은
아무도
빼앗아 갈 수 없다

마늘에 초콜릿을 씌우지 말기 바란다.

맛이 좋을 리가 없다.

희망은 어둠으로부터 시선을 돌리는 것이 아니다.

희망은 어둠과 정면으로 부딪치는 것이다.

아우슈비츠에 있을 때 한 가지 질문이 끈질기게 나의 뇌리를 떠나지 않았다. '마그다 언니와 내가 여기에 있다는 사실을 누가 알까?' 그리고 항상 답은 절망을 가리켰다. 만약 사람들이 알면서도 개입하지 않는다면 내 삶의 가치는 무엇일까? 만약 아무도 모른다면 우리가 여기에서 나갈 수 있기는 한 걸까?

절망감이 나를 압도할 때마다 나는 어머니가 수용소로 향하는 빽빽한 가축 운반차의 어둠 속에서 내게 해주었던 말을 떠올렸다. "우리는 어디로 가고 있는지 알 수 없어. 무슨 일이 벌어질지 알 수도 없어. 하지만 이것 하나만 기억하렴. 네가 마음에 새긴 것은 아무도 빼앗아 갈 수 없단다."

수용소에서 보내는 길고 끔찍한 낮들과 밤들 동안, 나는 무엇을 마음에 품고 있을지를 선택했다. 나는 남자친구 에릭에 대해 생각했다. 전쟁의 시기에 우리의 로맨스가 어떤 식으로 불타올랐는지, 우리가 강변으로 피크닉을 가서 내 어머니가 싸 준 맛있는 프라이드치킨과 감자 샐러드를 먹으며 우리의 미래를 계획하던 모습을 떠올렸다. 또한 아파트에서 쫓겨나기 얼마

전에 아버지가 만들어준 드레스를 입고 에릭과 함께 춤을 췄던 것을 떠올렸다. 나는 그 드레스를 입고 춤을 출 수 있는지 확인하기 위해 드레스를 시험 삼아 입어보았다. 치맛자락이 빙그르르 잘 돌아가는지 살펴보기 위해서였다. 에릭의 두 손은 가느다란 스웨이드 벨트를 한 내 허리를 살짝 잡았다. 그리고 나는 내가 탄 수송 차량이 벽돌 공장에서 떠날 때 에릭이 내게 했던 마지막 말들을 떠올렸다. "너의 눈을 절대 잊지 않을 거야. 너의 손을 절대 잊지 않을 거야." 그러고 나선 우리가 다시 만나는 날을 상상했다. 기쁨과 안도에 가득 찬 채 서로 단단히 껴안는 모습을 그려보았다.

이러한 생각들은 그 가장 어두운 시간을 통과하는 동안 들고 있던 한 개의 촛불 같았다. 에릭에 대한 몽상이 공포를 지워주지는 않았다. 부모님의 죽음이 남긴 고통이나 내게 다가오는 죽음의 위협을 누그러뜨려주지도 않았다. 하지만 에릭에 대해 생각하면 나는 내가 존재했던 과거를 회상할 수 있었고 사랑하는 사람들과 함께할 미래를 마음속에 그릴 수 있었다. 그리고 굶주림과 고통에서 거리를 두고 균형 잡힌 사고를 할 수 있었다. 나는 지상의 지옥을 겪어내고 있었다. 하지만 그것은 일시적인 일이었다. 만약 어떤 것이 일시적이라면 그것을 견뎌낼 수 있다.

희망은 정말로 삶과 죽음의 문제다. 아우슈비츠에서 알게 된

한 젊은 여성은 크리스마스 이전에 수용소가 해방될 것이라고 확신했다. 그녀는 새로 도착하는 수용자들의 수가 줄어드는 것을 봤고 독일인들이 커다란 군사적 손실을 입고 있다는 루머를 들었고 오직 몇 주만 지나면 우리가 해방되리라고 자신을 납득시켰다. 그리고 나서 크리스마스가 다가왔고 지나갔다. 아무도 수용소를 해방시키기 위해 오지 않았다. 크리스마스 다음 날 내 친구는 세상을 떠났다. 희망은 그녀를 계속 견디게 했다. 그리고 그녀의 희망이 죽자 그녀 또한 죽었다.

그때로부터 70년이 넘게 흐른 후 라호이아에 있는 한 병원에서 나는 이 일이 다시 생각났다. 내 첫 책인 《마음 감옥에서 탈출했습니다》가 출간되고 몇 달이 지난 후였다. 수십 년 동안 나는 나의 치유의 이야기를 책으로 써서 전 세계에 있는 많은 사람이 자유를 향한 여정을 시작하고 지속하게 돕는 것이 꿈이었다. 그리고 책을 출간하고 난 후 놀랍고 긍정적인 일들이 많이 일어났다. 매일 나는 독자들로부터 감동적인 편지를 받았고 콘퍼런스와 특별 이벤트에서 강연해달라고 초청받았다. 또한 전 세계의 매체에서 인터뷰 요청이 쏟아져 들어왔다.

어느 날, 디팩 초프라(인도계 미국인 연설가이자, 아유르베다와 영성에 관해 집필한 작가이다 – 옮긴이)가 캘리포니아주의 칼즈배드에 있는 '초프라센터'에서 자신이 주최할 페이스북 라이브 이벤트에 참석해달라고 나를 초대했다. 나는 엄청 신이 났다. 내 나이에는 외모 관리에 많은 시간이 들기 때문에 나는 그 즉시 작업에 착수했다. 나는 최고의 상태로 보이고 느끼도록 헤어와 메이크업 예약을 잡았다. 가장 좋아하는 고급 의복도 손질했다. 그러는 한편 뱃속에서 계속 느껴지는 고통스러운 신호는 무시하려 애썼다. 불타는 듯한 경련이 관심을 가져달라고 비명을 질렀다. 마치 아우슈비츠에서 굶주림이 내게 끊임없이 잽을 날리던 것처럼 말이다. "날 내버려둬." 나는 화장을 고치며 나의 배에게 말했다. "지금 엄청 바쁘니까!"

나는 이벤트 당일에 아침 일찍 일어나서 조심스럽게 옷을 차려 입었다. 거울을 보며 정장 재킷을 매만지는 순간 아버지가 나를 보는 모습이 상상됐다. "저 좀 보세요!" 나는 미소를 지으며 아버지에게 말했다.

그렇지만 친구가 나를 초프라센터까지 태워다주기 위해 데리러 왔을 때, 그녀는 내가 등을 구부리고서 끔찍한 경련의 또 다른 파도를 이겨내려 애쓰고 있는 모습을 목격했다. "나는 널 이벤트 장소에 데려가지 않을 거야." 그녀가 말했다. "병원으로 데려갈 거야."

나는 받아들일 수 없었다. "준비하는 데에만 이틀이 걸렸어!" 나는 이를 악물고 말했다. "나는 초프라센터에 갈 거야." 그녀는 최대한 빠르게 운전해 초프라센터로 향했고 도착한 후 나는 가까스로 디팩과 그의 부인과 인사를 나눈 후 화장실 바닥에 주저앉았다. 나는 화장실 바닥을 엉망으로 만들어 난처한 상황에 놓일까 두려워하며 변기의 가장자리를 움켜잡고 있다가, 곧이어 극심한 통증으로 인해 의식을 잃었다. 그다음으로 기억나는 것은 디팩이 나를 부축하고 자동차까지 데려다주었고 우리는 곧바로 병원으로 향했다. 의사들은 내 소장이 꼬였고 절제수술을 해야 한다고 말했다. 당장 외과수술을 받아야 했다. 한 외과의사가 말했다. "한 시간이라도 더 지체했다면, 목숨을 잃었을 겁니다."

수술을 받고 몇 시간 후 내가 감각이 없고 몸을 가누지 못하는 상태로 마취에서 깨어나자 간호사들이 내게 그들이 만난 환자 중 수술실에서 나오는 모습이 가장 우아한 환자였다고 말했다. 메이크업이 여전히 완벽했던 게 분명했다.

하지만 나는 전혀 나 자신이 우아하다고 느껴지지 않았다. 무력한 갓난아기가 된 것 같은 느낌이었다. 투여한 약물들로 의식이 혼미했고, 주변 사물들을 인식하지 못했고, 다른 사람의 도움 없이는 움직일 수조차 없었다. 나는 나를 화장실에 데려다줄 누군가를 부르기 위해 버튼을 누르고 그런 다음 간호사나 의료보조원이 때맞추어 도착하지 않을까 두려움에 떨며 그들이 오기만을 기다려야만 했다. 나는 나 자신이 완전한 인간인 느낌이 들지 않았다. 마치 배고픔, 목마름, 배설의 욕구 같은 기본적 욕구들만 남은 사람으로 작아진 느낌이었고 그러한 기본적 욕구들조차 혼자 힘으로 충족할 수 없었다.

무엇보다 최악인 것은, 입에 호흡관을 삽입했기 때문에 아무 말도 할 수 없다는 점이었다. 무력한 동시에 목소리를 잃게 되자 너무나도 많은 끔찍한 기억들이 몰려왔다. 나는 호흡관을 움켜잡고 그것을 떼어내려 했다. 간호사들은 내가 나를 질식시킬까 걱정하며 내 양손을 침대 아래쪽에 묶었다. 이제 나는 정말로 공포에 휩싸였다. 과거의 트라우마에 의해 야기되는 내 자동적 신체 반사 반응(PTSD 증상)은 몸이 어딘가에 갇히거나 무언가에 얽매이는 것을 참지 못했다. 빽빽한 공간이나 신체를 억제하는 장치는 나를 공황 상태에 빠지게 했다. 내 심장은 위험할 정도로 빨리 뛰었고 혈액으로 미처 채워지기도 전에 수축했다. 몸이 묶이고 아무 말도 할 수 없는 상태에서, 나는 이대로 삶을 유지하는 것은 아무 의미가 없다고 느꼈다.

나의 아름다운 세 아이들―마리안느, 오드리, 그리고 조니―은 수술이 끝난 이후 줄곧 내 옆을 지켰고 끊임없이 나를 보살폈다. 내가 최대한 또렷하게 의식을 유지하도록 약물이 적절한 양으로 투여되고 있는지 확인했고, 바싹 말라 건조해진 내 피부에 내가 가장 좋아하는 샤넬 로션을 부드럽게 문질러 발랐다. 내 손자들도 병문안을 왔다. 레이철과 오드리는 내게 부드러운 가운을 가져다주었다. 가족들 모두 나를 엄청나게 잘 돌보고 있었고 내가 품위와 편안을 잃지 않도록 할 수 있는 모든 일을 다 했다. 그렇지만 나는 너무나도 많은 생명유지 장치에 연결되어 있었다. 내가 가족들 없이 다시 한 인간으로 제대로 기능할 수 있을까? 만약 완전하게 살 수 없다면 생을 지속하고 싶지 않았다. 잠깐 손이 자유로워졌을 때 나는 마리안느에게 종이 조각과 펜을 가져다달라고 손짓했다. '난 죽고 싶어, 행복한 상태로.' 내가 종이에 휘갈겨 썼다.

아이들은 내게 마침내 때가 된다면 나를 고이 보내주겠다고 안심시켰다. 그리고 마리안느는 내 쪽지를 소중하게 주머니에 넣었다. 아이들은 내가 바로 지금 떠날 준비가 되어 있다는 사실을 알지 못하는 것처럼 보였다. 그날 오후에 나의 폐 담당 주치의인 매콜 박사가 회진을 돌다가 내 병실에 들어왔고 내가 좋아 보인다고 말했다. 그는 다음 날에 호흡기를 제거하겠다고 약속했다. 아이들은 미소를 지으며 내 이마에 입을 맞췄다. "보세요, 엄마. 곧 괜찮아지실 거예요." 아이들이 말했다. 기나긴 오후의 시간이 째깍거리며 지나가고 내 몸과 연결된 모든 모니터와 생명유지 장치가 나를 둘러싼 채 삐 소리를 내고 찰칵찰칵 하는 소리를 내는 동안, 나는 나 자신을 설득하려 최선을 다했다. '이건 일시적인 일이야. 난 이걸 이겨낼 수 있어.' 나는 나 자신에게 말했다. 난 정확히 셀 수 없을 정도로 졸았다 깨었다 했고, 그런 다음 병실의 작은 사각 창문을 빤히 쳐다보며 또다시 자다가 깼다가 하며 불안하고 끝없는 밤을 통과했다. 마침내 해가 솟았다. 결국 나는 해냈다. 호흡기는 그날 제거될 터였다. '이건 일시적인 일이야.' 나는 매콜 박사가 와서 호흡기를 제거해주기를 기다리면서 되뇌었다. '이건 일시적인 일이야.' 하지만 매콜 박사는 내 병상에 와서 잠시 아무 말도 하지 않더니 자신의 기록들을 한 번 더 확인한 후 한숨을 내쉬었다. "하루 더 기다려야 할 것 같네요."

나는 내게는 하루를 더 버틸 힘이 있지 않다고 말하고 싶었지만, 호흡기 때문에 입을 열 수가 없었다. 내가 생을 포기하는 순간에 얼마나 가까이 갔었는지 알지 못한 채, 그는 안심시키는 미소를 내게 지어 보이고서 회진을 돌기 위해 병실을 나갔다.

나는 그날 밤 한밤중에 잠에서 깼다. 온몸이 세상을 차단한 채 아기처럼 안쪽으로 웅크리고 있었다. 나는 마침내 삶을 떠나보내는 것이 이러한 느낌인지 궁금했다. 바로 그때 나의 내면의 목소리가 들렸다. '넌 아우슈비츠에서도 해냈어. 지금 한 번 더 해낼 수 있어.' 내게는 선택권이 있었다. 나는 굴복하고 포기할 수도 있었다. 혹은 희망을 선택할 수도 있었다. 새로운 느낌이 내 몸을 휩쓸고 지나갔다. 나는 3대에 걸친 세대(내 아이들, 손주들, 증손주들)가 한데 모여 나를 떠받치고 있는 것을 느꼈다. 둘째 딸인 오드리가 태어난 후 첫째 딸인 마리안느가 나를 병문안 와서 기쁨에 넘쳐 폴짝폴짝 뛰며 소리치던 모습이 생각낳다. "여동생이 생겼어요! 여동생이 생겼어요!" 유년기에 장애를 겪었던 아들 조니는 내게 무슨 일이 벌어지든 절대 포기하지 말아야 한다는 교훈을 내게 가르쳐주었다. 엄마가 되었을 때 린지의 얼굴이 얼마나 빛났는지 떠오른다. 증손자 헤일의 달콤한 목소리가 나를 '장난감 아기'라고 부르던 소리. 걸음마기 아기인 데이비드가 내가 배꼽에 뽀뽀할 수 있도록 셔츠를 들어 올리며 외치던 소리. "뽀뽀해줘! 뽀뽀해줘!" 10대인 조던이 친구들과 다툰 후 잠자리에 벌꿀을 탄 따뜻한 우유를 부탁했던 일. 바로 그날 아침 내 발을 마사지하면서 나를 응시하던 레이철의 아름다운 두 눈. 나는 살아야만 했다. 왜냐하면 그 두 눈을 더는 못 보고 싶지 않았기 때문이다! 나는 그들 모두가 내게 준 선물을 느꼈다. 삶이라는 선물을 말이다. 고통과 피로는 아직 사라지지 않았지만 나의 팔다리와 심장은 생생하게 살아 있었다. 가능성과 목적의식의 부름에, 내가 다른 사람들을 돕는 일을 아직 다 끝마치지 못했고 이 행성에서 하고 싶은 일이 아직 더 있다는 깨달음에 호응하며 말이다.

우리의 시간이 끝나지 않았을 때 시간은 아직 우리의 것이다. 우리는 언제 죽을지를 선택할 수 없다. 하지만 나는 더는 죽고 싶지 않았다. 나는 살고 싶었다.

그다음 날 주치의가 와서 튜브를 제거했고 오드리의 도움을 받아 나는 온갖 약물 링거병과 기계들을 대동한 채로 복도를 걸어 내려갔다. 간호사들이 복도에 줄지어 서서 박수를 치며 내게 환호성을 보냈다. 얼마나 많은 장비를 끌고 다녀야만 하는지에 개의치 않고 침대에서 나와서 걷기로 굳게 결심한 나를 보고 모두들 놀란 모습이었다. 일주일 이내에 나는 집으로 돌아갔다. 병원 침상에 매여 있다가 희망을 선택했을 때, 나는 1년 후에 오프라 윈프리에게서 이메일을 받으리라는 사실을 알지 못했다. 그녀는 내 책을 읽었다고 하며 〈슈퍼 소울 선데이Super Soul Sunday〉에서 나를 인터뷰하고 싶다고 말했다.

우리는 앞에 무엇이 놓여 있는지 결코 알지 못한다. 희망은 우리가 고난을 가리기 위해 사용하는 흰색 페인트가 아니다. 희망은 호기심에 대한 투자다. 지금 포기한다면 앞으로 무슨 일이 벌어질지 결코 알게 되지 못할 것이라는 인식이다.

나는 첫째 아이를 임신했을 때 내 인생에서 그 어떤 것도 그때 느낀 행복을 초월하지 못할 것이라고 생각했다. 내 주치의는 임신 상태를 유지하는 것이 위험하다고 경고했다. 내가 건강한 태아를 뱃속에 키우거나 출산을 견딜 만큼 신체적으로 충분히 강하지 않다고 염려했기 때문이다. 하지만 나는 진료가 끝난 후 깡충거리며 거리를 뛰어갔다. 그토록 많은 고난과 무의미한 죽음을 겪었음에도 내가 세상에 생명을 데려올 수 있다는 사실이 믿기지 않았고 기쁨을 억누를 수가 없었다. 나는 먹을 수 있을 만큼 호밀빵과 감자 슈페츨러를 한껏 먹으며 축하했다. 상점 창문에 내 모습을 비춰보며 활짝 웃었다. 몸무게가 22킬로그램이 늘었다.

마리안느가 태어난 이후 수십 년 동안 나는 많은 것을 얻었고, 잃었고, 거의 잃을 뻔 했다. 이러한 모든 일은 내가 얼마나 많은 것을 지니고 있는지 가르쳐주었고 다른 사람의 허가나 승인을 기다리지 말고 모든 귀중한 순간을 축하하는 방법을 가르쳐주었다. 나는 계속해서 가르침을 받았다. '희망을 선택하는 것은 삶을 선택하는 것이다.'

희망은 미래에 무슨 일이 벌어질지에 관해 어떠한 것도 보장해주지 않는다. 전쟁 이후 생긴 척추측만증은 항상 내 곁에 있다. 그것은 폐를 밀어서 점점 심장에 가까워지게 만든다. 나는 심장마비가 찾아올지 숨을 잘 쉬지 못하는 채로 잠에서 깨어날지 알지 못한다.

하지만 희망을 선택하는 일은 무엇에 매일 나의 관심을 둘지에 영향을 미친다. 나는 젊게 생각할 수 있다. 나는 열정으로 하루를 채우기 위해 무엇을 할지 선택할 수 있다. 나는 할 수 있는 한 춤을 추고 하이킥을 할 것이다. 내게 큰 의미가 있는 책들을 다시 읽고 영화를 보러 가고 오페라와 연극을 보러 갈 것이다. 맛있는 음식과 최신 패션을 즐길 것이다. 친절하고 진실한 사람들과 시간을 보낼 것이다. 상실과 트라우마가 삶을 충만하게 살기를 멈춰야 한다는 의미가 아니라는 사실을 잊지 않을 것이다.

사람들은 말한다. "당신은 지상에서 가장 거대한 악을 직접 겪었잖아요. 세상에는 여전히 집단학살이 존재하는데 어떻게 희망을 품을 수 있죠? 반대되는 증거가 그렇게 많은데도요."

끔찍한 현실을 마주하고서도 어떻게 희망을 품는 것이 가능하냐고 묻는 것은 '희망'과 '이상주의'를 혼동하는 것이다. 이상주의는 삶의 모든 것이 공정하거나 좋거나 수월하리라고 기대하는 것이다. 이는 '부정'이나 '망상'과 마찬가지로 심리적 방어기제에 불과하다.

마늘에 초콜릿을 씌우지 말기 바란다. 맛이 좋을 리가 없다. 마찬가지로, 현실을 부정하거나 달콤한 무언가로 현실을 가리려 애쓴다면 절대 자유를 얻을 수 없다. 희망은 어둠으로부터 시선을 돌리는 것이 아니다. 희망은 어둠과 정면으로 부딪치는 것이다.

이 책을 쓰기 시작한 지 얼마 후, 나는 우연히 텔레비전에서 벤저민 페렌츠의 인터뷰를 보게 됐다. (벤저민 페렌츠는 미국 변호사이다. 그는 제2차 세계대전 이후 나치 전쟁범죄 수사관이자, 독일 뉘른베르크에서 미국 당국이 개최한 열두 건의 후속 뉘른베르크 재판 중 하나인 아인자츠그루펜 재판에서 미 육군 수석 검사였다 ─ 옮긴이) 이때 그는 90세였고 독일 뉘른베르크에서 나치 전쟁범죄를 기소한 검사들 중 마지막으로 생존해 있는 검사였다. 알려졌다시피 뉘른베르크 재판은 현재까지 전 세계에서 가장 큰 살인 사건 공판으로 남아 있다.

유대계 루마니아인의 아들인 그는 제2차 세계대전 동안 미 육군에서 복무했고, 노르망디 상륙작전과 벌지 전투(제2차 세계대전 당시 벨기에에서 벌어진 전투 – 옮긴이)에 참전했다. 그리고 나서, 강제수용소가 해방되는 동안 그는 전쟁범죄 증거를 수집하기 위해 독일에 파견되었다. 하지만 그 당시 자신이 목격한 것들에 커다란 트라우마를 입은 그는 다시는 독일에 돌아가지 않겠다고 맹세했다.

그는 고향인 뉴욕으로 돌아갔고 변호사업을 시작하려고 한창 준비하던 때에 다시 베를린으로 파견되었다. 나치 사무실들과 기록보관소들을 조사하여 뉘른베르크 전쟁범죄 재판 기소에 도움이 될 만한 증거들을 찾으라는 임무를 맡았다. 나치가 남긴 서류들의 목록을 작성하면서, 그는 나치 독일의 친위대 산하의 준군사조직으로, 학살 부대라고 알려진 '특수작전집단Einsatzgruppen'이 기록한 보고서들을 발견했다. 그 보고서들에는 나치가 점령한 유럽 전역에 걸친 도시들과 마을들에서 잔혹하게 총살당한 수많은 남자들, 여자들, 어린아이들의 목록이 있었다. 페렌츠는 사망자들의 수를 모두 더해봤고, 그 결과 100만 명이 넘는 사람들이 집에서 살육당한 후 집단매장지에 묻혔다는 사실을 밝혀냈다.

"71년이라는 세월이 흘렀지만, 여전히 토할 것 같은 느낌이 듭니다." 페렌츠가 말했다.

이 지점이 바로 희망이 생겨나는 지점이다. 만약 페렌츠가 이상주의를 고수했다면, 그는 몹시 고통스러운 진실을 잊어버리려 애쓰거나, 희망적 사고 회로('전쟁은 끝났어. 세상은 이제 더 나아졌어. 이런 일은 다시는 벌어지지 않을 거야.')를 돌리며 진실을 어둠 속에 묻어버렸을 것이다. 반대로 만약 그가 절망감에 너무 깊이 빠졌다면 그는 "인간성은 추악해. 우리가 할 수 있는 일은 아무것도 없어"라고 말했을 것이다. 하지만 페렌츠는 희망을 향해 손을 뻗었다. 그는 온 힘을 다해 자신이 할 수 있는 모든 일을 하기로 굳게 결심했다. 법치주의를 수호하기 위해, 유사한 범죄가 다시 일어나는 것을 막기 위해 말이다. 그리고 그는 아인자츠그루펜 재판에서 미 육군 수석 검사로 임명되었다. 그 당시 그는 27세밖에 되지 않았다. 이 재판은 그의 첫 재판이었다.

그는 거의 1세기가 다 되는 시간 동안 살았고 여전히 세계 평화와 사회정의를 외치고 있다.

"용기를 잃지 않기 위해서는 어마어마한 용기가 필요합니다." 그는 말했다. 하지만 그럼에도 절대 포기하지 말라고 그는 우리에게 깨우친다. 우리를 둘러싼 모든 곳에서 진보와 변화가 이루어졌고 이전에 일어난 적 없는 새로운 일들이 일어났다.

나는 최근 랜초 샌타페이(미국 캘리포니아주 샌디에이고 카운티의 샌디에이고 대도시권에 있는 인구조사 지정 장소. 2020년 인구조사에서 인구는 3,156명이었다 – 옮긴이)에서 강연을 했을 때 그의 말을 떠올렸다. 랜초 샌타페이는 샌디에이고 북쪽에 있는 인종 분리 구역이었고, 그리 얼마 전까지만 해도 유대인들은 이 지역에 살 수 없었다. 이제 이 구역은 랜초 샌타페이의 첫 번째 차바드 랍비(유대교의 율법학자 – 옮긴이) 탄생 15주년을 기념하고 있다.

만약 우리가 무언가가 가망 없거나 불가능하다고 결론짓는다면, 실제로 그러할 것이다. 하지만 만약 우리가 적극적인 조치를 취한다면 그 결과 어떠한 일이 벌어질지 누가 알겠는가? 희망은 뚜렷한 호기심이다. 자신의 내면에서 빛을 발하는 것을 기꺼이 키워서 세상에서 가장 어두운 곳들에 그 빛을 비추는 것이다. 희망은 가장 용감한 상상력이다.

절망의 씨앗들은 세상 곳곳에 흩뿌려져 있다. 나는 아우슈비츠와 공산주의 유럽에서 살아남아 자유의 땅인 미국에 왔다. 그러고선 내가 일하는 볼티모어 공장에 있는 화장실과 분수식 식수대가 미국인들이 사용하는 곳과 분리되어 있다는 사실을 발견했다. 나는 증오와 편견을 피해 도망쳤지만, 오히려 더 많은 증오와 편견과 맞닥뜨렸다.

이 책을 집필하기 시작하고 몇 개월이 지난 후인, 유월절(이

집트 탈출을 기념하는 유대인의 축제)의 마지막 날에 무장한 어떤 남자가 내가 현재 사는 샌디에이고 근처의 정통 유대교 회당에 걸어 들어와 총을 쏴서 교인 한 명을 살해했다. 그는 이렇게 말했다. "나는 유대인들에게서 나의 조국을 지키려는 것뿐이다." 몇 달 후, 내가 예전에 살았던 텍사스주, 엘파소에 있는 월마트에서 어떤 젊은 백인 남성이 반 이민주의와 백인 우월주의에서 기인한 증오에 가득 찬 채로 총기를 난사해 스물두 명의 무고한 시민을 살해했다. 고작 이따위 과거가 되풀이되기 위해 내 부모님이 아우슈비츠에서 돌아가셨던 것일까?

나는 매우 오래전에 엘파소의 한 대학교 수업에서 초청 강연을 한 후 느꼈던 내장의 뒤틀림을 영원히 잊지 못할 것이다. 강연이 끝나고 수업을 담당하는 교수가 청중에게 물었다. "아우슈비츠에 관해 아는 사람은 손들어보세요." 그 강당에는 최소한 200명의 사람들이 있었다. 그중에서 오직 다섯 명의 학생만이 손을 들었다.

무지는 희망의 적이다. 또한 무지는 희망을 위한 촉매이기도 하다.

나는 샌디에이고 총기 난사 사건의 생존자 중 한 명을 만날 기회가 있었다. 사건이 일어나기 몇 주 전에 그는 대학 생활을 막 시작한 참이었다. 그는 이스라엘에서 태어났고 아홉 살이 되던 해에 가족과 함께 미국에 이민 왔다. 그의 부모는 신앙심이 깊은 편이 아니었지만, 사건이 일어나기 얼마 전부터 그와 그의 아버지는 매주 토요일에 유대교 회당에 다니기 시작했다. 그는 이 습관이 '깊이 생각하고, 다시 시작하고, 생기를 되찾고, 주중에 잘한 일과 잘못한 일을 반성하는 일'에 도움이 된다고 느꼈다. 총기 난사 사건이 벌어진 그날 아침 그는 자신의 선택권들을 저울질해보며 어느 대학에 입학하면 좋을지 결정하려 애쓰고 있었다. 그의 아버지가 예배당에서 율법 낭독을 듣는 동안 그는 유대교 회당의 프런트 로비에 앉아 있었다. 그가 기도하고 깊이 생각하고 싶을 때 가장 좋아하는 곳이었다. 그는 창밖을 무심코 내다보다가 한쪽에서 어떤 남자가 회당 안으로 걸어 들어오는 것을 봤다. 그런 다음 총구가 보이고 총알이 날아가고 어떤 여성이 바닥에 쓰러지는 모습이 보였다.

'도망쳐!' 그는 머릿속으로 소리쳤다. 그는 벌떡 일어나 도망쳤지만, 총잡이는 그가 있는 것을 알아채고서 쫓아오며 고래고래 소리를 질렀다. "도망갈 테면 가봐, 이 새끼야!" 그는 비어 있는 방에 뛰어 들어가 책상 아래로 몸을 던진 후 책상에 몸을 바싹 붙이고 있었다. 총잡이의 발소리가 출입구에 다다랐다. 나의 어린 친구는 숨을 참았다. 발소리는 점점 멀어져갔다. 하지만 나의 친구는 감히 꼼짝도 할 수 없었다. 그가 여전히 책상에 몸을 바싹 붙인 채 숨을 참고 있을 때 그의 아버지가 그를 발견했다. 총잡이는 회당 밖으로 도주했다고 아버지가 그를 안심시켰다. 하지만 그는 책상 아래에 얼어붙은 채 한 발짝도 움직일 수가 없었다.

"생존자 대 생존자로 솔직하게 말해줄게요." 내가 그에게 말했다. "이 경험은 당신을 항상 따라다닐 것입니다." 나는 그에게 플래시백과 공황발작은 대개 평생 사라지지 않는다고 말했다. 하지만 우리가 '외상 후 스트레스 장애'라고 부르는 것은 엄밀히 말해 '장애'가 아니다. 이는 상실, 폭력, 비극에 대한 지극히 정상적인 반응이다. 이날 목격한 장면을 결코 극복하지 못한다고 할지라도 그는 이것과 타협하는 법을 배울 수 있다. 심지어 이것을 이용할 수도 있다. 우리가 삶에서 모든 것을 이용해서 자신의 성장과 목적의식을 북돋는 것처럼 말이다.

이것이 내가 여러분에게 제시하는 희망이다.

당신은 죽을 수도 있었다. 어떤 식으로든 말이다. 죽고 싶던 때가 있었을 수도 있다. 하지만 당신은 죽지 않았다. 희망은 당신이 그 모든 것에도 불구하고 살아남았고, 살아남았기 때문에 다른 이들에게 훌륭한 본보기가 될 수 있다는 확신이다. 당신은 자유를 위한 특사가 될 수 있다. 당신은 자신이 상실한 것에 집중하지 않고 자신에게 여전히 남은 것에 집중하며 자신이 해야 할 일을 하는 사람이다.

세상에는 항상 할 수 있는 무언가가 있다.

100세 가까이 사셨던 마틸다 이모는 매일 아침 일어나서 이렇게 말했다. "더 나빠질 수도 있어. 또한 더 나아질 수도 있어." 마틸다 이모는 매일 그렇게 하루를 시작했다. 나는 현재 96세이고 아침에 일어날 때마다 거의 매일 어떤 종류의 통증을 느낀다. 이것이 현실이다. 이것은 노화의 일부이며 척추측만증과 손상된 폐를 가진 채 살아가는 현실의 일부이다. 아무 고통도 느껴지지 않는 날은 내가 죽은 날일 것이다.

희망은 현실을 모호하게 하지도 현실을 눈가림하지도 않는다. 희망은 우리에게 삶이 어둠과 고난으로 가득 차 있다고 말해준다. 그리고 그렇다 하더라도 만약 우리가 오늘 살아남는다면 내일은 자유로워질 것이라고 말해준다.

절망에서 벗어나기 위한
핵심 열쇠

○ **마늘을 초콜릿으로 감싸지 말라.** 희망을 이상주의와 혼동하기 쉽다. 하지만 이상주의는 또 다른 형태의 현실 부정일 뿐이며, 고난과 진짜로 맞서는 것을 회피하는 하나의 방법이다. 회복력과 자유는 고통을 외면하는 데서 오지 않는다. 힘들거나 괴로운 상황에 관해 자신이 이야기하는 방식을 유심히 들어보라. "괜찮아." "그렇게 나쁘진 않아." "다른 사람들은 훨씬 더 나쁘게 겪어." "불평할 거 없어." "모든 일이 결국 잘될 거야." "고통이 없으면 영광도 없어!" 다음번에 자신이 축소화, 착각, 부정의 언어를 사용하는 것을 듣는다면 그 언어를 다음과 같은 표현들로 대체해보라. "고통스러워. 하지만 일시적인 일이야." 자기 자신에게 상기해줘라. "나는 이전에도 고통에서 살아남았어."

○ **낙담하지 않기 위해서는 용기가 필요하다.** 우리 주변에서는 항상 발전과 변화가 일어난다. 새로운 어떤 일도 이전에 이미 벌어진 적이 없다. 타이머를 10분으로 맞춘 다음 5년 전보다 현재

더 나아진 것들을 생각나는 대로 모두 적어보라. 세계적 스케일로 생각해보라. 인권 증진, 기술 혁신, 새로운 예술작품 등. 그런 다음 개인적 수준에서 생각해보라. 당신이 만들거나 성취하거나 더 낫게 변화시킨 일들. 아직 조금 더 노력이 필요한 일을 절망이 아닌, 희망을 위한 촉매로 삼으라.

○ **희망은 호기심에 투자하는 것이다.** 편안한 의자에 앉거나 바닥에 누워서 두 눈을 감으라. 몸을 이완하라. 심호흡을 몇 번 하라. 길이나 도로를 따라 걸어가는 자기 자신을 상상해보라. 당신은 미래의 자신을 만나러 가는 길이다. 당신은 어디에서 걷고 있는가? 화려한 도시의 거리? 숲속? 시골길? 주변의 생생한 감각적인 디테일들을 알아차려보라. 풍경, 냄새, 소리, 맛, 신체적 감각에 집중해보라. 이제 당신은 미래의 자신이 사는 곳의 현관에 다다랐다. 미래의 자신은 어디에 살고 있는가? 고층건물? 통나무집? 넓은 현관 베란다가 있는 주택? 이제 문이 열린다. 미래의 자신이 당신에게 인사를 한다. 미래의 자신은 어떻게 생겼는가? 그 사람은 무엇을 입고 있는가? 포옹을 하거나 악수를 나눠라. 그런 다음 물어보라. "당신이 내게 알려주고 싶은 게 무엇이죠?"

열두 번째 수업

✦

오직 나만이
나를 해방해줄 수 있다

우리의 몸 밖으로 나오는 것은

우리를 아프게 하지 않는다.

우리 몸 안에 머무르는 것이 우리를 아프게 한다.

용서는 해방이다.

사람들은 내게 어떻게 나치를 용서할 수 있었느냐고 자주 묻는다. 내게는 어떤 사람의 머리에 성유를 바르고 용서하거나 다른 사람들이 자신의 죄에 대해 가진 죄책감을 씻어줄 신적인 힘이 존재하지 않는다.

그렇지만 내게는 나 자신을 해방해줄 힘이 있다.

여러분도 마찬가지다.

용서는 우리에게 상처를 준 사람을 위하는 일이 아니다. 용서는 우리가 우리 자신을 위해 하는 일이다. 더는 과거에 사로잡힌 희생자나 죄수가 되지 않기 위해서 그리고 고통만이 담겨 있는 무거운 짐을 내려놓기 위해서다.

용서에 관한 또 다른 오해는 우리에게 상처를 준 사람과 화해하는 방법이 "난 그 사람과 다 끝냈어요"라고 말하는 것이라는 생각이다. 하지만 이런 방식은 효과가 없다. 그 사람을 잘라내는 것이 중요한 게 아니다. 중요한 것은 그 사람이 떠나가도록 그냥 내버려두는 것이다.

자신이 누군가를 용서할 수 없다고 말하는 한, 우리는 에너지를 자기 자신과 자신이 마땅히 누려야 할 삶에 유리하게 사용하는 대신 불리하게 사용하게 된다. 용서한다는 것은 우리에게 피해를 줘도 좋다고 누군가에게 허락하는 것이 아니다. 우리가 피해 보는 일은 전혀 괜찮지 않다. 하지만 피해는 이미 이뤄졌다. 그리고 오직 자기 자신만이 그 상처를 치유할 수 있다.

이러한 유형의 해방은 쉽게 찾아오지 않는다. 하룻밤 자고 일어나면 해결되는 그런 일이 아니다. 게다가 많은 것들이 앞을 가로막는다. 정당성, 복수, 사과, 심지어 그저 잘못을 시인하게 만드는 것에 대한 욕구 등이 그것들이다.

매우 오랫동안 나는 파라과이에서 요제프 멩겔레의 뒤를 추적하는 환상을 품고 있었다. 파라과이는 요제프 멩겔레가 제2차 세계대전이 끝난 후 도망친 곳이다. 나는 동조자나 저널리스트인 척하며 그에게 접근한 다음 그의 집으로 걸어 들어가 그의 얼굴을 똑바로 보고 말하려 했다. "나는 아우슈비츠에서 당신을 위해 춤췄던 그 소녀다. 당신은 내 어머니를 살해했다." 나는 더는 도망갈 곳이 없는 상태에서 그의 얼굴에 떠오르는 표정과 그의 눈에 나타나는 진실을 보고 싶었다. 그가 무방비 상태로 자신의 중죄 앞에 무릎 꿇기를 원했다. 그가 자신이 약해빠졌다고 느끼고 나는 강하고 승리했다고 느끼고 싶었다. 내가 정확히 복수를 추구했던 것은 아니다. 누군가를 다치게 한다고 해서 내 고통이 사라지지는 않으리라는 사실은 이미 알고 있었다. 하지만 오랫동안 이 환상은 내게 커다란 만족감을 주었다. 나의 분노와 비탄을 없애주지 않고 단지 잠시 유예해주기만 했지만 말이다.

다른 사람들이 우리의 진실을 알아주고 그 진실을 말해주면 과거를 놓아주는 일이 더 수월해진다. 회복적 사법제도, 전쟁범죄 재판소, 진실과화해위원회 등 공동의 집단적 절차가 이루어질 때, 그것을 통해 가해자들은 자신들이 가한 해악에 대한 책임을 지게 되고 세계의 법정은 진실을 밝히게 된다.

하지만 우리의 삶은 우리가 다른 누군가로부터 얻거나 얻지 못하는 것에 달려 있지 않다. 우리의 삶은 우리 자신만의 것이다.

다음으로 할 이야기에 여러분이 놀랄지도 모르겠다.

'분노 없이는 용서도 없다.'

오랫동안 나는 분노와 관련하여 엄청난 문제들을 겪었다. 나는 분노를 인정하려 하지 않았다. 분노는 나를 공포에 떨게 했다. 나는 분노 속에서 길을 잃으리라 생각했다. 일단 한번 시작하면 절대 끝이 나지 않으리라 생각했다. 분노가 나를 완전히 집어삼키리라 생각했다. 하지만 앞에서도 말했듯이 '우울depression'의 반대는 '표현expression'이다. 우리의 몸 밖으로 나오는 것은 우리를 아프게 하지 않는다. 우리 몸 안에 머무르는 것이 우리를 아프게 한다. 용서는 해방이다. 나는 내 분노를 느끼고 표현하겠다고 자신에게 허락하기 전까지는 절대 자유로워질 수 없었다. 결국 나는 내 심리치료사에게 나를 깔고 앉아서 나를 제압하라고 했다. 그리고 나는 있는 힘을 다해 그를 밀어내면서 원시적인 비명을 지르며 감정을 표출했다.

침묵의 분노는 자기파괴적이다. 만약 우리가 적극적이고, 의식적이고, 의도적으로 분노를 표출하지 않는다면, 우리는 분노에 집착하게 될 것이다. 이는 우리에게 어떠한 도움도 되지 않는다.

분노를 뿜어내는 것도 마찬가지다. 분통을 터뜨릴 때면 그 순간에는 카타르시스가 느껴질지는 모르지만 다른 요소들이 그 비용을 부담해야 한다. 게다가 이는 중독적인 행위로 자리잡을 수 있다. 진짜로 어떤 것을 표출하는 것이 아니라 어떤 사이클, 즉 해로운 사이클을 끊임없이 반복하게 된다.

분노에 관련하여 가장 좋은 방법은 분노를 내보내는 법을 배우는 것이다. 그러고선 소멸시키는 것이다. 매우 단순한 방법으로 보일지도 모른다. 하지만 만약 '착한 여자아이' 혹은 '착한 남자아이'가 돼야 한다고 배워왔다면, 그리고 분노가 받아들일 수 없거나 두려운 어떤 것이라고 배워왔다면, 혹은 다른 누군가의 분노에 크게 상처받은 적이 있다면, 자신의 분노를 표현하기는커녕 스스로가 느끼도록 허용하기조차 매우 힘들다.

리나의 남편이 아무 설명이나 논의 없이 그녀에게 이혼을 원한다고 갑자기 말했을 때, 리나는 상실감에 커다란 충격을 받았다. 1년이 지난 후, 그녀는 감탄스러울 정도로 상황에 잘 대처하고 있었다. 직장 일을 잘 해내고, 세 자녀를 사랑하고 지원하고, 세련된 헤어스타일과 화려한 귀걸이를 하고, 심지어 다시 데이트하기 시작했다. 그렇지만 그녀는 내면이 꽉 막혀 있는 듯한 느낌이 들었고 자신이 삶에 배신당했다는 감정에서 벗어날 수가 없었다.

"전 잃어버리고 싶지 않은 어떤 것을 잃어버렸어요. 제겐 선택권이 주어지지 않았어요." 그녀가 말했다. 그녀는 깊은 슬픔, 비탄, 죄책감 등의 감정들을 겪었다. 그녀는 온갖 힘과 에너지를 끌어모아 아이들을 부양해야 했고 이혼 절차와 관련된 현실적인 문제를 처리해야 했다. 하지만 그러는 내내 그녀는 어떠한 분노도 느끼지 못했다. 그녀는 오래전에 친애하는 이모가 유사한 이혼 과정을 겪는 것을 본 적이 있었다. 그녀의 이모는 세상에서 물러나서, 수십 년 동안 숨을 죽인 채, 전남편이 자신이 실수했다는 사실을 깨닫고 돌아와 용서를 빌기를 기다렸다. 그녀의 이모는 남편이 돌아오기를 계속 기다리다가 암으로 세상을 떠났다. 이모의 슬픔이 뇌리에서 떠나지 않아서, 리나는 어느 날 혼자서 숲속으로 산책을 떠났다. 자신의 내면에 틀림없이 도사리고 있을 분노를 표출하고 싶어서였다. 비록 분노가 아직 느껴지지 않는다고 하더라도 말이다. 그녀는 산책로를 따라 숲속 깊이 들어갔고 아무도 없는 빽빽한 나무들 사이에 서서 최대한 크게 비명을 지르려고 준비했다. 하지만 비명은 나오지 않았다. 그녀는 완전히 막혀버렸다. 분노를 표출하려 노력할수록 더 무감각하게만 느껴졌다.

"어떻게 하면 제 분노를 느끼고 표현할 수 있을까요? 그걸 느끼는 게 너무 무서워요. 그걸 느끼고 싶지 않아요." 그녀가 내게 물었다.

"먼저 분노에 정당성을 부여하세요." 내가 그녀에게 말했다.

우리는 분노를 느낄 권리가 있다. 분노는 인간의 감정이다. 그리고 우리는 인간이다.

분노를 표출할 수 없을 때, 우리는 자신이 희생되었다는 사실을 부정하거나 자신이 인간이라는 사실을 부정하는 것이다(이것이 완벽주의자들이 고통받는 이유다. 아무 말도 하지 않고!). 둘 중 어느 쪽이든 우리는 현실을 부정하고 있다. 자기 자신을 마비시키고 아무 문제없이 멀쩡한 척하고 있다.

이는 우리를 해방해주지 않는다.

비명을 지르고 주먹으로 베개를 내리쳐라. 해변이나 산꼭대기에 혼자 가서 바람에 대고 소리쳐라. 커다란 막대기를 움켜잡고서 땅바닥을 두들겨 패고 때려 부숴라. 자동차 안에서 혼자 노래를 불러라. 혼자 비명을 지르는 건 어떤가? 창문을 다

올린 다음 크게 숨을 들이마신 후 숨을 내뱉으면서 목소리를 얹어라. 그 소리가 세상에서 가장 길고 가장 큰 비명으로 고조되게 하라. 완고해 보이거나 가면을 쓴 것처럼 보이는 내담자가 찾아올 때면 나는 이렇게 말한다. "오늘은 비명을 지르고 싶네요. 함께 비명을 질러보는 건 어때요?" 그러고선 우리는 함께 비명을 지른다. 혼자서 비명을 지르는 것이 두렵다면 친구나 심리치료사에게 부탁해 함께 비명을 질러보라. 엄청난 해방감이 들 것이다! 또한 감정으로 가득 찬 채로 가장 어려운 진실을 표현하고 있는, 자기 자신의 가장 순수한 목소리를 듣는 일은 매우 심오하고 심지어 짜릿하기까지 하다. 가면을 벗고서 자기 자신의 목소리를 들어보라. 자신만의 공간을 차지한 후 꼿꼿이 서서 말하라. "나는 희생됐어. 하지만 난 희생자가 아니야. 나는 나야."

분노는 2차 감정이다. 기저의 1차 감정에 두르는 갑옷이자 방어기제다. 분노를 태워버려야 그 아래에 있는 감정에 도달할 수 있다. 바로 '두려움' 혹은 '슬픔'이다.

오로지 그러고 나서야 우리는 세상에서 가장 힘든 작업을 시작할 수 있다.

바로, 자기 자신을 용서하는 일이다.

8월의 어느 금요일 오후, 이 책에 나오는 챕터들의 초안을 작성한 바로 직후, 나는 집에 와서 한 남성이 우리 집 현관에 서 있는 것을 발견했다. 그는 카키색 바지와 폴로셔츠를 입었고 공식 신분증을 가슴에 차고 있었다.

"수도회사에서 나왔습니다." 그가 말했다. "이 집 수돗물이 오염되지 않았는지 확인해야만 합니다."

나는 그를 집 안으로 들여보냈고 주방으로 안내했다. 그는 싱크대의 수도를 틀어보고, 욕실에 있는 수도꼭지들을 살피고, 그런 다음 내게 말했다. "제 관리자를 불러야 합니다. 금속 관련해서 문제가 있을 수 있습니다." 그는 도와달라고 자신의 휴대전화로 동료를 불렀다.

똑같은 옷을 입고 공식 신분증을 가슴에 찬 한 남성이 도착했고 그들은 모든 수도꼭지를 한 번 더 살폈다. 그러고선 내게 몸에 지닌 모든 금속 물품을 일단 풀어놓아야 한다고 말했다. 시계, 벨트, 장신구 등 말이다. 나는 목걸이와 팔찌를 풀었다. 반지들은 푸는 게 더 힘들었다. 관절염 때문에 나는 반지들에 작은 핀을 달아 고리를 끌러서 풀도록 수선을 받았다. 그렇게 하지 않으면 부어오른 손가락 관절을 반지가 빠져나갈 수 없었다. 하지만 관절염 때문에 고리를 푸는 일조차도 그리 만만치 않았다. 나는 그 남성들에게 도움을 요청했다.

그들은 다시 수도꼭지들을 점검한 후 수돗물에 어떠한 조처를 했다. 그들은 내게 욕실 싱크대에 가서 수돗물이 파란색으로 변할 때까지 물을 계속 틀어놓으라고 했다. 나는 복도를 걸어 내려가 수돗물을 튼 다음 그것이 흐르는 모습을 보며 기다리고 또 기다렸다. 그러다가 번뜩 정신이 들었다. 서둘러 주방으로 달려갔지만 그들은 이미 사라지고 없었다. 내 목걸이와 팔찌, 반지들을 몽땅 챙긴 채 말이다.

경찰은 내가 최근 성행하는 노인 대상 사기 조직의 가장 최근 목표물이 되었다고 말했다. 그런 유치한 계략에 속아 넘어가다니 나 자신이 너무 바보 같고 허술하게 느껴졌다. 나는 내가 얼마나 멍청하고 사람을 쉽게 믿었는지 생각할 때마다 움츠러들었다. 나는 그들을 내 집 안에 들여보냈고, 그들이 내 집을 여기저기 활보하도록 내버려두고, 그들에게 나의 장신구를 직접 건넸다. 수표를 써주는 게 더 나았을 텐데!

경찰과 자녀들은 이 문제를 다른 시각으로 바라보았다. 내가 그들의 말에 그대로 따라서 다행이라고 말했다. 그들은 물건들은 훔쳐 갔지만 나를 다치게 하지는 않았다. 만약 내가 저항하려 했다면 그들은 나를 끈으로 묶거나 혹은 더 심각한 일이 벌어졌을지도 모른다. 아무 불평 없이 그들이 시키는 대로 모든 일을 고분고분 따라 해서 내가 생명을 구한 것일지도 몰랐다.

이 관점은 도움이 되었다. 하지만 내가 느끼는 감정들을 완전히 해소하지는 못했다. 나는 아끼고 소중히 간직하던 물건들을 잃어버렸다. 특히 팔찌는 마리안느가 태어났을 때 벨러가

축하하기 위해 내게 선물로 준 것이다. 나는 마리안느의 기저귀 안에 그것을 숨겨서 체코슬로바키아 밖으로 몰래 내갔었다. 그것은 단지 한 개의 물건이었지만, 내게는 더 많은 것을 상징했다. 인생을, 모성을, 자유를 상징했다. 이 모두는 마땅히 찬양하고 싸워서 쟁취해야 하는 것들이다. 팔찌가 없으니 팔이 발가벗겨진 느낌이었다.

그다음으로 공포가 찾아왔다. 며칠 동안 나는 그들이 내가 신고하지 못하도록 우리 집에 돌아와서 나를 살해할 것이라는 강박관념에 시달렸다.

그 후엔 그 범죄자들을 호되게 꾸짖고, 벌주고, 욕하고 싶은 마음이 강렬하게 들었다. "어머니가 너희들을 이렇게 하라고 가르쳤니?" 내가 소리를 지르는 모습을 상상했다. "수치스럽지도 않니?"

그러고 나서 마지막으로 '나 자신'이 수치스럽게 느껴졌다. 다른 누구도 아닌 '내가' 현관문을 직접 열었다. 나는 그들의 질문에 대답했다. 그들의 명령에 따라 순순히 손을 내밀어 그들이 내 반지를 풀 수 있게 했다. 나는 이 버전의 내가 증오스러웠다. 취약하고, 노쇠하고, 잘 속아 넘어가는.

그렇지만 이러한 이름표를 내게 붙이는 사람은 나뿐이다.

다시 말해, 인생은 내게 자유를 선택할 기회를 계속해서 제공한다. 나 자신을 있는 그대로 - 인간이고, 완벽하지 않고, 그러면서도 온전한 존재로－사랑할 기회를 제공한다. 그래서 나는 나 자신을 용서했고 그들을 해방해주었다. 내가 나를 해방할 수 있도록 말이다.

나는 삶을 살아야 하고, 일해야 하고, 사랑을 나누어야 한다. 더는 공포나 분노나 수치심에 매달려 있을 시간이, 이미 내게서 뭔가를 훔쳐 간 두 사람에게 또 다른 어떤 것을 줄 시간이 없다. 나는 그들에게 한 치도 내어주지 않을 것이다. 내 힘을 나눠주지 않을 것이다.

* * *

최근 유럽을 방문했을 때 나와 오드리는 암스테르담에 갔다. 나는 안네 프랑크 하우스에서 연설했고, 그런 다음 가장 눈부신 방식으로 영광을 누렸다. 네덜란드 국립발레단의 수석 무용수인 '이혼 더용Igone de Jongh'이 내가 아우슈비츠에서의 첫 번째 밤에 멩겔레를 위해 춤을 춰야 했던 상황에 영감을 받아 한 작품의 안무를 하고 공연을 했다.

공연은 2019년 5월 4일에 열렸다. 내가 군슈키르헨 강제수용소에서 해방된 지 74주년이 되는 날이자, 네덜란드의 국가기념일이었다. 네덜란드 전체는 강제수용소에서 죽은 사람들과 살아 돌아온 사람들에게 경의를 표하며 2분 동안 묵념했다.

나와 오드리가 극장에 도착했을 때 우리는 마치 유명 인사들처럼 환영받고, 박수갈채를 받고, 꽃다발을 받았다. 사람들은 눈물을 흘리면서 우리를 껴안았다. 네덜란드의 왕과 왕비는 공연에 늦게 왔고, 그래서 우리에게 그들의 자리가 배정되었다.

그 공연 자체는 내 인생에서 가장 아름답고 가장 소중한 경험 중 하나였다. 나는 '이혼 더 용'의 힘, 우아함, 열정에 완전히 압도되었다. 그녀는 지옥 안에서의 아름다움과 초월을 그려냈다. 더욱 압도적인 것은 맹겔레를 묘사한 방식이었다. 맹겔레는 굶주린 유령이었고 슬프고 공허한 채로 강제수용소 수감자인 내게 접근하고, 또 접근했지만, 권력과 통제에 대한 욕망에 사로잡혀서 결코 자신의 꿈을 이루지 못했다.

공연자들이 허리를 숙여 인사하고 관중들은 일제히 일어나 우레 같은 갈채를 보냈다. 박수 소리가 잦아들 무렵 '이혼 더 용'이 꽃다발들을 한 아름 품에 안고 무대에서 내려와 나와 오드리가 앉아 있는 곳으로 바로 걸어왔다. 스포트라이트가 우리에게 비쳤다. 발레리나는 눈물이 그렁그렁 맺힌 채 나를 꽉 껴안고 나서 자신이 받은 가장 큰 꽃다발을 내게 줬다. 극장 전체가 감동으로 터져나가는 듯했다. 자리에서 일어나서 극장을 떠날 때까지 아래쪽이 잘 보이지 않았다. 눈에 눈물이 가득해서였다.

나의 분노를 해소하고, 맹겔레와 히틀러를 놓아주고, 살아남은 나 자신을 용서하는 데 수십 년이 걸렸다. 하지만 극장에서 딸과 함께 내 과거의 가장 어두운 순간 중 하나가 무대 위에서 살아나는 모습을 보며 나는 그날 수용소 막사에서 깨달은 사실을 다시 한번 떠올렸다. 모든 힘을 다 가지고 있었고, 손가락을 모욕적으로 까딱거리면서 살 자와 죽을 자를 선택했지만, 멩겔레는 나보다 더 깊이 마음 감옥에 갇혀 있었다.

나는 결백하다.

나는 자유다.

용서하지 않음에서 벗어나기 위한
핵심 열쇠

○ **나는 용서할 준비가 되어 있는가?** 당신에게 잘못을 저질렀거나 해를 끼친 어떤 사람에 대해 생각해보라. 다음 문장들 중 진실처럼 느껴지는 게 있는가? "그녀가 한 짓은 결코 용서할 수 없는 짓이야." "그는 아직 내게 용서를 받지 못했어." "만약 내가 용서한다면, 나는 그를 곤경에서 모면케 해주는 걸 거야." "만약 내가 용서한다면, 나는 그에게 계속 내게 상처를 줘도 괜찮다고 허용하는 걸 거야." "나는 공정성, 혹은 사과나 사실의 인정이 있을 때에야 용서할 거야." 만약 당신이 이 문장들 중 하나 혹은 그 이상에 공감한다면, 당신은 누군가에게 대항하는 일에 에너지를 쏟고 있을 가능성이 높다. 당신 자신과 당신이 누려야 할 인생에 에너지를 쏟는 대신 말이다. 용서는 당신이 다른 누군가에게 주는 무언가가 아니다. 용서는 당신이 자기 자신을 해방해주는 방법이다.

○ **분노를 인정하고 표출하라.** 자기 자신과 분노 데이트를 해라.

만약 분노한다는 아이디어가 혼자서 대면하기에 너무 무섭게 느껴진다면, 신뢰하는 친구나 심리치료사에게 도와달라고 요청하라. 당신의 분노에 정당성을 부여하고, 그런 다음 그것을 쏟아낼 방식을 선택하고, 그러고선 그것을 용해시켜라. 괴성을 지르고 고함을 쳐라. 샌드백을 세게 쳐라. 막대기로 땅을 세게 때려라. 테라스에서 접시를 깨뜨려라. 분노가 움직이게 하라. 분노가 당신을 곪게 하고 당신을 오염시키지 않도록 그것을 바깥으로 내보내라. 아무것도 남아 있지 않을 때까지 멈추지 말아라. 하루 후에 혹은 일주일 후에 이것을 다시 하라.

○ **자기 자신을 용서하라.** 만약 내게 상처를 준 누군가를 놓아주는 일에 어려움을 겪고 있다면, 자기 자신을 향한 죄책감이나 수치심이나 비판에 집착하고 있는 것일지도 모른다. 우리는 모두 결백한 상태로 태어난다. 소중한 아기를 품에 안고 있다고 상상해보라. 이 자그마한 존재가 주는 따뜻함과 신뢰를 느껴보라. 호기심에 가득 찬, 커다랗게 뜬 눈을 들여다보라. 완전하고, 심오하고, 아름다운 세상의 구석구석을 모두 흡수하겠다는 듯이 바깥쪽으로 쭉 뻗는 작은 두 손을 가만히 바라보라. 이 아기는 바로 당신 자신이다. 이렇게 말하라. "내가 여기 있어. 항상 널 위해 살아갈게."

나오며

삶에서 벌어지는 모든 일에서
선물을 발견한다면

우리는 고난을 제거할 수 없다. 이미 일어난 일을 바꿀 수도 없다. 하지만 우리는 자신의 삶 속에서 선물을 발견하기로 선택할 수 있다. 심지어 상처를 소중히 여기는 법을 배울 수도 있다.

"가장 어두운 그림자는 양초 아래에 있다"라는 헝가리 속담이 있다. 우리의 가장 어두운 곳과 가장 밝은 곳 - 우리의 그림자와 우리의 불꽃 - 은 서로 얽혀 있다. 내 인생의 가장 끔찍한 밤이었던, 아우슈비츠에서의 첫날 밤은 내게 필수적인 교훈을 가르쳐주었고 그 교훈은 그 이후로 줄곧 내 삶을 확장하고 강화했다. 가장 최악의 상황들은 내가 계속해서 생존할 수 있도록 내면의 자원들을 발견할 기회를 제공해주었다. 발레 연습생과 체조선수로 홀로 있으며 열심히 노력했던, 자기 성찰의 시간들은 내가 지옥에서 살아남을 수 있게 도와주었다. 그리고 그 지옥은 어떤 난관이 있더라도 나의 삶을 위해 계속 춤을 추는 법을 내게 가르쳐주었다.

피할 수 없는 트라우마, 고통, 슬픔, 비참과 함께할 수밖에 없다 해도 '삶은 선물이다Life is a gift'. 우리가 처벌, 실패, 버림받음에 대한 공포 안에, 우리의 인정 욕구 안에, 수치심과 책망 안에, 우월감과 열등감 안에, 권력 욕구와 통제 욕구 안에 우리 자신을 가둘 때, 우리는 이 선물을 파괴하게 된다. 삶이라는 선물을 축하하는 일은 삶에서 벌어지는 모든 일에서 선물을 발견하는 것이다. 심지어 힘겨운 부분에서도, 자신이 견뎌낼 수 있으리라 확신하지 않는 부분에서도 말이다.

삶을 축하하라. 그게 전부다. 기쁨, 사랑, 열정을 가지고 살아가라.

때때로 우리는 만약 우리가 상실이나 트라우마에서 벗어나 앞으로 나아간다면, 재미있게 놀고 삶을 즐긴다면, 계속해서 성장하고 진화한다면, 우리가 왠지 망자를 욕보이거나 혹은 과거를 욕보이고 있는 것일지도 모른다고 생각한다. 하지만 크게 소리 내어 웃어도 괜찮다! 즐거워해도 괜찮다! 심지어 아우슈비츠에 있을 때에도 우리는 마음속에서 항상 삶을 축하했다. 상상의 연회를 준비하며 최고의 호밀빵에 캐러웨이를 얼마나 넣어야 하는지, 헝가리의 닭고기 요리인 퍼프리카시 치르케에 파프리카를 얼마나 넣어야 하는지에 대해 옥신각신했다. 어느 날 밤에는 최고의 가슴 경연대회까지 열었다! (누가 우승했을까?)

나는 모든 일은 마땅한 이유가 있어서 벌어지는 것이라고,

부당함이나 고난에는 어떤 목적이 있는 것이라고 말할 수 없다. 하지만 나는 고통, 곤경, 고난이 우리가 성장하고 배우도록 도와주고, 우리가 진정한 자신이 되도록 도와주는 선물이라고 말할 수는 있다.

전쟁의 마지막 나날들 동안, 우리는 굶어 죽어가고 있었고 수용소 안에서 인육을 먹는 일들이 발발했다. 나는 손가락 하나 움직일 힘도 없이 진흙탕에 쓰러진 채로 굶주림으로 인한 환각에 시달리며 인육을 먹는 일에 굴복하지 않고서 생명을 유지할 방법을 알려달라고 기도했다. 그때 어떤 목소리가 들렸다. "풀을 먹으면 돼." 심지어 죽음의 문턱에서도 내게는 선택권이 있었다. 나는 어떤 풀잎을 먹을지 선택할 수 있었다.

나는 묻곤 했다. "왜 나인가?" 하지만 이제 나는 묻는다. "왜 내가 '아니어야' 하는가?" 나는 생존했다. 그래서 과거에 벌어진 일을 가지고 무엇을 하고, 지금 여기에 어떻게 존재할지 선택할 수 있을 것이다. 그래서 다른 사람들에게 삶을 선택하는 법을 알려주고 내 부모님과 모든 무고한 사람들이 헛되이 죽지 않았다는 사실을 보여줄 수 있을 것이다. 그래서 나는 지옥에서 배운 모든 교훈을 선물로 바꾸어 지금 여러분에게 줄 수 있을 것이다. 어떠한 삶을 살고 싶은지 결정할 기회, 그림자 속에 있는 숨겨진 잠재력을 발견할 기회, 자신의 진짜 정체성을 드러내고 되찾을 기회를 말이다.

독자 여러분, 여러분 또한 감옥에서 벗어나 자유로워지도록 노력하기로 선택하기를 바랍니다. 자신의 고난 속에서 자신만의 인생 교훈을 발견하기를 바랍니다. 세상에 어떠한 유산을 남길지 선택하십시오. 고통을 물려줄지 아니면 선물을 넘겨줄지 말입니다.

감사의 글

저는 항상 말합니다. "사람들이 저에게 온 것이 아닙니다. 그들은 저에게 보내진 것입니다."

저는 저에게 보내진 셀 수 없이 많은 훌륭한 사람들의 기여 덕분에 행운을 누렸습니다. 저를 움직이고, 고무하고, 돌봐서 그 결과 이 책이 탄생하도록 직접적으로 혹은 간접적으로 기여한 모든 분의 이름을 일일이 열거하기란 불가능합니다. 제 삶과 접촉하고, 제게 믿음을 가지고, 포기하지 말라고 저를 인도해준 모든 여러분에게 말씀드리고 싶습니다. 여러분이 가진 고유한 재능을 축하합니다. 그리고 여러분이 제 삶 속에 존재한다는 사실에 감사합니다. 저의 바구니를 다시 채워주고, 제가 알지 못했던 일과 대면하고, 예상하거나 기대하지 못했던 문제에 대처하고, 저의 삶과 저의 자유를 위해 책임지도록 도와주어서 진심으로 고맙습니다.

절대 은퇴하지 말라고 고취하는 나의 내담자들에게 말씀드리고 싶습니다. 저에게 다양한 방식으로 질문을 던지고 좋은 안내자가 되도록 가르쳐주어서 감사합니다. 그리고 저의 전작에서 의미를 발견한 전 세계의 많은 독자분들에게, 특히 제게 자신의 이야기를 들려준 독자분들에게 말씀드리고 싶습니다. 저의 마음을 움직여 삶의 교훈들을 세상과 공유하게 해주어서 감사합니다. 여러분은 우리 모두가 삶에 대한 열정으로 가득 찬 채 매일을 맞이하고, 자유로워지도록 도와주었습니다.

저의 선생님들과 멘토들 그리고 제가 의술 분야의 구성원이 되도록 지지해준 모든 분, 다른 사람들을 치유하고 안내하는 작업을 계속하고 있는 동료들에게 말씀드리고 싶습니다. 몸소 모범을 보여 저를 인도해주어서 감사합니다. 자기 자신을 잘 돌보는 동시에 '나'를 넘어서서 더 나은 세상을 만드는 데에 기여해주어서 감사합니다. 여러분은 '변화'는 '성장'과 동의어라는 가르침을 직접 자신의 삶으로 보여주었습니다.

야코프 판 비린크와 그의 동료들에게 네덜란드와 스위스에서 저의 가이드와 후견인이 되어준 일에 대해 특별히 감사하고 싶습니다. 여러분은 여행을 가능하게 해주었고, 제가 알아야만 하는 사람들과 저를 연결해주었고, 제가 환대받고 이루 말할 수 없는 감동을 받은 곳들로 저를 데려가주었습니다. 우리 모두가 자기 삶의 모든 순간을 활용하여, 우리의 다양성을 이용하여 서로에게 힘을 북돋아주고 지구촌 가족을 형성할 수 있기를 기원합니다.

일상생활에서 저를 지지해주는 분들에게도 감사의 인사를

드리고 싶습니다. 특히 스콧 매콜 박사와 서비나 월리치 박사는 제게 견뎌낼 수 있는 힘이 있다는 사실을 한 번도 의심하지 않았습니다. 저의 댄스 파트너 진 쿡은 제게 더할 나위 없는 친절함을 베풀어주었습니다. 저의 둘도 없는 친구 케이티 앤더슨은 제가 모든 일을 잘 해낼 수 있게 도와주고, 어떤 문제와도 맞붙을 수 있게 지지해주고, 결과에 책임지는 사람이 되는 법을 몸소 보여주었습니다. 여러분 모두에게 감사합니다. 여러분은 제 몸과 마음과 영혼을 돌봐주었고, 제게 무엇이 가장 유익한지 항상 고민해주었고, '자기 사랑self-love'은 '자기 돌봄self-care'이라는 사실을 매일 제게 상기해주었습니다.

첫 번째 책을 출간하면서 저는 꿈을 이뤘습니다. 두 번째 책을 출간한다는 것은 상상조차 해보지 못한 일이었습니다. 저의 비범한 팀이 없었더라면 저는 결코 그 어느 것도 해내지 못했을 것입니다. 제 친구이자 치어리더인 웬디 워커는 진정한 생존자가 되는 법과 현재에 뿌리내리고 사는 법을 보여준 영감 넘치는 롤모델이었습니다. 통찰력 있는 에디터들인 로즈 리펠과 낸 그레이엄, 그리고 그들의 훌륭한 '스크리브너' 출판사 동료들에게 깊이 감사드립니다. 저의 메시지를 소셜 미디어를 통해 공유하는 일을 해준 조던과 일린저 엥글에게도 고맙다고 말하고 싶습니다. 제 에이전트인 더그 에이브럼스와 그의 꿈의 공장인 '아이디어 아키텍트'에도 감사합니다. 또한 나의 말들을 받아서 아름다운 시로 변신시켜준 공동집필자 에스메 슈월에게도 깊이 감사드립니다.

나의 두 딸 마리안느와 오드리는 서로 싸우기 위해 합의의 기술을 연마하는 세상에서 가장 강력한 자매입니다. 내게 희생자 혹은 구원자가 되지 않기로 선택하는 것에 관해 가르쳐줘서 두 사람 모두에게 정말 고맙구나. 또한 내 심리치료 작업에서 이론적 관점과 실용적 관점의 정수를 뽑도록 도와서 이 책에 역동적이면서도 섬세한 기여를 해주어서 정말 고맙다. 나의 아들 조니, 네가 다른 사람들에게 헌신하면서 매일 보여주는 용기에 감사하구나.

저의 뒤를 잇는 세대들에게, 저의 앞에 존재했던 선조들에게, 우리가 생존자의 피를 가지고 있다는 사실을 제게 보여주어서 고맙다고 말하고 싶습니다. 또한 우리가 항상 자유롭게 살 수 있다는 사실과 우리가 결코 어떤 누구의 어떤 무엇의 희생자가 되지 않으리라는 사실을 보여주어서 고맙습니다.

옮긴이 안진희

중앙대학교 영어영문학과를 졸업하고 영화 홍보마케팅 분야에서 일하며 다양한 영화를 홍보했다. 현재는 프리랜서로 일하며 책을 기획하고 번역한다. 사람들의 마음을 움직이는 책에 관심이 많다. 옮긴 책으로는 《마음 감옥에서 탈출했습니다》《예민한 아이를 위한 부모 수업》《내 딸이 여자가 될 때》《나는 심리치료사입니다》《소년의 심리학》 등 50여 권의 책을 우리말로 옮겼다.

더 기프트

초판 1쇄 인쇄 2023년 10월 27일
초판 1쇄 발행 2023년 11월 8일

지은이 에디트 에바 에거
옮긴이 안진희
펴낸이 이승현

출판1 본부장 한수미
와이즈 팀장 장보라
책임편집 선세영
디자인 윤정아

펴낸곳 ㈜위즈덤하우스   **출판등록** 2000년 5월 23일 제13-1071호
주소 서울특별시 마포구 양화로 19 합정오피스빌딩 17층
전화 02) 2179-5600   **홈페이지** www.wisdomhouse.co.kr

ISBN 979-11-6812-832-3 03180